Spirituelles Räuchern

Thomas Kinkele

Spirituelles Räuchern

»Die subtile Welt des Räucherns im Spiegel der Seele«

Das Enneagramm der Düfte –
der Weg zur inneren Mitte, sinnhafte Erlebnisse,
Rituale, Planeten, Signaturen, Alchemie, Archetypen,
Räucherstoffe, Techniken, Utensilien, Ennearom
und vieles mehr

WINDPFERD

Die in diesem Buch vorgestellten Informationen sind sorgfältig recherchiert und wurden nach bestem Wissen und Gewissen weitergegeben. Dennoch übernehmen Autor und Verlag keinerlei Haftung für Schäden irgendeiner Art, die direkt aus der Anwendung oder Verwendung der Angaben in diesem Buch entstehen. Die Informationen in diesem Buch sind für Interessierte zur Weiterbildung gedacht.

ENNEAROM® ist ein eingetragenes Warenzeichen.

1. Auflage 2000
© 2000 by Windpferd Verlagsgesellschaft mbH, Aitrang
Alle Rechte vorbehalten
Umschlaggestaltung: Kuhn Grafik, Digitales Design, Zürich
Illustrationen (Enneagramm der Zahlenbilder): Petra Krönner
Fotos: Thomas Kinkele und Schneelöwe
Lektorat: Kristina Lohfeldt
Herstellung: Schneelöwe, Aitrang

ISBN 3-89385-350-2

Printed in Germany

Inhaltsverzeichnis

Vorwort 9
Einleitung 13
  Die Reihenfolge der Kapitel 17

KAPITEL 1
Räuchern
woher es kommt, wohin es führt 19
  Der Geruchssinn ist ein Kanal zu inneren Welten 20
  Ich bin für meine persönliche Wirklichkeit selbst zuständig 20
  Lauschen wir dem wissenden Raunen unserer Ahnen 21
  Grundformen der Verwendung von Räucherwerk 22
  Bräuche und Traditionen 23
  Indien 23
  Tibet 23
  Japan 24
  Islamische Welt 26
  Christliche Welt 27
  Griechenland 27
  Indianische Tradition 28
  Räuchern mit Enneagramm und Aroma 30
  Dufterfahrung aus der Perspektive des Enneagramms 30
  Neun Persönlichkeitsstrukturen 31
  Neun Grundstrategien 33
  Aromatologische Bezüge 36
  Die Körperebene 37
  Die Gefühlsebene 37
  Die Geistebene 38
  Evolutionäre Duftreise 39
  Ermittlung der Grundbezüge 40
  Aroma und Er-innerung (Re-membering) 40

KAPITEL 2
Aromatische Pflanzen
und was sie zum Ausdruck bringen 43
  Das Urbild riechen 45
  Licht und Duft 48
  Auf der Körperebene 50
  Auf der Gefühlsebene 51
  Auf der Geistebene 52
  Das universale Trigon 53

KAPITEL 3
Experimente mit aromatischem Rauch 55
  Räuchererfahrungen 56
  Einen Räucherzyklus leiten 56
  Räuchern in allen Lebenslagen 58

Reinigung (die Körperebene) 58
    Krankheit 58
    Plagegeister 59
    Stärkung 59
    Erotik 59
    Wellness 60
    Feng Shui 60
    Begegnung 61
    Konzentration 62
    Meditation und Achtsamkeit 62
    Trance, Traum und Vision 63
    Transformation 65

KAPITEL 4
Die Persönlichkeit und das Räuchern 67
Räuchern und spirituelle Erfahrung 68
Die Elemente 68
Räucherduft und Persönlichkeit 69
Die universale Natur des Kreises 74
Zuordnung der Pflanzencharaktere 80
Ayurveda 83
Praktische Erfahrungen 84

KAPITEL 5
Die drei Zentren und ihre Entsprechungen 89
Der Kreis der Räucherstoffe 90
Körperebene 92
    Der Mensch im Körper 93
    Der elementare Prozess auf der Körperebene 94
    Pflanzendüfte auf der Körperebene 94
    Aromatologie der Körperebene 99
Gefühlsebene 102
    Der Mensch und seine Gefühle 102
    Der elementare Prozess auf der Gefühlsebene 105
    Pflanzendüfte der Gefühlsebene 105
    Aromatologie der Gefühlsebene 109
Geistebene 111
    Der Mensch auf der Geistebene 112
    Der elementare Prozess auf der Geistebene 113
    Pflanzendüfte auf der Geistebene 113
    Aromatologie der Geistebene 116
Der alchemistische Weg 117
    Das Werkzeug der Transformation 117

KAPITEL 6
Das Enneagramm
Neun Stationen auf dem Weg zur Essenz 121
Die Herkunft des Enneagramms 122
Involution – Evolution 123
Die geometrische Figur des Enneagramms 124

Periodische Figur 126
    Das innere Dreieck im Enneagramm 127
    Das Enneagramm der Fixierungen 131
    Zyklus und Aroma 132
    Aromaarbeit 135
    Die Enneatypen 136
    Die Fixierung 137
    Das Enneagramm als Wegweiser 140
Die Hohe Idee 142
Archetypen 146
    Duft und Enneagramm 146
    Enneagramm-Typ 8 – Platzhirsch – 148
    Enneagramm-Typ 9 – Friedensstifter – 151
    Enneagramm-Typ 1 – Kritiker – 155
    Enneagramm-Typ 2 – Helferseele – 159
    Enneagramm-Typ 3 – Darsteller – 163
    Enneagramm-Typ 4 – Melodramatiker – 167
    Enneagramm-Typ 5 – Philosoph – 171
    Enneagramm-Typ 6 – Zweifler – 175
    Enneagramm-Typ 7 – Optimist – 179
Die dynamisierende Bewegung 182
    Das Basisdreieck 182
    Die periodische Figur 183

KAPITEL 7
Erfahrung mit Ennearom 185
Variationen, Ideen, Möglichkeiten 186
    Alleine räuchern 186
    Das Ennearom-Duftprofil Ihrer Persönlichkeit 187
    Die dynamische Bewegung 189
    Die Auswahl 195
Die zyklische Form des Räucherns 205
Komposition 207
Systematische Selbstbeobachtung 207
Räuchern in Gemeinschaft 207
Wahrnehmungsübung mit Aromarauch 211
Die Duftreise 211
    Duftreise für Enneagramm-Gruppen 213
Räuchern und Klang 213

KAPITEL 8
Räucherpraxis
Rezepturen, Rituale 215
Die verschiedenen Räucher-Techniken 216
Herkömmliches Verfahren 216
    Die Glut 216
    Das Räuchergefäß 217
Die neue Methode – Räuchern mit dem Sieb 220
    Das Edelstahlsieb 221
    Das Räucherstövchen 222

Die Zange 223
Die Feder 224
Das Ennearom-Räucherset 224
Der Ennearom-Räucherständer 225
Die Wahrnehmung testen 226
Der Räucherplatz 227
Das Ritual 227
Grundübung: Aktiviere deinen inneren Heiler 228
Zubereitung des Räucherwerks 229
Räucherbündel 231

KAPITEL 9
27 Räucherstoffe
nach dem Ennearom-Prinzip 235
Pflanzen-Charts 236

Über den Autor 265

Adressen und Bezugsquellen 265

Formular-Vordrucke 266

Literatur 267

Vorwort

Was kannst du von diesem Buch erwarten? In erster Linie das Wissen, was Räucherwerk ist und wie man damit umgeht. Es ist aber auch ein Buch über Pflanzen, das Enneagramm, Duft, spirituelles Wachstum, Gurdjieffs Lehren und viele andere Dinge.

Du hast ein gehaltvolles und ungewöhnliches Buch vor dir. Es ist die Arbeit eines Pioniers in einem Territorium, das den Namen ENNEAROM trägt (ENNEA von Enneagramm und AROM für Aroma). Unter seiner kundigen Leitung erlernt man den Gebrauch des Räucherwerks in verschiedenen Traditionen der Menschheit kennen (z. B. indisch, tibetisch, islamisch, japanisch, indianisch), um schließlich seine Bedeutung für Hier und Jetzt zu erfahren.

Dem Räuchern lag immer schon eine wichtige religiöse Symbolik dadurch zugrunde, dass mittels der Kraft des Feuers Rauch und Duft erzeugt werden. Nach oben aufsteigender Rauch sollte die Menschen mit ihren Göttern in den himmlischen Sphären verbinden.

Rauch ist ein Element der Meditation.

Feuer ist ein Element der Reinigung.

**Duft ist eine Verbindung von Luft, Licht und Farben;
ein Element der Besänftigung.**

Räucherwerk wurde in vielen spirituellen Traditionen entweder als ein Element der Reinigung, Besänftigung und/oder der Meditation eingesetzt.

Heutzutage wissen wir etwas mehr über Pflanzen. Wir wissen, dass pflanzliche Substanzen in der Lage sind, in ein Resonanzverhältnis zu den kognitiv kontemplativen, ebenso wie den emotional energetischen Aspekten unseres Selbst zu treten. Die chemische Verflechtung und enorme Bandbreite physiologischer und psychologischer Wechselwirkungen zwischen Pflanzen und dem menschlichen Organismus beginnt gerade erst von Forschern und Heilern auf der ganzen Welt ausführlicher untersucht und tiefer in der Ganzheit verstanden zu werden. Dabei handelt es sich um ein altes Wissen aus schamanischer Überlieferung, was hier neu entdeckt wird.

In den schamanischen Traditionen gilt Räucherwerk als eine äußerst subtile Substanz, die auf vielen Daseinsebenen schwingt. Der Gebrauch der geeigneten Bestandteile ist wesentlich dafür, die richtige Atmosphäre zu schaffen. Die feinen Partikel des Räucherduftes in der Luft können wie Vermittler wirken.

– 9 –

Die Gnawas, eine schamanische Sufischule in Nordafrika, benutzen viele Dinge in ihren Räuchermischungen: Benzoe sowie andere Gummis und Harze, Samen, Wurzeln, duftendes Holz, Öle und Kräuter. Es ist ihr Glaube, dass entsprechende Düfte die Kraft besitzen, die planetarischen Geistwesen und Kräfte anzuziehen. Einige Mischungen haben die Kraft, „Geister in die Vereinigung zu rufen". Andere sind in der Lage, unerwünschte Geister abzuwehren während wieder andere „gute Geister" anziehen können, um eine Situation zu unterstützen. Wir können hieraus ersehen, dass einige Räucherstoffe aktiv und andere passiv sind.

Die Gnawas benutzen Räucherwerk in fast allen ihren Zeremonien, wie Kindsgeburten, Hochzeiten, Taufen, Austreibungen, Begräbnissen und Heilungsritualen.

Räucherwerk ist mit der Fruchtbarkeit und dem Mondzyklus verbunden. Es ist das Räucherwerk, das der Menschheit hilft, sich mit der Essenz, dem göttlichen Ursprung, zu verbinden. Räucherwerk stellt das Verbindungsglied zwischen dem Endlichen und dem Unendlichen, dem Sichtbaren und dem Unsichtbaren her. Dem Himmel zustrebender Rauch wird die Teilnehmer der Zeremonie schützen. Der Rauch wird den Kontakt zu der Welt der Geister herstellen. Räucherwerk, das „Harz des Himmels", wird der Erde durch Bäume, Pflanzen und Blumen übermittelt. Im Moment des Todes verlässt die menschliche Seele den physischen Körper wie eine kleine Rauchfahne. Die Seelensubstanz ist der kleinen duftenden Weihrauchfahne ähnlich.

Die Gnawas verwenden Weihrauch zur Unterstützung, im Bestreben, höhere Ebenen der Bewusstheit zu erreichen, die als Trancezustände, Verbindung mit der Geisterwelt oder Ekstase bezeichnet werden.

Der Duft des Weihrauchs erfüllt die Funktion der Heilung und Reinigung der energetischen Kanäle des Körpers. Der Duft wird, wenn er den Geruchssinn der Teilnehmer erreicht, über die Sinneswahrnehmung das Bewusstsein verändern und innere Visionen hervorrufen.

In diesem Buch zeigt uns Thomas Kinkele eine besondere Art der Anwendung von Pflanzensubstanzen, um zu helfen, unsere Gesundheit und unser Wohlbefinden zu erhalten und zu stärken.

Er geht sogar weiter, indem er uns ein praktisches Vorgehen an die Hand gibt, um Duft und Weihrauch in Bezug zu den Enneagramm-Persönlichkeitstypen anzuwenden.

Das Ziel ist, die Einflussnahme von Düften auf den gesamten Menschen, und nicht nur auf die physischen und emotionalen Gegebenheiten, nachdrücklich vor Augen zu führen.

Er lädt uns ein, durch Räucherwerk den Geist der Pflanze als ein Mittel zur Selbsttransformation zu nutzen.

Wir wissen, dass ein Raum, der mit Weihrauch, Duft, zarter Musik und Kerzenlicht erfüllt ist, tiefe Zustände von Entspannung erzeugen kann, Stress abbaut, die Atmung vertieft, den Cholesterinspiegel im Blut vermindert und die Abwehrfähigkeit des Immunsystems erhöht. Das heißt, was unseren Körper beeinflusst, ist ein ganz bestimmtes Energieniveau. Wir sind ganz spezifischen Energieeinflüssen ausgesetzt. Die Quelle dieser Energie ist mannigfaltig: Umwelt, Ernährung, Beziehungen, Klang, Duft, Licht, Bäume, Sterne, Steine ...

Dieses Buch schenkt uns viele spielerische Möglichkeiten, Erfahrung mit wunderbaren Aromen zu machen, indem mit wundervollen Menschen ein Raum geschaffen wird, wo deren Energiepotenzial uns und unserer Umwelt im besten Sinne dienen kann.

Es beschäftigt sich nicht mit der Behandlung von Symptomen oder Methoden der Krankheitsbekämpfung. Es befasst sich vielmehr mit der Bewusstheit hinsichtlich unserer Entscheidungsmöglichkeit, welche Energie wir in unsere Körper eindringen lassen wollen. Das hilft uns, die innere Struktur der Lebenskraft zu stärken. Es zeigt die Möglichkeit auf, uns den nährenden Aspekten in der komplexen molekularen Beschaffenheit von Pflanzen und ihren Aromen zu öffnen.

Der Gebrauch von Pflanzenweihrauch erzeugt ein ganz subtiles Aroma, das den feinstofflichen Körper, die Psyche und die Seele beeinflusst. Dies wird eher von der feinen Schwingung der Aromen bewirkt, als von den feststofflichen Bestandteilen.

Wir wissen heute, dass der Gedanke die Fähigkeit in sich trägt, Wirklichkeit zu verstärken und deutlicher werden zu lassen. Der Begriff der *Absicht* hat Schlüsselfunktion im Gebrauch von Pflanzen, Aromen, dem Enneagramm der Persönlichkeit und für viele Übungen in diesem Buch. Die Ausrichtung muss klar sein und du musst wissen, wofür du die Hilfe der Pflanzen in Anspruch nehmen möchtest.

Du kannst Räucherwerk verwenden, um dir einen geweihten Raum zu schaffen, dein Bewusstsein zu beeinflussen, mit den feinstofflichen Körpern zu arbeiten, deine Fixierungen zu transformieren, den Raum von vergangenen Geschehnissen zu reinigen und zu befreien, um dir inneren Raum für neue Erfahrungen zu eröffnen, dich deiner Sinne zu erfreuen und schöne Erlebnisse mit ganz besonderen Menschen entstehen zu lassen.

Ich möchte dir den Rat geben, dich einer täglichen Übung mit klarer innerer Ausrichtung zuzuwenden. Wenn du immer wieder anklopfst, dann wird die Essenz der Pflanzen ein Fenster für dich öffnen und dir deinen inneren Reichtum offenbaren.

Jabrane M. Sebnat

Einleitung

Wenn man sich am Anfang eines Prozesses befindet, sind die Dinge anders, als am Schluss.

Der Prozess ist eine Verwandlung, eine Reise durch viele verschiedene Zustände. Praktische Erfahrung mit der ENNEAROM-Sytematik des Räucherns führt in einen Prozess der Selbsterkenntnis. Das übt Faszination aus und führt bisweilen zu verblüffenden Ergebnissen. Was steckt dahinter? Das ganze Thema ist höchst abenteuerlich.

Zunächst gibt es keine Möglichkeit, sich wirklich mit dem Räuchern zu befassen, ohne es selbst auszuprobieren. Räuchern lebt von der Erfahrung. Erst wenn der aromatische Duft der Räuchersubstanzen auf geheimnisvolle Art seinen Einfluss entfaltet, nimmt der Prozess seinen Lauf. Je tiefer man sich in diese Erfahrung fallen lässt, desto wunderbarer nehmen die Dinge Gestalt an. Ob es Begegnungen mit Menschen, plötzliche Einblicke in den großen Zusammenhang des Daseins oder Reaktionen des eigenen Körpers sind, es lässt sich eine innere Führung und Eigendynamik in zunehmendem Maße wahrnehmen. Dies setzt die Absicht voraus, Kontakt zwischen der inneren und äußeren Welt schaffen und einen Impuls empfangen zu wollen, der uns auf die Stimme unseres Körpers hören und das Herz zur Sprache kommen lässt.

Forschungen haben gezeigt, dass Licht eine zentrale Rolle spielt, was Stimmungslage, Wohlbefinden, Aufgeschlossenheit, Kontaktbereitschaft und Lebenslust des Menschen betrifft.

Licht erzeugt Vertrauen, Lebensfreude und Mut, sich den Herausforderungen des Daseins zu stellen. Das Verräuchern der pflanzlichen Substanzen kann als ein alchemistischer Prozess betrachtet werden, der von der Pflanze gespeichertes Sonnenlicht freisetzt. Die über den Geruchssinn und die Atmung aufgenommenen aromatischen Schwingungen bringen die akkumulierte Licht-Energie in das Innere des Menschen und fördern die Bereitschaft, sich dem geheimnisvollen Fluss des großen Ganzen zu öffnen und anzuvertrauen.

Jede Pflanze verkörpert jedoch auch eine individuelle Wesenheit, die ihre Charakteristik durch Interaktion mit den Naturgesetzen und Elementarkräften ausgebildet hat. Sie repräsentiert somit eine bestimmte Perspektive, einen spezifischen Zugang, ein besonderes Tor zum Ganzen.

Darin, dass wir einen Dufteindruck mögen oder nicht mögen, liegt eine vitale Aussage, der wir uns bedienen, um die Beschaffenheit der eigenen Persönlichkeit auf einer sinnlich/emotional/energetischen Ebene anzuschauen und erstarrte Strukturen mit einem Dynamisierungsimpuls zu beleben. Dies kann als eine weiche Form der Lebenshilfe betrachtet werden. Die Re-Integration in den natürlichen Kreis des Lebens ist wichtigste Zielsetzung bei diesem Verfahren. Den inneren Heiler in uns zu aktivieren und damit die Zuständigkeit für das eigene Wohlbefinden zu übernehmen, steht als Triebfeder dahinter. Allein die Tatsache, dass bei der Interpretation der eigenen Reaktion auf Dufteindrücke die Hauptkompetenz bei dem Wahrnehmenden selbst liegt, führt zu einer verstärkten Authentizität im Dasein. Räuchern hilft, in sich selbst zu Hause zu sein und die eigene Mitte deutlicher zu spüren.

Über praktische Aromaarbeit und inspirierende Einflüsse von außen – hier danke ich in erster Linie und von ganzem Herzen meinem spirituellen Freund und Lehrer Jabrane Mohammed Sebnat – ist mir die Grundlage für diese Arbeit im letzten Jahrzehnt zugewachsen. Im Mai 1991 nahm ich an seinem Wochenend-Workshop über das Enneagramm teil, und habe tief im Inneren gespürt, dass damit eine wesentliche, neue Oktave in meinem Leben beginnen würde. Das Enneagramm als dynamischer Wegweiser, als eine Landkarte, die sich der Orientierung des Wanderers anpasst, ist mir im vergangenen Jahrzehnt zu einem vertrauten Werkzeug der Standortbestimmung geworden.

Um den Ausdruck aromatischer Pflanzen zu studieren und ihr Erscheinungsbild im Lichte der Pflanzenbotschaft anzuschauen, bietet sich das Enneagramm ganz natürlich als Bestimmungsinstrument an. Dem Jahreszyklus entspricht mit Keim, Blüte und Frucht der Lebenskreislauf der Pflanzenwelt. Das Enneagramm als Zyklus bietet in dieser Hinsicht eine kompatible Peripherie, wo an bestimmten Punkten energetischer Einfluss oder charakteristische Gegebenheiten vorherrschen, die in gleicher Weise Mensch und Pflanze tangieren. Diese Gegebenheiten zu kennen, begünstigt in der Folge eine bewusst ausgeübte Vorgehensweise und ermöglicht gezielte Wechselwirkungen mit der wunderbaren Kraft der Pflanze. So verschafft das Enneagramm dem Anwender tatsächlich ein wertvolles Instrument sinnlicher Annäherung an die Wahrheit, das es mit Achtsamkeit und ganz im Sinne der Schöpfung einzusetzen gilt. Das ENNEAROM-System ist ein solches Instrument.

Die Voraussetzung für alles, was die innere Verbindung von Mensch und Aromapflanze betrifft, baut auf der Annahme auf, dass Pflanzenduft als feinstoffliche Energiequelle auf den Menschen einwirkt. Diesen subtilen Kontakt als etwas wahrzunehmen, das dem Wanderer energetische Nahrung schenkt, hat mich motiviert, Mitte der 90er Jahre eine aromatologische Ausbildung (ISAO) zu absolvieren. Mein Lehrer, Martin Henglein, hat mir das Rüstzeug mitgegeben, wichtige Aspekte der modernen Aromatologie und Osmologie integrieren zu können. Martin weist den Weg, wie mittels Duftimpulsen ein modulierender Einfluss auf problematische Persönlichkeitsanteile genommen werden kann, um dort anzusetzen, wo das natürliche Gleichgewicht gestört ist. Ich danke ihm für all die wertvolle Information und den freundschaftlichen Kontakt. Seine Lehre hat mich insbesondere in Bezug auf Symbolik und Entsprechung außerordentlich animiert.

Danken möchte ich meinem Freund Braham Hansen, Enneagrammlehrer und seit zehn Jahren *Sparringpartner* für praktische Selbsterfahrungsarbeit mit dem Enneagramm. Er hat mir mit scharfem Blick wichtige Impulse zukommen lassen. In puncto konstruktive, stets ermutigende Einflussnahme und einschlägiger Literaturversorgung bin ich meinem Freund Philipp Hasselblatt sehr dankbar. Weiterhin danke ich meiner lieben Mutter für ihre besondere Unterstützung und meiner Frau für den notwendigen Freiraum, dieses Buch zu schreiben.

Die im Buch verwendeten Pictogramme der Zahlen tragen in sich ganz bestimmte Aussage. Nachfolgend finden Sie das *Enneagramm der Zahlenbilder* von der Designerin Petra Krönner, der ich herzlich für ihre Entwürfe und den besonders fruchtbaren Austausch in der Sache danke.

Die Form der Darstellung kann als ein weiterer Annäherungswinkel an die universelle Natur des Enneagramms betrachtet werden. Das Enneagramm der optisch-ästhetischen Sinneswahrnehmung über Zahlenbilder gedeiht auf symbolträchtigem mathematischem Boden. Die Pictogramme verleihen dem Wesen der speziellen Energie an diesem Punkt äußeren Ausdruck. Manche Menschen sind in der Lage, über das Bild viel mehr Inhalte zu assimilieren und auch wieder abzurufen, als über Worte. Das Enneagramm hat starke intellektuelle Bezüge. Um einer linkslastigen Nutzung der Gehirnhälften entgegenzuwirken, begeben wir uns mit diesem Buch auf die Ebene der Sinneserfahrung. Versuchen Sie also, die Zahlenbilder so zu *sehen*, dass sie sich mit bestimmten Qualitäten an diesem Punkt verbinden.

Sie finden auch Worte zu jedem Bild, die nach Form, Grundqualität, Licht-Schatten-Thema, tragendem Muster und selbstüberschreitender Tendenz spezifische Kriterien der jeweiligen Zahl aufzeigen. Verbinden Sie das Bild innerlich mit den jeweiligen Inhalten, dann wird es diese Information zu Ihrer Verfügung halten und immer an die Qualitäten erinnern.

Zu einem späteren Zeitpunkt können Sie diese Qualitäten dann sehr viel besser mit den aromatischen Schwingungen in Einklang bringen, so dass Bild und Duft synästhetisch miteinander verschmelzen.

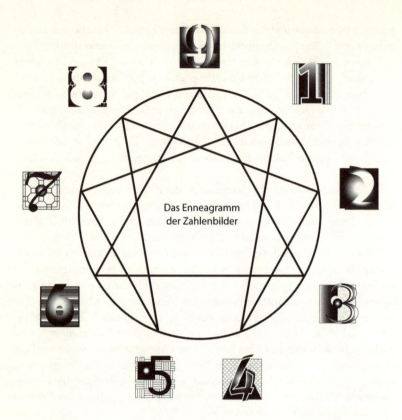

Die Acht	**Die Neun**	**Die Eins**
Massive Form	Tragende Form	Aufrechte Form
Kämpferischer Großmut	**Hingebende Liebe**	**Reine Ideale**
Licht: Zentrische Dualität	Licht: Empfangendes Verharren	Licht: belehrender Status
Muster: Seitliche Spannung …	Muster: Weiche Durchlässigkeit …	Muster: Gradlinige Präsenz …
Übertritt: Unbegrenzte Weite	Übertritt: Immerwährende Öffnung	Übertritt: Offene Wegweisung

Die Zwei	**Die Drei**	**Die Vier**
Umfassende Form	Einladende Form	Besondere Form
Unerschöpflicher Einsatz	**Phantasievolle Entfaltung**	**Stimmungsvolle Tiefe**
Licht: ausufernde Güte	Licht: veräußertes Inneres	Licht: Verhangene Sehnsucht
Muster: Willensstarke Grundlage …	Muster: Vibrierende Energie …	Muster: Endlose Ferne …
Übertritt: Klare Grenzverlagerung	Übertritt: Lebhafte Ausschweifung	Übertritt: Versteckte Offenheit

Die Fünf	**Die Sechs**	**Die Sieben**
Strukturierte Form	Geschlossene Form	Spielerische Form
Präzise Betrachtung	**Gewonnenes Selbstvertrauen**	**Strukturierte Aktivität**
Licht: Verlagerter Mittelpunkt …	Licht: gefangenes Inneres	Licht: Verspiegelte Klarheit
Muster: Schützender Wissenswall	Muster: gegebene Richtlinien …	Muster: Großes Kaleidoskop
Übertritt: Rationale Integration	Übertritt: Höhere Gebundenheit	Übertritt: Hemmungsloser Schwung

Die Reihenfolge der Kapitel

Die Reihenfolge, in der man die Kapitel liest, kann ein individueller Schlüssel sein.

Das Buch kann frei in der Folge der einzelnen Kapitel gelesen werden. Jedes Kapitel steht für sich grundsätzlich auch alleine. Chronologisch zu lesen ist sinnvoll, aber man kann auch nach den Pfeilen des Enneagramm-Symbols gehen, mit dem inneren Dreieck 9 – 3 – 6 beginnen und dann im Ablauf 1 – 4 – 2 – 8 – 5 – 7 dem periodischen Gesetz der 7 folgen (siehe Kapitel 6). So kann die universelle Natur des Enneagramms auf verschiedene Weise erfahren werden. Wir sehen immer das, was wir sehen *wollen*. Es gibt in diesem Sinne nichts *Falsches*.

Im ersten Kapitel werden Sie mit historischen und gegenwärtigen Fakten vertraut gemacht. Die Hintergründe des ENNEAROM-Systems werden erklärt und ein Testbogen zur Ermittlung der persönlichen Gegebenheiten wird vorgestellt.

 Dieses Kapitel beschreibt die Grundlage, auf der ein sinnhaftes Erleben aromatischer Einflüsse wachsen und in welcher Form der innere Zusammenhang von Licht-Leben-Liebe als Schöpfungsimpuls in diese Erfahrung einfließen kann.

 Überraschungen infolge der Anwendung von Räucherwerk sind mannigfaltig und viele verschiedene Anlässe gibt es im täglichen Leben, sich die nutzbringenden Möglichkeiten des Räucherns zu erschließen.

 Die Persönlichkeit, eingebunden in die universalen Gesetze, drückt sich in der Pflanze ebenso wie im Menschen aus. Die tiefen elementar-kosmologischen Bezüge des Seins werden in diesem Kapitel berührt und in aromatischer Hinsicht verdeutlicht.

 Eine systemische Ordnung wird geschaffen, um die aromatische Erfahrung in Aufbau und Abfolge logisch nachvollziehbar zu gestalten. Das Kapitel klärt darüber auf, wie und warum einzelne Stoffe den Zuordnungsprinzipien entsprechen.

 Das Enneagramm mit historischen und symbolischen Hintergründen, die Enneatypen und ihre archetypischen Querverbindungen ebenso wie analog zugeordnete Räucherstoffe werden in diesem Kapitel detailliert vorgestellt.

 Das ENNEAROM-System als fröhlich leichte Duftarbeit, die ganz auf die eigene innere Wahrnehmung ausgerichtet ist, wird hier, mit entsprechenden Hilfsmitteln versehen, angeboten. Es dient der Förderung von Kontaktbereitschaft.

 Die konkret für die ENNEAROM-Arbeit benötigten Gerätschaften werden in diesem Kapitel ebenso aufgeführt, wie auch unterschiedliche rituelle Verfahrensformen vorgeschlagen und ethnobotanische Räuchermethoden aufgezeigt.

 Dieses Kapitel ist das Herzstück des Buches. Pflanzen/Substanzen werden in *triadischem* Ausdruck mit Beschaffenheit, Energetik, Spirit und Analogie zu einem bestimmten Enneatypus in ihrer Ganzheit vorgestellt.

KAPITEL 1

Räuchern

woher es kommt, wohin es führt

Saturn … mühevoll, konsequenter Aufstieg.

•

„Open your arms to change,

but don't let go off your values"

(dt.: *Öffne deine Arme dem Wandel aber bewahre deine Werte)*

(Dalai Lama)

•

Der Geruchssinn ist ein Kanal zu inneren Welten

In jenem Moment, wo die Physik die Grenzen des Physischen überschritten hat, wenn der rein energetische Zustand als die Wahrheit hinter allem Dasein Gestalt annimmt, ist die mechanistisch-wissenschaftsgläubige Wirklichkeit am Ende ihrer Fahnenstange angekommen. Es ist plötzlich nicht mehr möglich, das Subjektive vom Objektiven getrennt zu betrachten. Das menschliche Wollen, Wünschen und Glauben muss sehr genau in Augenschein genommen werden, um das Offensichtliche vom Unterschwelligen unterscheiden zu können.

Wenn die Welt der Erscheinungen wie ein Spiegel funktioniert, dann genügt es, die Nachrichten einzuschalten, und wir wissen, wie es um unseren ausgebeuteten Planeten steht. Geht es um die persönliche Bestandsaufnahme, dann können wir uns diese Fragen selbst beantworten, indem wir einen objektiven Blick auf unser Spiegelbild werfen. Wir sind ein lebendiger Teil dieser Welt. Wie nützen *wir* dem Leben und wie nützt es uns? Lassen Sie es uns doch einfach herausfinden.

Es ist sehr interessant zu beobachten, wie in diesen turbulenten Zeiten ein außerordentliches Interesse am Räuchern heranwächst. Auch Menschen, die nie vorher etwas von diesem Thema gehört haben, reagieren spontan und eindeutig offen, wenn sie unerwartet damit in direkten Kontakt kommen. Das fällt auf!

Es ist anzunehmen, dass die Wirkung aromatischen Rauchs den Menschen etwas schenkt, was offenbar benötigt wird. Das Räuchern ist eine Methode, auf glühender Kohle oder über der Kerzenflamme aromatische Pflanzen zu duftendem Rauch zu verwandeln. Den aromatischen Rauch nehmen wir über den Atem und das Geruchsorgan in den Körper auf und verbinden uns über das autonome Nervensystem (Bewegungszentrum) ebenso wie das limbische System (Gefühlszentrum) mit der essenziellen Information der Pflanze. Das ist eine sehr intensive Begegnung. Unsere ureigene Reaktion auf diese Begegnung kann ein aufschlussreiches Echo sein. Schauen wir uns also diese Zusammenhänge etwas genauer an. Vielleicht können wir uns in unserem Kontakt mit der Welt tieferen Erfahrungen öffnen, die uns neue sinnhafte Einblicke vermitteln.

Ich bin für meine persönliche Wirklichkeit selbst zuständig

Wenn alles Leben seinem Ursprung nach Energie ist, dann ist das energetische Zusammenspiel der drei Zentren Körper, Gefühl und Geist von größter Bedeutung. Jede Gefühlsregung lässt ein Stück Wirklichkeit entstehen und jeder Gedanke ist ebenso als ein Baustein der Verwirklichung zu betrachten, wie die verspeiste Nahrung und der Atemzug im Zusammenhang mit dem Erhalt des physischen und energetischen Körpers Realität ist. Der Begriff der Ganzheitlichkeit hat heute in vielen Bereichen des Lebens Einzug gehalten. Er bezeichnet eben die Tatsache, dass die ablaufenden Lebensprozesse auf komplexe Art und Weise miteinander verknüpft sind.

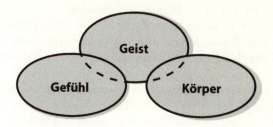

Dabei gibt es einen Grundsatz, den zu vermitteln das zentrale Anliegen dieses Buches ist: **Ich bin für meine persönliche Wirklichkeit selbst zuständig.**

Lauschen wir dem wissenden Raunen unserer Ahnen

Derzeit steigen uralte Traditionen aus der Vergangenheit auf und weisen den Weg. Es sind die energetischen Fußstapfen unserer Vorfahren, die endlich wieder sichtbar werden. Wie durch ein Wunder spüren wir plötzlich die Faszination eines Wissens, das hilfreich aus dem geheimnisvollen Fundus des Lebens auftaucht und sich anbietet. Wir müssen respektvoll hineinspüren, uns trauen, ein paar unsichere Schritte zu machen, dann gelingt es vielleicht, von der Kraft zu schöpfen, die in diesen Traditionen bewahrt und überliefert wurde.

Dazu ist ein Rückblick in die Frühzeit der menschlichen Entwicklung interessant. Die kulturelle Entwicklung der Menschheit bekam eine mächtige Triebfeder, als die Kontrolle über das Feuer erlangt wurde.

Bereits zu den Zeiten des Höhlenmenschen hatte der Kreis um das Feuer eine wichtige selbsterhaltende, soziale und spirituelle Bedeutung. Man versammelte sich, wenn es dunkel wurde, um das Feuer herum. Trockenes Geäst und Zweige wurden auf das Feuer gelegt, um damit die wilden Tiere auf Abstand zu halten und Wärme zu schaffen. Dieser Kreis bot außer Schutz und Sicherheit aber auch das Erleben von Gemeinschaft und Freude. Stellen wir uns vor, wie durch das Verglimmen der Pflanzen der Rauch die Gruppe umhüllte und Einfluss auf die Stimmung ausübte. Je nachdem, welches Pflanzenmaterial zur Verfügung stand, erlebten die Menschen eine Veränderung in den Empfindungen und Erscheinungen so, dass den Pflanzen innewohnende Wesenheiten zugesprochen wurden.

Es entstand die erhabene Erfahrung des Übernatürlichen und Göttlichen als „Medizin" in Form von pflanzlichen Stoffen, wenn der Rauch die Pforten der Wahrnehmung geöffnet hatte. Über den Rauch konnte man Verbindung zwischen der Götterwelt und der Menschenwelt herstellen. Bereits in der Frühzeit wurde so Räucherung und Ritual zu einem wichtigen Bestandteil des menschlichen Lebens. Der Kontakt zu den feinstofflichen Welten wurde für den Menschen also von jeher durch das Pflanzenreich gefördert.

Durch die ägyptische und babylonische Zeit sowie das gesamte Altertum hindurch, war der Gebrauch von duftendem Räucherwerk unverzichtbarer Bestandteil des täglichen Lebens für Reinigung, Lustgewinn und heilige Zeremonien.

Die Künste der Orakel, Seher und Seherinnen der Antike, waren aufs engste mit dem Gebrauch bestimmter Räucherstoffe verbunden. Im Mittelalter wurde geräuchert, um die „Miasmen", für lebensfeindlich gehaltene Geruchsentwicklungen, insbesondere im Zusammenhang mit den großen Seuchenepidemien, einzudämmen und ebenso, um böse Geister zu vertreiben oder magische Heilungsrituale zu unterstützen. Bis in die Neuzeit hinein haben sich Gebräuche auch in ländlichen europäischen Gegenden erhalten, zum Beispiel zur Sonnenwende, zum Jahreswechsel oder bei bestimmten rituellen Zusammenhängen Kräuter zu verräuchern, um Schutz und Reinigung zu gewährleisten. Und natürlich ist der Weihrauch in der katholischen Kirche bis zum heutigen Tage Bestandteil der liturgischen Zeremonie.

Grundformen der Verwendung von Räucherwerk

Wir finden immer drei Grundformen der Verwendung von Räucherwerk

1. für Reinigung/Desinfektion/Konservierung,

2. für Wohlbefinden und Lustgewinn,

3. für spirituelle, zeremonielle, transzendentale Anlässe.

Auf allen drei Ebenen war der Gebrauch von Räucherstoffen dem Prinzip der *Werterfüllung* gewidmet. Das heißt, dass Prozesse unterstützt werden, die dem Erhalt und der harmonischen Entwicklung des Lebens dienen. Aromatischer Rauch zieht das Licht an und lässt die Schatten fliehen.

Das aktive Prinzip des Räucherns kann folgendermaßen formuliert werden:

Alles, was sich von gröberer Schwingung unterhalb des menschlichen Mitgefühls nährt, flieht vor dem Rauch. Hingegen werden die in feineren Vibrationen schwingenden, wesenhaften Elemente vom aromatischen Rauch angezogen.

Bräuche und Traditionen

Um sich einen Überblick zu verschaffen, wie in unterschiedlichen Kulturen dieser Erde der Gebrauch von duftendem Räucherwerk das Wohlbefinden der Menschen bis in die heutige Zeit hinein unterstützt, möge die nachfolgende Beschreibung der Gebiete, ihrer botanischen Voraussetzungen und ethnischen Gruppen mit den daraus resultierenden Gepflogenheiten von Nutzen sein.

Indien

Räuchern öffnet blockierte Bereiche und unterstützt den energetischen Ausgleich

Als die „Mutter der Düfte" wird Indien bezeichnet. Dieser Subkontinent mit vielschichtiger kultureller Tradition und großer Bedeutung für die Menschheitsentwicklung, bietet mit seinen klimatischen Voraussetzungen zwischen dem 8. und 35. Breitengrad auch einem ungeheuer großen Spektrum aromatischer Pflanzen eine Heimstatt. Dementsprechend ist das Wissen um Liebes-, Heil- und Transformationskraft der Düfte dort auch besonders groß, und die Überlieferung von Rezepturen und heilkräftiger Anwendung durch die vedischen Lehren geht bis in das 6. Jahrhundert v. Chr. zurück.

Sicherlich kommt dem **weißen Sandelholz** die größte Bedeutung zu, da es seit ältesten Zeiten der wichtigste aromatische Duftstoff Indiens ist und weltweit als begehrtes Handelsgut bis zum heutigen Tage angesehen wird. Im *Kamasutra*, dem Werk der Liebeskunst, wird der Gebrauch von Räucherstoffen ebenso zur Unterstützung einer nach Erfüllung strebenden Zweisamkeit empfohlen.

Die sinnliche Erfahrung, dem religiösen Denken und Handeln gleichgestellt, dient der Harmonisierung innerhalb der Schöpfung und verwirklicht so das göttliche Prinzip.

Die Heilanwendungen mit Räucherungen zu begleiten, hat seinen traditionellen Platz in der ayurvedischen Medizin. Es ist ein geeignetes Mittel, den Ausgleich der Doshas (der elementare Kräftehaushalt in der menschlichen Persönlichkeit) zu bewirken.

Tibet

In der tibetischen Medizin wird geräuchert, um die Macht der geistigen Gifte zu brechen

Das „Dach der Welt", wie das tibetische Hochland bezeichnet wird, ist eine Grenzzone. Das Irdische und das Geistige begegnen sich hier in gleicher Weise, wie Himmel und Erde dem Betrachter in einem dramatischen Panorama dargeboten werden. Nicht umsonst wird das gewaltige Gebirgsmassiv des Himalaya von den Tibetern als der „Sitz der Götter" angesehen. Das Hochland ist auch eine klimatische Grenzzone zwischen den völlig unterschiedlichen Lebensräumen des eurasischen Kontinents und dem indischen Subkontinent. Infolge dieser extremen Lage, finden wir in dieser Region selbst unterschiedlichste klimatische Enklaven, die einer außerordentlichen Vielfalt an Pflanzenarten einen Lebensraum bieten. Diese sehr speziellen Voraussetzungen haben eine Flora von besonderer Vitalität hervorgebracht.

Der spirituelle Gebrauch aromatischer Pflanzen durch das Verräuchern hat dort eine dementsprechend tiefgreifende Tradition im Leben der Menschen. **Wacholder, Zeder, Rhododendron, Galgant-** und **Kostuswurzel** gehören zu den wichtigsten Arten. Die klare und reine Atmosphäre dieser Hochebene hat von jeher die Menschen dort nach ihrem innersten Wesen suchen lassen und spirituell hochstehende Menschen haben sich in abgelegenste Einsiedeleien zurückgezogen, um an ihrer geistig-seelischen Vervollkommnung zu arbeiten.

Der Buddhismus hat in ganz besonderer Weise das tägliche Leben der Tibeter mit Sinn gefüllt und eine starke spirituelle Praxis begründet, die das Klosterleben eng mit der Gemeinschaft verbunden hat, so dass ein wunderbares Beispiel gelebter Spiritualität eines ganzen Volkes entstehen konnte. Der tägliche Gebrauch von Räucherwerk ist praktischer Bestandteil dieser Lebensweise, um in Kontakt mit den höheren Ebenen des Seins und damit des Göttlichen treten zu können.

Die tibetische Medizin geht vom unmittelbaren Zusammenhang physischer Probleme mit psychisch-seelischen Disharmonien aus. Diese Störungen wiederum werden auf geistige Fehleinstellungen zurückgeführt. Irreführende Gedanken und Glaubenssätze über uns selbst werden als Ursache von Schwermut, Angst, Unsicherheit, Hass, Neid, Missgunst und Unfrieden betrachtet. Die dadurch aus dem Gleichgewicht gebrachte menschliche Psyche lässt in der Folge Krankheiten des Körpers entstehen.

Japan
Die spirituelle Verwendung zielt auf die geistige Präsenz und Achtsamkeit

Der Zen Buddhismus brachte bereits im 6. Jahrhundert das Räuchern von China über Korea nach Japan, wo es bis zum heutigen Tage in unterschiedlicher, aber durchweg sehr edler und feiner Form erhalten geblieben ist. „Dem Duft lauschen" so wird in Japan vom Räucherweg *Koh-Do* gesprochen, und ein besonders sensibler Rahmen wird für solcherart Räucherzeremonie geschaffen. Man unterscheidet sakrale (*sonae*) und profane (*soradake*) Verwendung von Räucherwerk.

Mit Hilfe des aromatischen Duftes der Unwissenheit zu entfliehen, ist Grundlage der zeremoniellen Anwendung. Reinigung der Seele und Beruhigung des Geistes sind positive Wirkungsweisen, die nach buddhistischer Auffassung dem Räucherwerk zugeschrieben werden können.

Aber auch der profane Umgang mit Räucherstoffen hat einen hohen Standard und wird ebenso lehrreich wie spielerisch betrieben, indem auf zeremonielle Art und Weise die Duftschale herumgereicht wird, während man dem Dufteindruck Geschichten und Gedichte widmet. Naturschauspiel und Jahreszeiten werden mit feiner Empfindung für Harmonie und Ästhetik mit Dufteindrücken in Zusammenhang gebracht.

Räucherstoffe wie **Adlerholz**, *Jinkoh* genannt, **Sandelholz**, **Sternanis**, **Zimt**, **Kampfer**, **Gewürznelke** und **Moschuskörner** sind traditionell verwendete Substanzen, die größtenteils importiert werden. Es hat sich bis zum heutigen Tage die Herstellung feinster Räucherwaren in Japan erhalten und es gibt dort traditionsreiche Unternehmen, die auf eine jahrhundertealte Geschichte zurückblicken können.

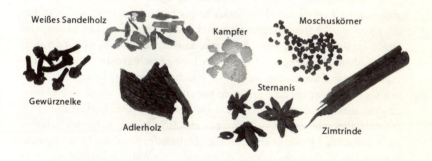

Die Tugenden des Räucherweges „Koh-Do"

Eine umfassende Aussage über das Thema Räuchern ist von einem Zen-Mönch aus dem Japan des 16. Jahrhunderts n. Chr. überliefert:
1. Räuchern macht Transzendenz erfahrbar.
2. Räuchern reinigt auf den Ebenen des Körpers, des Gefühls und des Geistes.
3. Räuchern löst Anhaftungen und vertreibt negative Energien.
4. Räuchern verhilft uns zu mehr Achtsamkeit.
5. Räuchern begleitet uns durch Zeiten der Einsamkeit.
6. Räuchern verschafft uns Momente der Einkehr im Trubel des täglichen Lebens.
7. Räuchern verliert seine Wirksamkeit auch bei häufigem Gebrauch nicht.

8. Auch mit geringer Menge von Räucherwerk werden wir zufrieden sein.
9. Auch lange Lagerung vermindert weder Duft noch Wirkung.
10. Selbst bei täglicher Verwendung schadet Räuchern nicht.

Islamische Welt

Es gibt einen einzigartigen unmittelbaren Zustand der Seele: Reinheit

Die arabisch-osmanische Welt war immer von sinnlich-würzigen Duftwolken begleitet, die bereits Shakespeare von „allen Wohlgerüchen Arabiens" schwärmen ließen. Für die Muslime war und ist der Gebrauch wohlriechender Rauchschwaden mehr als in jeder anderen Tradition mit Sinnesfreuden und mystischem Erleben zugleich verbunden. Wenn bei den Sufis von inniger Sinnlichkeit gesprochen wird, dann ist damit das Mysterium der Liebe, als eine zutiefst göttliche Erfahrung, gemeint. Die Freude an duftbetonten Sinnesreizen ließ auch eine hochentwickelte Räucherkultur entstehen. Weihrauch als das männliche und Myrrhe als weibliches Element bildete, neben einer Vielzahl weiterer Stoffe wie Rosenblüten, Zimt, Adlerholz, Benzoe, Sandelholz, Koriander, Mastix, Sandarak, Narde etc., die Grundlage für eine unbegrenzte Palette von Rezepturen und Zubereitungsweisen für Räucherspezereien. Durch ein ausgeprägtes Handelswesen auf dem Lande wie auf dem Wasser waren die Kontakte zu den unerschöpflichen Ressourcen Indiens für Araber, Türken und allen zwischen ihnen liegenden Volksgruppen gleichermaßen sichergestellt, als eine nie versiegende Quelle so ziemlich aller Duftstoffe, derer das Herz begehren könnte. Die Weihrauchstraße, als eine der ältesten Welthandelsstraßen, leitete die Karawanen durch die Wüste vom Golf von Aden bis an das Mittelmeer und versorgte die Menschen vom Maghreb bis zum Kaukasus mit dem kostbaren Räuchergut. Insbesondere das Harz der Weihrauchbäume, *Olibanum* genannt, stammte hauptsächlich aus dem sagenumwobenen Punt (im Bereich des heutigen Jemen). Er gedieh im *Weihrauchgürtel*, einem steinigen Gelände von ca. 15 km am Rande der Wüste und mit weniger als 100 mm Regen im Jahresdurchschnitt. Die Verwendung des Weihrauchs hat in den verschiedensten Bereichen des täglichen Lebens Bedeutung und reicht von der simplen körperlichen Reinigung (Waschungen mit Rauch) bis zu Austreibungsritualen bei Besessenheit. Trance- und Liebesrituale mit Rauch, um in natürliche, integrierte Zustände in Gemeinschaft und Ehe zurückzufinden, sind bis heute in der islamischen Welt gängige Praxis. Auch bei gesellschaftlichen Anlässen wie Hochzeit, Begräbnis oder anderen religiösen Anlässen ist das Räuchern immer als wichtiges Element zugegen.

Bei den Nomadenstämmen der Wüste ist es selbstverständlich, ankommende Gäste vor Eintritt in das Haus gründlich zu beräuchern und damit eine Atmosphäre der Sauberkeit und Nähe für eine gute Begegnung zu schaffen.

Christliche Welt

Die Geschichte des Räucherns in der christlichen Religion ist eher widersprüchlich und wird bis zur heutigen Zeit kontrovers beurteilt. Während es zu früher Zeit als ein heidnischer Brauch zurückgewiesen wurde, bekam es im Zuge der sich ausweitenden liturgischen und zeremoniellen Abläufe des etablierten kirchlichen Systems einen größeren Stellenwert. Zu tief waren die Bedürfnisse der Menschen mit dieser kultischen Form verbunden, religiöse Feierlichkeit zu begleiten. Es konnte von der Kirche nicht ignoriert werden.

Die zwiespältige Haltung kann heute noch im Christentum beobachtet werden. Obwohl die katholische Messe den Weihrauch als fest etablierten Teil ihrer Zeremonie kräftig verräuchert, finden wir viele Menschen, die äußerst ablehnend bis hochgradig allergisch auf diesen Duft reagieren. In der Regel sind diese Menschen katholischer Herkunft und ihre vehemente Reaktion scheint unangenehme Kindheitserfahrungen mit diesem Medium widerzuspiegeln.

Die protestantische Kirche hat sich gänzlich von diesem Brauch distanziert.

Der typische Kirchenweihrauch, in Form kleiner Kügelchen und auch in grün, rot, gelb, braun, schwarz und gold eingefärbt, wird normalerweise nach besonderen Rezepturen aus Olibanum, Myrrhe, Benzoe, Tolubalsam, Mastix, Labdanum und Drachenblut hergestellt. Der farbige Überzug besteht aus Bienenwachs und Naturfarbstoffen.

Griechenland
Die Planeten weisen den Weg zur Vervollkommnung

Die griechische Antike seit 1000 v. Chr. und insbesondere die minoische Tradition ist reich an aromatischen Pflanzenstoffen und berichtet von vielfältigen Verwendungsformen. Besonders interessant ist die Verbindung der Götterwelt mit aromatischen Pflanzendüften.

Bei keiner Feier durften die Räucherdüfte als Einladung an die Götter fehlen, dem fröhlichen Treiben beizuwohnen. Ein starker Einfluss auf die frühgriechische Räucherkultur kam wohl durch das minoische Reich von der Insel Kreta, die selbst eine Fülle aromatischer Stoffe wie Thymian, Lavendel, Mastix,

Koriander, Wacholderbeeren, Galbanum, Anis, Fenchel, Lorbeer, Dictam, Quitte, Rosmarin und Majoran zu bieten hatte. Mit Labdanum, dem wachsartigen Harz der Cistrose, pflegten die minoischen Frauen bereits bei ihrer Morgentoilette zu räuchern, und es ist schon immer eine der beliebtesten Ingredienzien in Duftmischungen gewesen. Die reichhaltige Pflanzenwelt dieser Insel ließ sie in früherer Zeit dem Paradies gleich erscheinen. Schon früh brachten die Handelsflotten der Phönizier auch Weihrauch und Myrrhe aus dem benachbarten Arabien auf diese duftschwangere Insel der Heiterkeit. Als Brückenkopf in die arabische Duftwelt diente Kreta natürlich auch für Griechenland. Erst um Christi Geburt herum öffnete sich Griechenland ganz der arabischen Duftkultur und ergab sich in der Folge in hochgeistiger und philosophischer Betrachtung des „göttlichen Wohlgeruchs". So wurden die verschiedenen psychisch-seelischen Wirkungsweisen der Aromastoffe bald mit bestimmten Göttergestalten in Zusammenhang gebracht. So wurde zum Beispiel der Lorbeer dem Apollon zugeordnet und bei berühmten Ritualen, wie die Fruchtbarkeitsfeier der Eleusinischen Mysterien zu Ehren der Göttin Demeter, wurde intensivst geräuchert, um den Kontakt zu der Welt des Göttlichen herzustellen. Nach den Feldzügen Alexanders des Großen kam die Duftkultur Griechenlands zu ihrer Hochblüte. Große Namen wie Theophrast, Phytagoras, Plinius und Hippokrates können mit Aussagen über Heil- und Transformationskraft von Pflanzenräucherungen in Zusammenhang gebracht werden. Insbesondere astrologische und planetarisch-archetypische Zuordnungen sowie darauf aufbauende Kompositionen verschiedener Räucherstoffe entstanden aus der Verbindung babylonischer Astrologie mit der griechischen Mythologie und haben sehr alte Wurzeln.

Indianische Tradition

Manitonquat „Medicine Story" sagt:
„Wir müssen unsere eigenen Rituale schaffen"

Unter den indianischen Volksstämmen Nord-, Mittel- und Südamerikas finden wir die Räucherung als ein bestimmendes Ritual in Kulten und Zeremonien zur Vertiefung der natürlichen Gemeinschaft allen Lebens. In Nordamerika ist die Verbundenheit zwischen allen Lebensformen als Teil einer größeren Einheit die Grundlage der indianischen Weltsicht und ihrer Mythologie. Es ist kaum verwunderlich, dass auf diesem Hintergrund diese Tradition auch einen stark entwickelten Räucherkult vorzuweisen hat. Mit den innersten Kräften der Natur respektvoll in Kontakt zu kommen, ist das edelste Ziel der Verräucherung von „Kraftpflanzen" wie **Weißer Salbei**, **Wüstenbeifuß**, **Sweetgrass**,

Wacholder- oder Zedernspitzen. Sie schenken Reinheit, Kraft, Harmonie, Klarheit oder Visionen in dem Maße, wie der Mensch sich ihnen achtsam und liebevoll mit dem aufrichtigen Wunsch nach Verwirklichung dieser Qualitäten nähert. Die Schönheit der Mutter Erde im Auge, die Liebe zu ihr im Herzen und das Handeln zum Wohle ihres Bestandes gehört in der indianischen Tradition Nordamerikas zum höchsten Gut, das es zu erhalten gilt. Dieses Streben wird von den aromatischen Pflanzen unterstützt, so dass bei Zusammenkünften aller Art wie Ratsversammlungen, Schwitzhütten, zeremoniellen Tänzen wie dem Sonnentanz, bei der Visionssuche und allen Heilungsritualen stets auch der duftende Rauch verwendet wird.

In den Hochkulturen der Azteken, Inkas und Mayas in Mittel- und Südamerika, zwischen 300 und 1600 n. Chr., gab es eine Naturmedizin, die auf bis zu 4000 verschiedenen Heilpflanzen aufbaute. Im *Popol Vuh*, dem Weisheitsbuch der Mayas, kann man einiges darüber erfahren.

Räucherzeremonien auf sakraler Grundlage wurden zu Heilzwecken eingesetzt, und den aromatischen Pflanzen, wie verschiedene **Kopal-Harze**, **Wahrsagesalbei** und **Traumkraut** sowie umfangreiche Kräuterrezepturen aus göttlicher Quelle, wurden außerordentliche Kräfte zugeschrieben. Auch heute noch werden Traumarbeit und Trancezustände durch Räucherrituale eingeleitet, um an das Wesen der Dinge zu gelangen. In den Werken von Carlos Castaneda, der seine Erfahrungen mit dem Schamanen Don Juan in der mexikanischen Wildnis beschrieben hat, findet man immer wieder Gebrauch von Räucherungen auf dem Pfad in eine andere Wirklichkeit. Das Ziel dieser Erfahrung ist immer, die Begrenzung der materiellen Weltsicht zu überwinden.

Räuchern mit Enneagramm und Aroma

Das ENNEAROM-System schafft einen Rahmen, der uns einen spielerischen Umgang mit Räucherstoffen erlaubt. Dieses Spiel liegt im Umfeld von Lifestyle, führt über Psychologie zur Selbsterkenntnis und landet in der Spiritualität. Das liefert jede Menge Stoff für einen Cocktail zeitgemäßer Rituale. Entscheidend für ein sinnvolles Ritual ist die Frage, ob und wie es dem Leben dient.

Das Räuchern gehört zum ältesten Kulturgut im Umgang mit Leben und Gemeinschaft. Seitdem der Mensch die Kontrolle über das Feuer erlangt hatte, wurde ihm der Rauch zum Begleiter.

Betrachten wir es als ein Geschenk, wenn wir die Kraft aus Pflanzenräucherungen zum persönlichen Wohle auch heute in unser Leben integrieren dürfen und schauen wir, wie wir unsere persönlichen Bezüge zu den unterschiedlichen Stoffen herstellen können.

Dufterfahrung aus der Perspektive des Enneagramms

Im Folgenden wird auf den Zusammenhang zwischen dem Enneagramm und der bewusstseinsbezogenen Verwendung aromatischer Pflanzendüfte im Allgemeinen, und von Räucherstoffen im Besonderen Bezug genommen. Sie sollen erfahren, wie der Brückenschlag zwischen diesen zwei Disziplinen zustande kommt und welches Ergebnis für die persönliche Befindlichkeit mit dieser Verfahrensweise erreicht werden kann.

Bei der Entwicklung des ENNEAROM-Systems für Aromaberatung, haben zwei verschiedene 9er- Modelle Pate gestanden. Ein moderner aromatologischer Lehransatz wurde dabei mit dem alten Symbol des Enneagramms intuitiv zusammengebracht. Die sich daraus ergebenden Querverbindungen wurden betrachtet und in einer praktischen Vorgehensweise über einen längeren Zeitraum erprobt, um über den Erfahrungsweg den Eingang in die innere Dynamik dieser Verbindung zu finden. Das Enneagramm verkörpert einen Lebenszyklus über neun Stationen, von denen jede ihre besondere Entsprechung zu einem Archetypen unseres Sonnensystems und einer hohen Idee als spirituelles Tor aufweist.

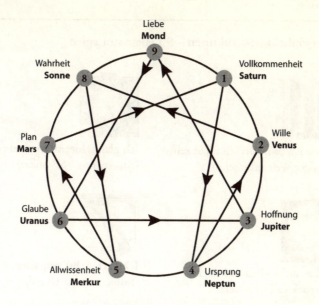

Neun Persönlichkeitsstrukturen

Die Stationen sind somit auch energetische Sammelpunkte für eine ganz bestimmte Kraft. Man kann sagen, eine besondere geistig-seelisch-körperliche Perspektive manifestiert sich an jedem dieser Energiepunkte. Alle gemeinsam bringen sie die Schöpfung zustande.

Die Enneatypen entstehen dadurch, dass die innere Verbindung zu der absoluten Wahrheit an einem dieser Energiepunkte vom Menschen besonders gebraucht wird und gleichzeitig verloren geht. Die Fixierung, als eine Art mechanisch-gedanklicher Ersatzkonstruktion, bewirkt, dass das spirituelle Tor verschlossen bleibt.* Ein Mangel an essenziellem Licht entsteht. Diesen Mangel an Licht versucht der Mensch durch Ego-Bestrebungen wie ein Automat zu kompensieren, zu überspielen, zu vermeiden, weil der fehlende Zufluss essenzieller Qualität schmerzt. Das Ergebnis sind neun verschiedene Persönlichkeitsstrukturen.

Geprägt werden diese Strukturen höchstwahrscheinlich aus einem Mix von genetischen Gegebenheiten und familiär-gesellschaftlichen Einwirkungen. Sie bestehen aus einem engen Geflecht automatischer Reaktionen, körperlicher, emotionaler, mentaler Art, auf Eindrücke des täglichen Lebens.

---

* Almaas „Enneagramm of the Holy Ideas", Diamond Books, Berkeley 1998

9 Persönlichkeitsstrukturen – 9 Lebensstrategien

So wie ich bin, darf ich nicht sein.
(zorniger Weltverbesserer)

Ich glaub, hier stimmt was nicht.
(angespannter Skeptiker)

Ich bin nicht klein zu kriegen.
(hartnäckige Helferseele)

Ich darf nichts verpassen.
(lustgesteuerter Überflieger)

Ich hab alles im Griff.
(getriebener Macher)

Ich nehme es mit jedem auf.
(kompromissloser Kämpfer)

Es ist hoffnungslos für mich.
(depressives Genie)

Ich bin sowieso nichts wert.
(friedliebendes Faultier)

Ich halt mich aus allem raus.
(distanzierter Denker)

Neun Grundstrategien

Die unterschiedlichen Verhaltensweisen der neun Typen können als **Grundstrategien** bezeichnet werden, mit denen der Typus jeweils auf Erfüllung elementarer Lebensqualitäten ausgerichtet ist. Eine elementare Lebensqualität ist zum Beispiel, geliebt zu werden; so, wie man ist, angenommen zu sein. Diese Grundstrategien werden in der Regel unbewusst ausgeübt, und es wird davon ausgegangen, dass die eigenen Empfindungsweisen allgemeine Gültigkeit haben. Da die Strategien unterschiedlich sind und unbewusst mechanisch ablaufen, wird aneinander vorbeigeredet, -empfunden und -gehandelt. Das schafft die zwischenmenschlichen Konflikte, obwohl dem Streben aller Beteiligten durchaus der Wunsch nach Liebe, Anerkennung und Vollkommenheit zugrunde liegt. Das unbewusste, mechanische Streben wird jedoch oft von triebhaft abwehrenden Reaktionen auf die gegebene Lebenssituation beherrscht. Es wird versucht, auf eine konditionierte Weise etwas zu erreichen, was man idealisiert.

Eine andere elementare Lebensqualität ist *Sicherheit*. In dem Bedürfnis, sich sicher zu fühlen, werden die absurdesten Verrenkungen gemacht. „Was darf ich meinem Partner sagen, ohne dass ich Gefahr laufe, ihn zu verlieren?" Dabei offenbart sich die Querverbindung zu einer anderen Qualität, nämlich *Ehrlichkeit*. Und dann sind wir gleich beim Thema *Wahrheit* und *Offenheit*. Unbewusstes, mechanisches Reagieren läuft auf der Ebene der Gedanken ebenso wie im Gefühlsbereich bis hin zur Reaktion auf der Körperebene. Das Ergebnis ist ein sich permanent wiederholendes Muster als Drama mit immer gleicher Ablaufmechanik; ein Prozess, der wirklich verfahrene Lebensstrukturen erzeugen kann, Veränderung blockiert und schmerzhaft wird, wenn keine Wandlung stattfindet. Es ist dann so, dass der Mensch sich der inneren *optimierenden Schubkraft* (wie Almaas* es ausdrückt) entgegenstellt.

Natürlich soll es darum gehen, die mechanischen Abwehrmuster zu durchbrechen. Die Beschäftigung mit dem Enneagramm zielt darauf ab, durch bewusste Wahrnehmung der eigenen Verhaltensweise, Veränderung und Wandel in konstruktiver Weise zu bewirken.

Höre auf deinen Körper – deinen besten Freund

Jedem dieser neun Orientierungspunkte entspricht eine besondere Perspektive, die universelle Wahrheit zu sehen. Das kann als der Erlösungsaspekt bezeichnet werden. So ist es ein lohnendes Ziel der Arbeit mit dem Enneagramm,

---

* Begründer der Ridhwan-Foundation, siehe auch Literaturverzeichnis

diese Perspektive im Sinne einer „persönlichen Wahrheit" zu erfahren, um Harmonie im eigenen Leben zu schaffen.

Als Menschen haben wir in uns eine Quelle, aus der wir Wissen schöpfen können. Dieser Quelle mögen wir die unterschiedlichsten Namen geben wie Intuition, Unbewusstes, Herzpunkt, eigene Mitte oder inneres Licht. In dieser Quelle liegt in jedem Falle unser ganzes Potenzial. Wir können Kontakt zu dieser Quelle über eine Brücke des Bewusstseins aufnehmen. Innere Überzeugung, Glaube, Begeisterungsfähigkeit und natürlich auch bewusstseinsverstärkende Pflanzenstoffe können diesen Brückenschlag unterstützen.

Ein Begriff, der die aromatologischen Aspekte am besten mit den spirituellen Gesichtspunkten der Enneagramm-Thematik verbindet, ist die Bezeichnung „Essenz".

Wir können davon ausgehen, dass Aromapflanzen immer **regulativ** im Biotop wirken. Sie sind in der Lage, Ungleichgewichte zu überbrücken und Spannungszustände zu mildern. Das *weiß* unser Körper ganz genau, und er weiß auch, welche Qualität benötigt wird. Die positive Resonanz kann als ein „Hunger" des Körpers nach eben dieser Qualität gesehen werden.

Mit Aromapflanzen die eigene Essenz erleben

In unserem Inneren ist eine Essenz, die lichthafter Natur ist. Dieses Licht kann sich im äußeren Kreis unserer Persönlichkeit mal mehr, mal weniger ausdrücken. Es gibt Licht- und Schattenseiten. Der Bereich, der von meiner Persönlichkeit *gelebt* wird, bietet vermehrt eine Möglichkeit, essenzielles Licht zum Ausdruck kommen zu lassen. In diesem Bereich wird normalerweise auch reges Treiben ablaufen, wie in einer Großstadt, wo das Leben tobt und verschiedenste Möglichkeiten sich anbieten. Da ist sicher auch jede Menge **Regulationsbedarf**. Die Duftstoffe der Aromapflanzen wirken hier wie Ampeln, Verkehrspolizisten und Hinweisschilder oder was es sonst noch an regulativen Kräften braucht, um ein reibungsloses Miteinander zu gewährleisten.

Die negative Resonanz hingegen weist uns auf die Bereiche der Persönlichkeit hin, wo die Schattenthemen liegen. Das, was wir nicht riechen können oder wollen, lässt auf emotional belastete Zustände und Themen schließen, die wir abgespalten haben und die möglicherweise Ursache von Energieblockaden sind. Zumindest ist die Dynamik in unserer energetischen Persönlichkeitsentfaltung an diesen Stellen potenziell blockiert.

Duft kann energetische Dynamisierung der Persönlichkeit bewirken

Wir erhalten über die Duftresonanz also authentische Antworten unserer Befindlichkeit, die betrachtenswert sind, und die Möglichkeit, in der Folge unter

Verwendung von Duftstoffen – soweit wir Akzeptanz vorfinden – regulativ Einfluss zu nehmen.

Es ist eben das Ziel, vom unbewusst mechanischen Reagieren zu unmittelbarer Aktion auf der Grundlage essenzieller Wahrnehmung zu gelangen. „Unmittelbar" heißt in diesem Zusammenhang, dass sozusagen kein Filter des Verstandes vorgeschaltet ist. Die Vorstellung vom Kontakt mit der Essenz entspricht einer Art innerer Gesamtschau und Erkenntnis aus dem Moment heraus. *Es* denkt und handelt aus mir heraus. Ich gebe mich diesem Zustand hin. Das bedeutet natürlich nicht, eine fatalistische oder lethargische „Ich-habe-sowieso-keinen-Einfluss"-Haltung im Verlauf der Geschehnisse einzunehmen. Das entspräche ja einer mechanisch-gedanklichen Abwertung des eigenen Seins. Der essenzielle Zugang soll erarbeitet werden und erfordert die Beteiligung des gesamten Bestands. Sich die hohen Ideen und ihre transformatorische Kraft zu erschließen, bringt uns der essenziellen Qualität näher.

Die richtigen Essenzen lassen uns erblühen

Unsere **Persönlichkeit** ist eine Konstruktion aus Körper, Gefühl und Verstand. Sie ist das **Werkzeug**, mit dem wir das Lebenswerk schmieden. Im Kontakt mit unserer Essenz blüht die Kraft der Persönlichkeit wie eine Blume auf und kann das Potenzial zur vollen Entfaltung bringen. Die Persönlichkeit dient der Essenz dazu, im stofflichen Bereich tätig zu werden. Solange die Persönlichkeit sich verselbstständigt und mechanisch reagiert, wird sie als Werkzeug diese Aufgabe nicht erfüllen.

KENNEN SIE DAS?

Ein Arbeitskollege, von dem Sie sich immer wieder übervorteilt fühlen, ist Ihnen sehr auf die Nerven gefallen, ohne dass Sie die Angelegenheit emotional klären konnten. Sie sind später als geplant von der Arbeitsstelle weggekommen, obwohl Sie noch wichtige Privateinkäufe machen müssen und jetzt unter Zeitdruck stehen. Der Parkplatz vor dem Einkaufszentrum ist sehr voll. Sie sehen, dass ein Platz gleich links vor Ihnen frei wird und blinken bereits vorsorglich. Das Fahrzeug biegt in Ihre Richtung aus der Parklücke und – schwups! – da kommt einer von rechts und fährt direkt vor Ihrer Nase in die Parklücke. Sie platzen fast vor Wut und befinden sich in der Gefahr einer Kurzschlusshandlung. Am Ende der automatischen Folge von richtig/falsch/gut/böse droht immer wieder das Durchbrennen aller Sicherungen.

Ein typischer Moment, wo jeglicher Überblick verloren geht und physischer Reibungsverlust in größerem Umfang auftreten kann. Und dennoch ist es ein tiefer innerer Zusammenhang von Ablehnung, Verspannung, Erwartungshaltung, Schuldprojektion und Hilflosigkeit, der genau diesen Moment hat entstehen lassen, um zum Ausdruck zu bringen, was wirklich los ist. Situationen bauen sich also auf und es gibt eine Vielzahl möglicher Momente, wo ein bewusster und klarer Umgang mit den eigenen Empfindungen, Gedanken und Handlungen eine andere Entwicklung einleiten kann. Der Moment der gewaltsamen Entladung auf der Körperebene ist hier nur der Klimaxpunkt, der nach dem Resonanzprinzip von selbst entstanden ist. Anders die Initiative zu ergreifen, den eigenen Zustand wahrzunehmen und neuen Raum für sich und andere zu schaffen, ist bestimmt sehr empfehlenswert und dient dem Leben.

Mechanische Reaktionen, die aus Belastungen der Vergangenheit resultieren, sind wie festverlegte Schienen, die zu einem unerwünschten Ziel in der Zukunft führen.

Nach eben diesem Prinzip entstehen Kriege.

Wir müssen also lernen wahrzunehmen, was hinter unseren Bestrebungen und Wünschen liegt und uns möglichst im aktuellen Moment der eigenen Motive bewusst sein. Das kann nur durch den Aufbau der unmittelbaren Wahrnehmung geschehen.

Mit unseren Sinnesorganen nehmen wir die äußere Welt auf und sind mit ihrer Hilfe fähig, am Geschehen *teilzuhaben*. Wir treten zu anderen Lebensprozessen in Beziehung. Wenn wir in der Lage sind, auch andere Perspektiven als wichtig und potenziell förderlich zu sehen, öffnet sich das Tor und die *optimierende Schubkraft* der essenziellen Quelle steht uns zur Verfügung.

So bieten alle neun Energiepunkte einen besonderen Zugang zu dieser zentralen Kraftquelle.

Aromatologische Bezüge

Die neun unterschiedlichen Blickwinkel geben auch einen interessanten Bezugsrahmen ab, um die im Pflanzenreich als authentische **Bio-Strategien** erscheinenden „aromatischen Persönlichkeitsformen" zuzuordnen. Die so erfassten Pflanzenstoffe können dann als unterstützendes Mittel zur Wahrnehmungsstärkung dort eingesetzt werden, wo sie ihre Entsprechung finden. Dieser Denkansatz geht davon aus, dass ein nach dem Ähnlichkeitsprinzip hergestellter Bezug unterstützend modulierende Wirkungen erzielen kann. Mit osmologischen Anwendungen im Rahmen von Selbsterfahrungs- und Persönlichkeitsarbeit können so psycho- und aromatherapeutische Methoden der Heilung miteinander verknüpft werden. Dies dürfte besonders wirkungsvoll sein, weil die „Eigenkompetenz" des Individuums in Bezug auf die eigene Gesundheit durch eine ganzheitliche Verfahrensweise gestärkt wird. Dies geschieht dadurch, dass der Zugang mit der eigenen Nase gefunden wird.

Der Arbeitsansatz der „Integralen Osmologie" von Martin Henglein, benutzt als Orientierungsmodell für die Anwendung von Duftstoffen und Erläuterung ihrer Wirkungsweise eine dreistufige Pyramide. Diese Pyramide ist weiter in insgesamt neun Arbeitsstufen differenziert, die eine strukturierte Vorgehensweise im Umgang mit Aromastoffen vermitteln.

Es liegen interessante Parallelen zum Enneagramm auf der Hand, wie wir gleich sehen können.

Die Körperebene

Sie ist nach dem Prinzip der Polarität (Wirkung/Gegenwirkung) und materiell, das heißt nach wissenschaftlich nachweisbaren Wirkmechanismen, aufgebaut. Das praktisch erfahrbare und wiederholbar abgesicherte Faktum steht im Mittelpunkt.

Stichworte

- Alltägliche Anwendung,
- Stärkung,
- Basisthemen,
- symptombezogene Abwehrmaßnahmen,
- kausale Behandlung,
- Autoritätsthematik und das direkte Bekämpfen von Eindringlingen aller Art.

Die Körper-Triade 8/9/1 im Enneagramm ist ein Kraftbereich, der auf die Ausstrahlung im körperlichen Erfahrungsspektrum der Polarität ausgerichtet ist. Der Durchsetzungsdrang (Überleben) hat drei unterschiedliche Strategien entstehen lassen, die im existenziellen Bereich ihren Schwerpunkt haben.

Die Gefühlsebene

Sie vermittelt zwischen Körper und Geist. Die feinstofflichen Energien, auch als Äther- oder Astralleib bekannt, befinden sich in einem Fließ-Gleichgewicht, das bei guter Gesundheit keine Blockaden aufweist.

Stichworte

- Harmonisierend, stabilisierend, Ausgleich energetischer Mangelzustände.
- Entsprechung, reflektorische Fernwirkung, tonisierend, energetisch ableitend.
- Mondzyklen und chronobiologische Rhythmen der Natur.

Die Gefühls-Triade 2/3/4 im Enneagramm nimmt energetisch zuallererst immer emotionale Notiz von Ereignissen und ist auf Beziehungsthemen fixiert. Der funktionale Zusammenhang wird persönlich abgesichert, um das mangelnde Vertrauen in die kosmische Funktionsfähigkeit zu überspielen. Scham über drohenden Verlust von Liebenswürdigkeit, Kompetenz, Attraktivität steuert das Handeln mit drei verschiedenen Strategien, die dem Zweck dienen, bewundernswert oder ideal zu erscheinen.

Die Geistebene

Sie kann mit der Homöopathie, der Bachblütentherapie und tiefenpsychologischen Prozessen verglichen werden.

Stichworte

- Verstärkung der geistigen Dynamik, des eigenen Feldes.
- Rhythmische Wiederholung, der richtige Zeitpunkt für die Verankerung neuer geistig-seelischer Muster.
- Transformative Arbeit, Integration des Schattens, Auflösung von Widerständen, alchemistischer Wandlungsprozess aus einer Phase in die nächste.

Die Mental-Triade 5/6/7 im Enneagramm reagiert aus einem gedanklich-konzeptionellen Kontext auf die Ereignisse, mit denen Sie konfrontiert werden. Die spirituell-humanitäre Thematik, das Licht der Erkenntnis und die Vollendung des Prozesses im geistig-seelischen Bereich, das sind die Kriterien dieser Gruppe.

Die drei Gruppen beziehen sich jeweils auf einen grundlegenden Seins-Zustand, den wir in unterschiedlichsten Zusammenhängen, die uns begegnen, wiederfinden können. Es ist auch möglich, Erscheinungen des Lebens dahingehend zu betrachten, welche Charakteristik nach der ABC-Aufschlüsselung in ihnen zum Ausdruck kommt.

Bei der Arbeit mit Aromastoffen können wir, je nach Zuneigung oder Ablehnung bestimmter Duftstoffe, interessante Antworten ableiten, was die momentane Befindlichkeit der Testperson betrifft. Der zyklische Arbeitsansatz im ENNEAROM-System geht davon aus, dass wir zu einem bestimmten Zeitpunkt mit unterschiedlichen Energien der neun Punkte mehr oder weniger im Einklang sind. Die daraus resultierende Empfindung eines Dufteindrucks kann angeschaut und über den Geruchssinn gleichzeitig als dynamisierender Impuls integriert werden.

Dies darf ein spielerischer Prozess sein, weil wir mit einem *weichen* System arbeiten.

Evolutionäre Duftreise

Über eine „zufällige" Annäherung „sinnhafte" Ergebnisse erzielen

Folgen wir diesen Gedanken, ergibt sich ein interessanter Aspekt für unsere weitere Vorgehensweise, den Gegensatz zwischen Mechanik und Bewusstheit spielerisch aufzugreifen.

Ich nehme eine ganz bestimmte Anzahl von Räucherstoffen, die ich, einem zyklischen Ordnungsprinzip folgend, im Kreis anordne, und lasse ihren Rauch in einer bestimmten Folge auf meine Wahrnehmung wirken. Wenn ich also über meine Sinneswahrnehmung ohne ein bestimmtes Ziel unter Zuhilfenahme einer universellen Struktur auf so eine „essenzielle Erfahrungsreise" gehe, dann gebe ich den inneren Impulsen einen Raum, der körperliche, emotionale und geistige Bewegung *(Dynamik)* möglich macht.

Die Persönlichkeit der Pflanze ist ein authentischer Ausdruck ihrer Wesenskraft

Jede Pflanze entwickelt gemäß der auf sie einwirkenden Umwelteinflüsse ganz authentische physische Antworten. Sie setzt sich durch oder zieht sich zurück. Sie schützt oder verteidigt sich. Sie sucht sich – wenn zweigeschlechtlich – ihren Befruchtungspartner unter Zuhilfenahme elementarer Kräfte. Auch die Lebensformen anderer Naturreiche werden in diesen Lebenszyklus integriert und für ihre Teilnahme in der Regel belohnt. Die Pflanze „verschenkt" sich in ihren Früchten, stellt gleichzeitig die Fortpflanzung sicher und gibt ihren Leib an die Erde zurück.

Die Art und Weise, wie die Pflanze sich in diesem Zyklus verwirklicht, hat unterschiedliche Gesichter. Diese Gesichter sind der Persönlichkeitsausdruck der Pflanze (vgl. die 27 Räucherstoffe, Seite 238–264) und lösen als solche in der menschlichen Empfindung eine Resonanz aus.

In ihrem ätherischen Öl als Kommunikationsmodul speichert die Pflanze ihre Wesensinformation und findet über die sinnliche Wahrnehmung des Menschen, dem Geruchssinn, ihren Weg direkt in das limbische System. Dieser Bereich ist Schaltzentrale unserer Emotionen und gefühlsbedingten vegetativen Reaktionen. Aus diesem Bereich kommt also eine Antwort, die „mag ich" oder „mag ich nicht" lauten kann. Eine positive Resonanz deutet darauf hin, dass ein Bereich *berührt* wird, der von meiner Persönlichkeit *gelebt* wird. In dieser Qualität bin ich gewissermaßen *zu Hause*, dort bin ich mit den Gegebenheiten *vertraut* und bereit, mich zu *öffnen*.

Aroma und Er-innerung (Re-membering)

Der Weg der *Integralen Osmologie* * führt über die Wahrnehmung.

Düfte transportieren auf wunderbare Weise Erinnerungen und Erfahrungen. Gefühlsbilder tauchen auf und vegetative Prozesse, Herzschlag, Blutkreislauf, Atmung, Muskulatur werden beeinflusst. Im Unbewussten gespeicherte Information wird von Düften aktiviert.

Da unser Verstand von all diesen Prozessen weitestgehend ausgeschlossen bleibt, wird uns über die Berührung durch einen Duft ein Stück mental ungefilterter Wahrheit über uns selbst vermittelt, nämlich, dass wir ein Teil des großen Ganzen sind, dessen Ziel es ist, Harmonie in unsere Lebensprozesse zu bringen und die Fähigkeit zu fördern, mit unserer Umwelt in einen lebensbejahenden Austausch zu treten.

An diesem Punkt finden wir die kardinale Verknüpfung von Enneagramm- und Aromaarbeit. Wie Letztgenannte dient auch die Arbeit mit dem Enneagramm dem Zweck, durch Erkenntnis der eigenen Wahrheit, das Leben in einem größeren Zusammenhang wahrnehmen und damit aktiv und verantwortungsvoll gestalten zu können und in eine tiefe und fruchtbringende Verbindung mit dem Lebensprozess zu gelangen. Beide Systeme zielen darauf ab, sich dieser Wahrheit gegenwärtig zu sein, sie zu erinnern.

Die Sinne verbinden uns mit der Welt. Diese Verbindung ist jedoch keine Einbahnstraße. Wissenschaftliche Forschung im Bereich der Physik hat bereits allgemeingültig formuliert, dass die fokussierte Aufmerksamkeit des Betrachters das Objekt der Betrachtung energetisch beeinflusst.** Dass Wille, Gefühl und Glaube als realitätsbildende Faktoren eine Veränderung der Materie bewirken, ist mithin auch in diesen Kreisen kein Tabu mehr. Bewusstsein hat die Fähigkeit, Beziehung herzustellen. Die bewusste Zielerkennung und das Einordnen in den Beziehungskontext ist eine wichtige Voraussetzung für die Erlebnisrealität. Es wird so etwas wie ein Feedback angenommen, das sich über Resonanz und Reflexion aufbaut. In diesem Zusammenhang ist auch der Bezug zur Bedeutung des Wortes *Religion* interessant, da es von *religere*, was soviel heißt wie zurückbinden, anbinden, festhalten, abgeleitet wird.

---

* Martin Henglein

** Ulrich Warnke, „Gehirn-Magie", Popular Academics, Saarbrücken 1998

Düfte führen uns in die natürliche Ordnung zurück

Es ist auch der Impuls des *Er-innerns*, dessen weitreichende Konsequenz zu betrachten ist. Das englische *re-membering* macht besonders deutlich, dass es um ein Wiedereingliedern, also sozusagen um eine Ganzwerdung geht.

Nach dem Resonanzprinzip, als oberstes Gesetz der Kontaktaufnahme, ist es also ein Austausch, in den wir mit der Welt treten, wenn wir einen Duft wahrnehmen. Wir werden im Inneren berührt und so, wie in der Welt der Tonschwingungen ein Resonanzkörper mitschwingt, wenn ihn ein bestimmter Klang erreicht, so löst ein Duftimpuls eine Resonanz in der entsprechenden Wahrnehmungszentrale aus.

Es stellt sich jetzt also die Aufgabe, diese Resonanz in einer strukturierten Form aufzunehmen und in eine Erlebnisdynamik umzusetzen. Dabei ist zu berücksichtigen, dass es einerseits um die Einwirkung der Kraft von außen, andererseits um die reflektorische Bedeutung von innen geht.

Für die Lösung dieser Aufgabe haben wir als Schlüssel die Zahl Neun vorliegen. Ennea (griech.: neun) bringt den kosmologischen Inhalt dieser Zahl in die Arbeit mit den Aromen ein. Die neun Monate der embryonalen Entwicklung des Menschen legen deutliches Zeugnis darüber ab, welche fundamentale Bedeutung diese Zahl für das Verständnis der inneren Prozesse menschlichen Lebens beanspruchen kann.

Ermittlung der Grundbezüge

Wir wollen bereits an dieser Stelle in einen konkreten Kontakt zu diesem System treten, indem der nachfolgende Fragebogen studiert wird. Über diese Fragen nehmen Sie zunächst Bezug zu Ihren eigenen Vorstellungen darüber, wie Ihre Persönlichkeit funktioniert.

Versuchen Sie herauszufinden, welche der neun Antworten am meisten mit Ihnen zu tun hat, das heißt der Lebensausrichtung entspricht, die für Sie oberste Priorität hat. Lassen Sie sich etwas Zeit dafür. Entscheiden Sie sich nur für eine der Antworten, auch, wenn es schwer fällt, und unterstreichen Sie diese oder arbeiten sie mit einem Textmarker.

Es ist anzuraten, diesen einfachen Test im Voraus zu machen. Im sechsten Kapitel werden Sie über die Persönlichkeitsbezüge im Detail aufgeklärt und im siebten Kapitel wird dann wieder ein Bezug zu diesem Fragebogen hergestellt. Es ist dann interessant, diesen ersten Kontakt mit dem System wieder aufzugreifen, um die Kombinationsmöglichkeiten mit den zugeordneten Aromastoffen davon abzuleiten.

Sie können auch gleich auf Seite 188 nachschlagen und diesen Test auswerten.

Testbogen

Befassen Sie sich mit den drei Fragen und entscheiden Sie sich jeweils für eine der Antworten. Wenn Ihnen eine eindeutige Entscheidung schwer fällt, dann spüren Sie in sich hinein, zu welcher Antwort die stärkste Resonanz empfunden wird.

Körperebene
Wie stehen Sie zu den Anforderungen des täglichen Lebens?

○ Ich beobachte kritisch, was auf mich zukommt, dann kann ich entscheiden, was richtig ist.

○ Die meisten Dinge im Leben sind nicht der Aufregung wert. Ich gehe es ruhig an.

○ Ich komme immer geradewegs von vorn und weiß, wie ich mich durchsetze.

Gefühlsebene
Wie fühlen Sie sich in der Gemeinschaft mit anderen Menschen?

○ Die tiefen Gefühle sind mir wichtig und ich lehne Banalitäten ab.

○ Ich schätze positive Resonanz und es macht mir Spaß, andere zu animieren.

○ Ich spüre die Bedürfnisse des anderen genau und widme mich gern dem guten Zweck.

Geistebene
Was möchten Sie in Ihrem Leben verwirklichen?

○ Alle Möglichkeiten nutzen und das Leben in seiner Vielfalt genießen.

○ Durch vorausschauendes Verhalten eine sichere Lebensgrundlage schaffen.

○ Raum für meine Interessen haben und das Leben studieren.

Welche der drei Fragen ist für Sie am einfachsten zu beantworten?

○ Körper   ○ Gefühl   ○ Geist

KAPITEL 2

Aromatische Pflanzen

und was sie zum Ausdruck bringen

*Venus ... Ausrichtung auf Reizempfänglichkeit ist Hingabe an den Lauf
der Dinge, ohne Einfluss nehmen zu müssen.*

•

*„A loving atmosphere in your home
is the foundation for your life"*

(dt.: *Eine liebevolle Atmosphäre in deinem Zuhause ist deine Lebensgrundlage*)

(Dalai Lama)

•

Die Zeugung des Lebens geschieht zwischen Feuer und Wasser

Wir wollen zunächst die Thematik vertiefen, welcher Zusammenhang zwischen der Entstehung des Lebens und dem uralten Verfahren besteht, aromatische Pflanzenstoffe, wie Harze, Wurzeln, Hölzer, Gewürze, Gräser, Blüten, Blätter, Saat und Früchte, mit Feuer zu duftendem Rauch zu verwandeln. Es ist das Augenmerk zunächst auf die Frage zu lenken, welche Aufgabe die Pflanzenwelt insgesamt für die Entwicklung des Lebens auf unserem Planeten spielt. Auf unterschiedlichste Art und Weise ist die menschliche Kultur mit der Verwendung pflanzlicher Produkte verwoben und mit wesentlichen Impulsen versehen worden. Wenn wir in die Ur-Zustände hinabtauchen, so finden wir, dass die Entstehung pflanzlichen Lebens auf dem Planenten Erde den Weg für alle höheren Formen der Existenz geebnet hat. Sie ist aufs engste mit dem Element Wasser verbunden.

Seit dem „Urknall", den wir als den Moment betrachten wollen, in dem die *Einheit* sich in die *Vielheit* der Welt transformierte, ist in allen Teilen dieser Vielheit das Bestreben zu erkennen, wieder zu der ursprünglichen Einheit zurückzukehren. Dieses Phänomen sehen wir in der Gravitation (Anziehungskraft), die alle physischen Teilchen einem zentralen Punkt zustreben und so Einheiten als „Körper" entstehen lässt. Ebenso sehen wir auf der Gefühlsebene, wie die Gegensätze des männlich-weiblichen Prinzips in die sexuelle Vereinigung streben, um den Fortbestand zu sichern. Und nicht zuletzt erkennen wir in der Suche nach Religiosität (religere = zurückbesinnen) den Wunsch, zur Einheit im Geistigen zurückzufinden.

Dem durch diesen Urknall entstandenen Kosmos ist auch eine optimierende Schubkraft des Lebens zu eigen, die mit unverrückbaren Gesetzen sicherstellt, dass der Weg zu diesem gewünschten Ziel führt. Die Elemente können wir als Wegweiser betrachten.

Ein ganzheitlicher Blickwinkel zeichnet sich durch die Möglichkeit aus, die Zusammenhänge auf einer Ebene anzuschauen und den Bezug zu anderen Erfahrungsebenen erkennen zu können.

Schauen wir uns am Beispiel unseres Planeten an, was die *Elementarkräfte* zur Bildung der Biosphäre beigetragen haben:

Wasser und Sonnenlicht sind die treibenden Faktoren für die Entwicklung zellularen Lebens

Die Trennung von Feuer und Wasser ließ eine atmosphärische Gebärmutter entstehen, in deren Spannungsfeld sich das physische Leben bildete. Das Feuer ist das aktive und Wasser das passive Element. Erst nach der Erkaltung der Erdoberfläche unter 100° Celsius konnte der dichte atmosphärische Mantel von Wasserdampf, der Dunkelheit auf dem Planeten herrschen ließ, über einen langen Zeitraum abregnen und das Urmeer bilden. Mit dem Ende dieses Prozesses erblickte unser Planet „das Licht der Welt". Das zeigt die Sonne als Sinnbild des Wesenhaften. Das Licht erweckte im Wasser Protoplasma zum Leben und die Einzeller (Protisten) entstanden. Während im Inneren der Erde die Mineralien durch Verdichtung heranwuchsen, bildeten sich durch Anziehungskraft auch komplexere Zellstrukturen im Wasser. Es wird vermutet, dass es bereits in diesem Stadium der Lebensentwicklung eine Art chemischer Kommunikation gegeben hat, die als eine Urform des Geruchssinnes begriffen werden kann. Diesem Sinnesorgan entspräche demnach wiederum die archaische Aufgabe Kontaktaufnahme zu gewährleisten, um durch Zusammenschluss größere Einheiten zu bilden. Durch Kontakt entwickelten sich komplexere Zellstrukturen, und die Diversifikation der pflanzlichen Lebensformen nahm ihren Lauf.

In dem Maße, wie diese Formen in der Lage waren, das Wasser mitzunehmen, begannen sie als Flechten und Moose unter Zuhilfenahme von Haftwurzeln das Festland zu erobern.

Das Urbild riechen

Wenn wir ein wenig **Eichenmoos** verglimmen und den Duft auf uns wirken lassen, dann ist es möglich, in eine Urerfahrung des Lebens einzutauchen und damit verbundenen Themen nachzuspüren. Das „Fixierende", das für das Festhalten an der festen Materie steht, sowie das „Männliche", das Ausdehnung und den Drang in neue Bereiche verkörpert. Aber nur durch das Wasser, das „Weibliche", das die Reproduktion und den Erhalt des Lebens sichert, ist die Entwicklung möglich. Dunkel-aromatisch, erdig, erinnert vielleicht ein wenig an eine Grabkammer, die nach 3.000 Jahren wieder geöffnet wird. Wir können uns über den Geruchssinn mit diesem Urbild verbinden.

Setzen wir die Betrachtung der botanischen Entwicklung fort, so ist die Entwicklung der Bäume ein Meilenstein der Lebensentfaltung. Manchmal* werden sie auch als Antennen für kosmische Energie bezeichnet. Die Funktion der Bäume für das atmosphärische, klimatische und geologische Gleichgewicht der Erde ist heute Allgemeinwissen. Es mutet umso zynischer an, wenn aus egoistischen Wirtschaftsinteressen an vielen Orten der Welt immer noch der Kahlschlag sanktioniert wird.

Bernstein – der „Urduft"

Es gibt eine Vielzahl von Bäumen, aus deren Saft (Resinoid) Harze entstehen, die einen köstlichen Räucherduft liefern. Das Urbild dieser Phase der Lebensentwicklung vermittelt uns der Dufteindruck von verräuchertem **Bernstein** (ca. 100 Millionen Jahre alt).

Man braucht sich nur vorzustellen, wie über diese unfassbar lange Zeit konserviertes Licht in diesem tiefgründigen Duft enthalten ist. Die Griechen nannten es auch „Sonnenstein". Das Vermächtnis dieser Kraft hat einen starken Einfluss auf geistige Erneuerung. **Im stark verdichteten Bernstein ist der absolut niedrigste Wasseranteil enthalten.**

Daraus resultiert eine sehr lange Duftentfaltung mit wenig Rauch. Um den strengen Dufteindruck von Bernstein für unser Gefühl etwas „verdaulicher" zu gestalten, eignet sich eine Kombination mit Benzoeharz.

Koniferen – frühe Lieferanten ätherischer Öle

Die ersten Produzenten ätherischer Öle gehörten zur Familie der Koniferen und sind interessanterweise auch die Pflanzenspezies, bei der die Zweigeschlechtlichkeit sich zuerst entwickelt hat. Polarisierung und Verschmelzung sind gleichermaßen in ihrem Wesen enthalten. Die Verbindung von Himmel und Erde ist ihre ursprünglichste Aufgabe.

---

* Besonders in China und Arabien die Kunst, aus Figuren im Sand wahrzusagen.

Räuchern Sie einmal nacheinander Zedernholz im Verbund mit Sandarak, Burgunderharz, Wacholderspitzen und Kiefernharz.

Von durchdringend stark über samtig, dunkel, weich, warm und süß bis hell, klar und frisch sind alle Befindlichkeitsnuancen vertreten. Das ganze Leben spielt sich in der Familie der Koniferen ab, und ihr Aroma berichtet uns davon. Diese Familie ist ein mächtiger Produzent von Sauerstoff auf dieser Erde und ein wichtiger Lieferant von Holz, Harz und Heilmitteln. Bei den Nadelbäumen fällt insbesondere ihre heilende Wirkung auf die Atmungsorgane auf. Über den Atem entsteht ein energetischer Austausch zwischen den Lebenssystemen des Pflanzen-, Tier- und Menschenreiches. Eine große Verbindung wird hergestellt. Hier werden Ausgleich und Kontakt zur Förderung des Zusammenspiels zum Wohle des Ganzen sichtbar.

Wenn Sie frisches Koniferenharz zum Verräuchern sammeln wollen, dann sollten Sie das zur heißesten Zeit des Jahres tun, weil durch Verdunstung ein Minimum an Wassergehalt vorhanden und die Sonnenkraft am stärksten ist. Das bringt die beste Duftqualität und hat auch eine geringere Rauchentwicklung zur Folge.

Einatmen, ... ausatmen ... und das Leben geht weiter

In diesem Wirkungsfeld ist diese Pflanzenfamilie regulierend tätig, indem sie überhöhte energetische Spannungszustände ausgleicht oder latent vorhandenes Energiepotenzial aktiviert. Beide Wirkungsweisen können zusammen als sehr dynamisierend erfahren werden. Dies ist etwas, das für alle pflanzlichen Aromaproduzenten auf die eine oder andere Weise gilt. Es bedeutet, dass Entfaltung von blockierter Lebenskraft über die Duft-Information angeregt wird.

Licht und Duft

Ist es nicht eine Lichtbotschaft, die uns die Pflanzen übermitteln?

Entscheidend ist, dass wir anerkennen, welch großes Werk von der Pflanzenwelt vollbracht wird. Wenn wir mit dem nötigen Respekt vor dieser Leistung uns ihrer Geschenke bedienen, dann erfüllen wir unseren Teil des kosmischen Zusammenspiels und das Gleichgewicht ist gewahrt.

Wir sind die Augen, durch die der Kosmos sich selbst wahrnimmt. Es liegt in unserer Verantwortung, die Botschaft des Lichts durch uns hindurchscheinen zu lassen anstatt die Augen vor der Wirklichkeit zu verschließen.

Im folgenden Zitat* wird die grenzüberschreitende Natur der Lebensprozesse über die drei Stationen Materie, Energie und Information angesprochen:

> *„Genauso wie Materie in Energie und Energie in Materie übergehen kann, ist das auch mit Information und Energie möglich. Jede Energietransformation, ob natürlich oder künstlich, erfordert Informationsverarbeitung. Eine Energiequelle, wie z. B. unsere Sonne, kann auch als eine Informationsquelle betrachtet werden. Deshalb ist das, was wir Biosphäre nennen, durch ein Einfangen der Information entstanden, die von der Sonne bereitgestellt wird. Genau diese eingefangene Information hat es der Biosphäre ermöglicht, „Apparate" wie Pflanzen zu entwickeln. "*

Das Aroma der Pflanze – umgewandeltes Sonnenlicht

Wenn wir uns den Ursprung der Lebensentwicklung anschauen, dann sind alle Lebensprozesse durch das Sonnenlicht entstanden. Wenn wir weiter das Erscheinungsbild (Signatur) der Pflanzen eingehend betrachten, dann erkennen wir, wie das körperliche Erscheinungsbild auch Sinnbild der inneren Aufgabe sein kann. Das ist wie das Lesen im Buch der Schöpfung. Jede Form, die in der Welt als materielle Manifestation erscheint, bringt darin eine innere Dimension zum Ausdruck. Diese Dimension können wir als Aufgabe, Sinn oder Ziel begreifen. Die Welt der Pflanzen besitzt keine mentale Funktion, die für so etwas wie Selbstbetrachtung infrage käme. Dementsprechend ist der Irrweg einer selbstbezogenen Abtrennung vom Ganzen für ein Wesen dieser Lebenssphäre ausgeschlossen. Das geistig-seelische Element der Pflanze ist ein durch und durch authentischer Ausdruck im Dienste der Schöpfung und wird als solches in dem Erscheinungsbild der Pflanze gespiegelt. Natürlich spiegelt die Form der Pflanze auch den Entwicklungsprozess wider, durch den sie in ihrem Kontakt zur materiellen Realität gehen muss.

---

* Blake, „Das intelligente Enneagramm", Verlag Bruno Martin, Südergellersen 1993

Eine Berg- oder Latschenkiefer (*Pinus montana*), die im Grenzbereich der Überlebensmöglichkeit existiert, weist in ihrer Form auf ein anderes Erfahrungsspektrum hin als ihre Verwandte, die Schwarzkiefer. Man könnte sagen, beide sprechen die gleiche Sprache, diese erzählt uns aber eine andere Geschichte. Natürlich ist das Bergklima ein anderes, sehr viel strenger und auch klarer, da mehr in der Polarisierung, dichter am Extrem. Da sind die Konturen deutlicher. Sich in Lagen ab 1.300 m Höhe im Bereich der Baumgrenze halten zu können, erfordert eine spezielle Persönlichkeit. Das Verhältnis zum Wind wird inniger, dessen Präsenz dort stärker und beständiger ist. Der leichte Flugsamen der Bergkiefer wird von ihm weit getragen, um den Bestand dieser Gattung zu sichern. Die kraftspendende Qualität ist bei diesem Baum sehr ausgeprägt, denn die Widerstandsfähigkeit gegenüber extremen Lebensumständen ist sein Thema. Sein Holz ist auch sehr harzig und damit gegen Wasser resistent, was auf seine Verbindung zum Feuer hinweist (Kienspan). Er gehörte zu den ersten Bäumen, die sich nach der Eiszeit in Nordeuropa ansiedeln konnten.

„Diesen Duft mag ich"

Den Duft der Bergkiefer als höchst angenehm zu empfinden, bedeutet positive Resonanz. Dies ist eine Botschaft aus dem limbischen System oder Zwischenhirn, der Schaltzentrale unserer Gefühle zu den wichtigsten Körperfunktionen: Bewegung, Hunger, Atmung, Sex, Schlaf. Über unsere Riechnerven gelangt das Duftmolekül der durch Feuer transformierten Pflanzenessenz unmittelbar in diesen Bereich und das *Mögen* ist die spontane, unzensierte Antwort des Körpers.

Das bedeutet aber nicht unbedingt, dass ein Schwächezustand vorliegt, der einer Stärkung bedarf. Das ist eine lineare Schlussfolgerung, die zutreffen mag oder auch nicht.

Zunächst bedeutet das nur: Diese Qualität spricht einen Persönlichkeitsbereich an, wo ich zu Hause bin. Wo ich zu Hause bin, da halte ich mich meistens auf und viel meiner Lebensenergie wird dort generiert und verbraucht. Es ist nur zu natürlich, dass dort auch am meisten passiert; oft sogar laufen mehrere Vorgänge gleichzeitig, so dass ein Verschleiß durch Reibungsverluste relativ hoch ist.

In diesem Bereich wird die als positiv empfundene Essenz als Bio-Regulativ willkommen geheißen. Es kann körperlicher Schwächezustand ebenso wie emotionale Schwankung oder mentale Überforderung nach der regulierenden Qualität verlangen. Der stabilisierende Effekt dieses Baumes hat mit „Durchhalten" zu tun, was lediglich auf eine Priorität im Körperbereich hinweist.

Auf elementare Art und Weise strebt die Pflanzenwelt danach, den Biokreislauf des Ökosystems im Sinne der Selbstregulation zu unterstützen.

Allen Pflanzen gemeinsam ist ihr Bezug zum Sonnenlicht. Ihre Aufgabe besteht darin, diese Leben spendende Kraft den irdischen Gegebenheiten zuzuführen. Ob es um physische Nahrung oder die Atemluft geht bis hin zu der Freude, die durch die Schönheit pflanzlicher Gestalt ausgelöst wird, immer sind es Leben erhaltende Impulse, die wir von der Pflanzenwelt als transformiertes Sonnenlicht geschenkt bekommen.

Wie kann nun die Erfüllung dieser Aufgabe als eine lebendige Geschichte dargestellt werden?

Auf der Körperebene

Wenn wir uns vorstellen, das Licht geht auf die Reise durch die irdische Schöpfung, dann ist es zunächst darauf angewiesen, einen Helfer zu bekommen, der die Leben erweckende Kraft in die mitunter lebensfeindliche Welt einspeisen kann. Eine solche Funktion hat der Weihrauchbaum übernommen, der vielleicht der älteste und wichtigste Lieferant von Räucherharz ist. Wenn wir uns dessen Erscheinungsbild betrachten, dann sehen wir ein auf der Spitze stehendes Dreieck, Symbol für den Geist, der in die Schöpfung hinabsteigt. Das Licht wird aufgefangen und in den kargen Boden geleitet.

Im Bereich der Signaturen sind die Zusammenhänge natürlich nicht logisch-rational, sondern analog-sinnbildlich zu verstehen. Der Tag in seiner Polarität zur Nacht ist die Sphäre der Aktivität des Weihrauchbaumes. Heiß und trocken, Yang im Extrem, ist das Terrain. Die wenige Feuchtigkeit, die in der Kälte der Wüstennacht kondensiert, reicht diesem Baum, der nur in Bereichen mit weniger als 100 mm Niederschlag im Jahresdurchschnitt existieren kann. Es lässt sich darin auch eine weitere Analogie erkennen, denn der Weihrauchbaum existiert in lebensfeindlichen Gefilden und bringt einen Lebensimpuls in den kargen Boden.

Die Leben fördernde Kraft des Lichtes kommt in der Zellen erneuernden und wundheilenden Wirkung seines ätherischen Öls ebenso zum Ausdruck, wie die Erleuchtung fördernde Qualität seines Harzes, wenn es zu zeremoniellen oder meditativen Anlässen verräuchert wird. Aber auch die Keime und Insekten tötende Kraft des verräucherten Harzes ist von alters her bekannt und spricht für die kämpferisch erhaltende Qualität dieses Stoffes auf der Körperebene. Beide Aspekte des Lichtes, Leben zerstörend und Leben erhaltend, sind in seinem Dasein zu erkennen, aber die Signatur in der Form eines Trichters weist bereits deutlich darauf hin, was dieses uralte pflanzliche Wesen in die menschliche Welt bringt: **Licht für den Geist, auf dass Liebe in den Herzen gedeihen kann.**

Somit ist dieser Baum auf allen drei Ebenen gegenwärtig, steht aber besonders für die Fähigkeit, im Feuer bestehen zu können und zeigt damit seine transformatorische Wirkungskraft. Der Bezug zur körperlichen Existenz ist ziemlich direkt. Weihrauch wird in der Kirche rituell verräuchert, um das Wort Gottes deutlicher zu empfangen. Wissenschaftliche Forschung soll ergeben haben, dass in einem mit Weihrauch ausgeräucherten Raum, die Schallwellen der menschlichen Stimme besser übertragen werden.[*]

Auf der Gefühlsebene

Das pflanzliche Erscheinungsbild der Kugelform weist auf Fruchtbarkeit hin.

Das weibliche, reproduktive und schützende Element nimmt das Licht nach innen und bringt es zur Vermehrung. Das kugelige Wachstum niederer Pflanzenformen dient oft dem Zweck, das Wasser als Leben spendende Kraft vor der Verdunstung zu bewahren. Dies gilt besonders für Moose, als Pioniere auf dem Festland. Als Beispiel kann auch das gemeine Bruchkraut (*Herniaria glabra L.*) dienen, dessen volkstümlicher Name „Tausendkorn" Reproduktion und Fruchtbarkeit signalisiert, wo neues Terrain zur Verfügung steht und weiterentwickelt werden soll.

Seine Wirkung wird in der Pflanzenheilkunde auf den Stoffwechsel bezogen und als krampflösendes Mittel für Harnwege und Frauenkrankheiten beschrieben, heutzutage jedoch als unbedeutend klassifiziert. Der Bezug zum Loslassen und Spannungsausgleich ist in seiner Wirkung erkennbar. In dieser Form manifestiert sich das Licht als Kraft im Prozess des Werdens. Die Nacht mit den Mondkräften, die Reflexion des Lichts, bringt hier zum Ausdruck, wie die Kerne zur Teilung kommen und neues Leben im Schutz der Gemeinschaft heranwächst. Diese Pflanze ist nicht als traditioneller Räucherstoff bekannt, ist aber ein Pionier in der Erschließung neuer Lebensräume. Darüber hinaus dokumentiert das Bruchkraut, wie der Pflanzenkörper das vitalisierende Licht in der reproduktiven Phase der Lebensentwicklung in der kugeligen Form widerspiegelt. **Neues Leben entsteht in der Gebärmutter der Natur.**
Eine der wichtigsten Aromapflanzen, die diese Charakteristik in ihrem Erscheinungsbild ebenso zum Ausdruck bringt, ist die Lavendelstaude.

---

[*] Fischer-Rizzi, „Botschaft an den Himmel", Irisiana, München 1996

Auch hier ist das Bild der Gemeinschaft und eine besonders segensreiche Kraft zur Wiederherstellung von Ganzheit und Gleichgewicht im Sinne eines gesunden Organismus vorzufinden. Dies bezieht sich hier auch besonders auf die Wirkung des Lavendelduftes.

Klarheit und Reinheit wird geschaffen, um die Lebensentfaltung zu sichern. Das weibliche Wesen dieser Aromapflanze ebenso wie ihr Bezug zum Element Wasser spiegeln den emotionalen Bereich, wo sie das Licht in Form von Spannungsausgleich und Integration zum Wohle des Ganzen repräsentiert.

Auf der Geistebene

Wenn wir uns das letzte Drittel eines solchen Lichtzyklus vorstellen, dann muss es um die Erfüllung der Lichtbotschaft gehen. Dort sollte die Qualität zum Ausdruck kommen um derentwillen das Licht alle vorangegangenen Stadien der Verwandlung durchlaufen hat. Wo es um die Verwirklichung der Lebenskraft geht, wie sie vom Licht getragen ihre Aufgabe in der Welt erfüllen kann. Für diese Phase betrachten wir das Erscheinungsbild der Tanne. Wir erkennen das mit der Spitze gen Himmel weisende Dreieck.

Hier wird aus der vegetabilen Fülle, mit der die Leben fördernde Aktivität der Pflanzenwelt anschaulich dargestellt ist, etwas an den „Himmel" zurückgegeben. Wir dürfen in diesem Zusammenhang von der „Lichtbotschaft" sprechen, die in der Form der Tanne authentisch zum Ausdruck kommt.

Wen wundert es da, wenn der uralte Brauch, zur dunkelsten Jahreszeit diesen Baum zum Symbol des Lichtes zu machen, indem wir ihn mit Kerzen

versehen, sich bis in unsere heutige Zeit unverändert erhalten hat? Das ist eine starke Symbolik. Es lohnt sich auch, diese Entsprechung eine Ebene weiter zu führen. Der Brauch, das Licht als Ursprung allen Lebens zu ehren, wurde mit der christlichen Mythologie verschmolzen und somit die universelle Qualität „Liebe" zugeordnet. Weihnachten ist das Fest der Liebe.

Ist es nicht die Tatsache, dass der Sinn des Lebens für uns Menschen darin liegen könnte, eben diese Qualität „Liebe" zu generieren? Liebe ist die Kraft, die am Transformationspunkt hervortritt. Wie ist es sonst zu erklären, dass ein sterbender Mensch, wenn ihm denn die notwendige Vorbereitungszeit vergönnt ist, die ganze verbleibende Energie auf dieses Thema lenkt. Sei es im Hinblick auf das Versäumnis, sie zu Lebzeiten nicht entsprechend gewürdigt zu haben, oder das natürliche Bedürfnis, alle geliebten Menschen noch einmal zu sehen und vielleicht auch Konflikte zu bereinigen. Jeder Wandel, der sich im Kontakt mit der Qualität Liebe vollzieht, steht in Verbindung mit der Schöpfung als Ganzes. Wenn wir diese Botschaft verinnerlichen können, dann ist dies ein außerordentlich starkes Mittel, um mit der essenziellen Ebene in Kontakt zu gelangen.

Das universale Trigon

Um diese lebendige Geschichte in einer Grafik darstellen zu können, muss zunächst ein Modell geschaffen werden, das die Entstehung des Lebens symbolisch zum Ausdruck bringt. Die einzelnen Entwicklungsschritte für dieses Modell können Sie anhand der folgenden Abbildung (Seite 54) nachvollziehen.

Wenn wir jetzt die Punkte Körper, Gefühl und Geist als Stationen der Reise des Lichts durch die Schöpfung betrachten, und die entsprechenden Erscheinungsbilder (Signatur, als Ausdruck der Lichtkräfte und der Schöpfung dienend) aus dem Pflanzenreich hinzufügen, dann können wir die lebendige Geschichte auf einen Blick erfassen (siehe unten). Wir erkennen nun, wie das Licht sich als Biostrategie in den Signaturen von Pflanzen ausdrückt.

Tanne
Aus der Fülle der Schöpfung
wird die Lichtbotschaft der Liebe
an den Kosmos zurückgestrahlt.
Die Kegelform.

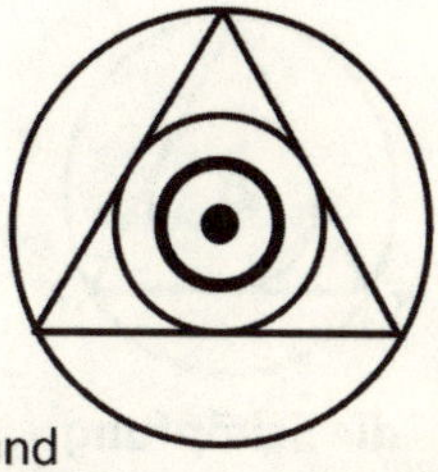

Lavendel
Verbindung, Pflege und
Heilung. Erhalt der Licht- und
Lebenskraft im Schutz
der Kugelform.

Weihrauchbaum
Die Lichtsaat wird
in den unentwickelten Boden
eingebracht.
Die Trichterform.

Der Schöpfungsprozess

das Göttliche
Licht / Essenz / Einheit

– Da ist der **innere Kreis**, ... der Ursprung, ... das Potenzial, ... die Quelle, ... die Grundlage, Essenz.
Das Element **Feuer** trägt Ur-Energie und Antriebsimpuls in die Lebensentfaltung.
Das Innere möchte sich nach außen manifestieren. Hier ist Anfang und Ende.

der Schöpfungsimpuls
Richtung / Entwicklungsdrang / Dualität

A = erster Impuls. Die Lichtsaat (Feuer) strömt ein, „der Tag".
Struktur und Fundament schafft Element Erde.
B = zweiter Impuls. Die Seelenkraft antwortet, „die Nacht". Fortpflanzung durch das Element **Wasser**.

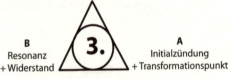

das Schöpfungsprinzip
Bewegung / Zyklus / Synthese

C = dritter Impuls. Vollendet das Schöpfungsprinzip.
Symbolisiert durch das Element **Luft** wird die Schöpfung im Geistigen vollendet und ein neuer Zyklus
kann beginnen. Mit der Spitze des Geistigen nach oben führt es aus der Materie zum Göttlichen.

die Schöpfung
Vollendung / Selbst / Materie

Im **Trigon,** als dem von der Natur her Geschenkten, erfahren wir die notwendige Unterstützung auf dem Lebensweg.
Als mechanisches Prinzip „rechtsdrehend" geht der Zentralimpuls den Weg durch die Materie, geleitet und unterstützt
von den Elementarkräften, und schafft **Raum** für das durch die Existenz hervorzubringende.
Der **äußere Kreis** repräsentiert das Resultat, Ziel, die Form, die Vollendung oder Erfüllung im Dasein (Bio-Strategie).

KAPITEL 3

Experimente mit aromatischem Rauch

Jupiter ... der Ablauf, die Entwicklung, der Plan und das Ziel.
Das „Gewollte" weicht dynamischer Präsenz in objektiver Funktion.

•

„Judge your success by what you had to give up
in order to get it"

(dt.: *Beurteile deinen Erfolg danach,*
was du aufgeben mußtest um ihn zu erreichen)

(Dalai Lama)

•

Räuchererfahrungen

Eine Grunderfahrung im Umgang mit der Materie kann im folgenden Leitsatz zusammengefasst werden: **Räuchere, und es geschieht etwas Unerwartetes.**

Die Dinge laufen in der gewohnt mechanischen Form ab. Ob man sich in einem Zustand von Hektik oder Langeweile befindet, möglicherweise unter dem inneren Zwang, den Anforderungen optimal gerecht werden zu müssen, oder der Lethargie, sowieso nichts Wesentliches bewirken zu können, macht dabei keinen Unterschied. Verschiedene weitere Reaktionsmuster bestimmen unweigerlich den Ablauf der Erfahrung.

Eine Räucherung in so einem Augenblick erzeugt immer eine Änderung in der Ablaufmechanik. Eine tiefere Verbindung zum Moment entsteht. Es ist wirklich eine interessante Erfahrung, mit Räucherstoffen auf einer Veranstaltung zu arbeiten, wo viele Menschen aus verschiedenen Gründen zusammenkommen und auf praktische Erledigung von Aufgaben ausgerichtet sind. Sobald der aromatische Duft sich entfaltet, bleiben Menschen stehen und werden wie von einem Zauber erfasst. Oftmals haben sie keine Zeit und verweilen trotzdem. Sie nehmen die „Auszeit" dankbar an und nicht selten kommt nach einem ca. 10-minütigen Duftzyklus das Echo: „Jetzt weiß ich, warum ich auf diese Veranstaltung gekommen bin."

Das Erlebnis, eine Situation unmittelbar, ungeplant als etwas ganz Besonderes erfahren zu können, wird mit Dankbarkeit angenommen. Und bemerkenswert ist auch, dass dieses Echo aus allen Altersgruppen und unabhängig von Geschlecht oder sozialem Stand in gleicher Weise kommt.

Einen Räucherzyklus leiten

Es interessiert natürlich die Frage, was zu diesem Ergebnis führt und was die wesentlichen Voraussetzungen betrifft, wenn Sie selbst eine solche Erfahrung weiter vermitteln wollen, sei es im Freundeskreis oder in einem kommerziellen Zusammenhang.

1. Schritt: Sie benötigen ein Aroma-Stövchen (möglichst mit zwei Sieben), eine Feder und eine etwas größere Schale/Tablett (siehe Kapitel 7, Seite 205) aus feuerfestem Material, die Sie eventuell auch mit Quarzsand füllen können. In die Mitte der Schale stellen Sie das Stövchen und platzieren die Räucherstoffe drum herum. Da Sie ein zeitgemäßes Ritual vorbereiten, sollten Sie vielleicht kleine symbolische Accessoires dazwischen dekorieren; zum Beispiel einen schönen Stein für die Körperebene, eine Muschel oder Glasperlen

für die Gefühlsebene und eine Feder, Frucht oder einen Bergkristall für die Geistebene.

2. Schritt: Sie suchen sich selbst neun Stoffe, mit denen Sie intensiver arbeiten wollen. Die Stoffe sollten nach dem Ennearom-System ausgeglichen zusammengestellt und in einer festen Reihenfolge angewendet werden. Die verschiedenen Auswahlmethoden können Sie dem Kapitel 7 entnehmen. Es kommt weniger darauf an, welche Methode Sie anwenden, als darauf, in den Kontakt mit den Stoffen zu gehen, nachzuspüren, welche Resonanz aus dem Inneren kommt und dann die Pflanzenaussage genauer anzuschauen.

Fragen Sie sich: „Was habe ich mit dieser Information zu tun?"

Je deutlicher Ihr persönlicher Bezug zu dem Duft wird, desto besser werden Sie mit ihm arbeiten, wenn er Ihnen zusagt. Wenn er Ihnen aber nicht zusagt, dann können Sie ihn möglicherweise als Forderung bewusst einsetzen.

Die Deutlichkeit Ihrer Reaktion ist das entscheidende Kriterium.

Ich rate dazu, sich nicht zu sehr zu fordern.

3. Schritt: Wenn Sie mit den neun Stoffen gut vertraut sind und deren Themen etwas verinnerlicht haben, dann beginnen Sie ganz einfach mit dem ersten Experiment ganz leicht und spielerisch. Lassen Sie Ihre Teilnehmer um die Schale herum Platz nehmen und beginnen Sie mit der Körperebene und den drei Stoffen, die Sie aus diesem Bereich ausgewählt haben. Vom ersten Stoff eine Prise auf das Sieb geben und den aufsteigenden Duft mit der Feder verteilen. Fragen Sie nach den Empfindungen der Teilnehmer und sagen Sie dazu, was immer aus Ihrer eigenen Erfahrung mit diesem Stoff von innen kommt. Sie machen es nicht. Sie sind Kanal! Die Pflanze drückt sich durch Sie aus. Dann geben Sie den nächsten Stoff dazu usw. Das Ganze auch durch Gefühls- und Mentalebene führen. Die Situation sein zu lassen, wie sie ist und auf die innere Resonanz lauschen, ist der Kernpunkt dieses Experiments.

Die Dynamik des Räucherrituals entfaltet sich von ganz alleine – Sie müssen nichts tun

Möglichkeiten der Vertiefung der eigenen Kenntnisse sind natürlich auch gegeben. Besonders interessant ist es auch, wenn das Enneagramm als Thematik stärker integriert wird, indem typenbezogene Kompositionen zusammengestellt werden.

Räuchern in allen Lebenslagen

Natürlich gibt es auch eine Reihe von informativen allgemeinen Details zum Thema zu sagen. Der praktisch denkende Mensch sucht in der Folge dieses ersten Kontakts nach objektiven Gründen und Gegebenheiten, die das Räuchern im täglichen Leben sinnvoll machen können. Welche Gründe gibt es also in unserer heutigen Zeit, die aromatischen Substanzen in dieser Form zu verwenden?

Reinigung (die Körperebene)

Der wohl am häufigsten erwähnte, und auch traditionell bis in die heutige Zeit überlieferte Zweck des Räucherns ist die Reinigung. Besonders in moslemischen Kulturkreisen ist es durchaus heute noch üblich, dass Gäste bei ihrer Ankunft beräuchert werden, um den Ort in Reinheit zu betreten. Die Körperreinigung mit Rauch dient auch immer dem Zweck, Krankheitserreger zu eliminieren.

Für unsere westliche Kultur hat das Reinigen der Räume sehr oft hohe Priorität. Wenn wir uns in Räumlichkeiten aufhalten, in denen es schlicht und einfach *stinkt*, wir uns aber aus real zwingenden Gründen dort aufhalten müssen, ist Räuchern sehr effektiv. Der störende Geruchseindruck verschwindet meist sehr schnell. Es ist erstaunlich, wie aktiv dieses Medium den negativen Geruchscharakter verwandeln kann. Stoffe wie **Kampfer**, **Rosmarin**, **Salbei**, **Pfefferminze** oder auch **Lemongras** und **Dammarharz** sind dafür besonders gut geeignet. Denken Sie daran, wenn Sie in eine neue Wohnung ziehen oder Ihr Arbeitsplatz sich möglicherweise vorübergehend an einer anderen Stelle befindet und es dort nicht besonders gut riecht. Es lohnt sich. Auch wenn in Räumen nach einer Party der Geruch von kaltem Zigarettenrauch, Essensresten und abgestandenen alkoholischen Getränken in der Luft liegt, kann eine solche Räucherung Abhilfe schaffen.

Krankheit

Während der großen Epidemien im Mittelalter verbrannte man **Rosmarin**, **Thymian** und **Lavendel** in großen Feuern in den Straßen der befallenen Gebiete, und sie wurden vorbeugend in den Häusern verräuchert, um die Gefahr der Infektion zu verringern. Auch bei den Grippeepidemien in unserer Zeit kann es helfen, das Risiko einer Ansteckung möglicherweise niedriger zu halten, und es kann auch die Abwehr stärken, wenn wir in unserer Wohnung häufiger räuchern.

Krankheiten hinterlassen spezifische Gerüche in Zimmern, die sich hervorragend durch eine intensive Räucherung mit **Weihrauch** eliminieren lassen. Es ist angezeigt, nach der Krankheit den Raum bei geschlossenen Fenstern intensiv auszuräuchern, indem man mit dem Räuchergefäß in jede Ecke geht und es schwenkt, während der Raum langsam durchquert wird, so dass der Rauch sich überall gut verteilt. Danach schließt man die Tür und lässt ihn einige Stunden ungeöffnet, bevor er gründlich durchgelüftet wird.

Plagegeister

Räuchern ist eine gute Methode, um Insekten auf Abstand zu halten. Besonders **Cassia, Zimt, Nelke, Zedernholz, Eukalyptus** und **Patchouliblätter** wirken stark abwehrend und können für diesen Zweck sehr gut mit **Fichtenharz** oder **Weihrauch** kombiniert werden. Wenn Sie an lauen Sommerabenden auf der Terrasse von Moskitos terrorisiert werden, dann kann eine Mischung aus **Cassia, Nelke, Eukalyptus** und **Fichtenharz** auf angenehm aromatische Art und Weise Abhilfe schaffen. **Patchouliblätter** eignen sich besonders im Einsatz gegen Kleider- und Getreidemotten.

Sie können die Räucherstoffe auch bei kranken, von Pilzen oder Schmarotzern befallenen Pflanzen einsetzen. Ein kleines Räucherritual wird den Pflanzen Vitalität zuführen, die Abwehrkräfte stärken und mit Sicherheit den Schädlingen nicht besonders gut gefallen.

Stärkung

Wenn wir uns körperlich schlapp und müde fühlen, gibt es Räuchersubstanzen, mit denen wir neue Kraft und Energie tanken können. **Salbei, Thymian, Kampfer, Pfefferminze, Beifuß, Wacholder, Muskatnuss, Kiefernharz** sind als Einzelstoffe oder besser noch in einer nach eigenem Geschmack zusammengestellten Mischung wunderbar geeignet, uns zu stärken, Lebensgeister und Willenskraft zu aktivieren.

Erotik

Natürlich können aromatische Pflanzenstoffe auch eine höchst sinnliche Stimmung verbreiten. Wir müssen uns zunächst darüber klar sein, dass Gerüche in einer unmittelbaren Beziehung zu Gefühlen stehen. In diesem Hinblick besteht auch eine direkte Verwandtschaft des Menschen zu den Pflanzen. Die Pflanze steht in einer biochemischen Gefühlsbeziehung mit ihrer Umgebung. Das beste Beispiel ist die manchmal bis zur Ekstase betörte Biene, wenn sie unermüdlich von Blüte zu Blüte fliegt. Düfte manipulieren genauso die

Stimmungen des Menschen, wirken über den Hypothalamus auf die hormonelle Disposition und lösen Lustgefühle im limbischen System aus. **Koriander, Ingwer, Cassia, Damiana, Iriswurzel, Moschuskörner, Patchoublilätter, Rosenblätter, Sandelholz, Tonkabohne, Benzoe, Siam** und **Loban** sind Räuchersubstanzen, die sich für eine Liebesräucherung anbieten.

Wellness

Viele Menschen kennen das Gefühl wie es ist, wenn man einen Raum betritt, der energetisch nicht klar ist. Es ist mehr oder weniger deutlich zu spüren, dass man sich nicht wohl fühlt, aber kann eigentlich nicht genau sagen, worauf das zurückzuführen ist. Wer sich mit den feinstofflichen Gegebenheiten etwas mehr auskennt, der weiß, dass jede Form von Materie in ihrer subatomaren Struktur die Schwelle zu den energetischen Bereichen überschreitet. Die Wahrnehmung der physischen, festen Form ist somit eine Illusion, da das Wesen des Stoffes energetischer Natur und reine Schwingung ist. Auf dieser Ebene wird der Stoff von emotionalen Eruptionen und Zuständen durchdrungen und „vibriert" nach. Diese Vibration „liegt in der Luft". Wenn sich also negative Gefühlszustände, wie zum Beispiel Hass, Eifersucht und Streit, während längerer Zeit oder mit großer Heftigkeit in einem Raum entladen haben, so wird dies in den Wänden und Möbeln etc. „nachklingen" und an die Raumluft abgegeben. Manchmal kann es sehr schwierig sein, einen Ort von derart störenden Energiemustern wieder zu befreien, und besonders sensible Menschen können solche Einflüsse als sehr belastend empfinden. In diesen Fällen ist Räuchern außerordentlich zu empfehlen. Neben den stark reinigenden Substanzen wie **Weihrauch** und **Salbei** sind auch **Rosenblätter**, **Wacholderspitzen**, **Kopal** und **Guggul** eine große Hilfe, um ein angenehmeres Raumklima zu erzeugen.

Feng Shui

In der alten chinesischen Tradition der Geomantik bedeutet das übersetzt „Wind und Wasser". Es handelt sich dabei um eine Naturphilosophie, die den Kräftedualismus (Yin – Yang) auf den Raum überträgt (z. B. Himmelsrichtungen: N = weiblich, passiv, dunkel; S = männlich, aktiv, hell) und dem Menschen ein Werkzeug an die Hand gibt, wie durch Anordnung von Objekten im Raum Einfluss auf Gefühle und Gedanken genommen werden kann. Indem die eigene Befindlichkeit geordnet und das Bestreben klar ausgerichtet wird, entstehen auch optimale Bedingungen für gesunde Lebensentfaltung. Auch dieses Prinzip arbeitet im Sinne von Ausgleich und Harmonisierung, um einen freien Energiefluss zu gewährleisten. Das Räuchern ist auch in diesem derzeit sehr aktuellen Feld ein traditioneller Bestandteil zielgerichteten, rituellen Handelns.

Begegnung

Wenn jetzt der Raum als „Behälter" von störenden Einflüssen vorheriger Benutzer *gereinigt* ist, dann wird er zu einem Ort, wo Begegnung stattfinden kann. Damit ist Kontaktaufnahme auf eine tiefe, aufrichtige Weise gemeint. Dieser Kontakt kann in mir selbst ablaufen, in dem Sinne, dass ich meine Gefühle und Gedanken *anschaue* und mit mir selbst verweile, ohne ein Urteil zu fällen. Ich kann Fragen an mich selbst stellen und lauschen, ob eine Antwort kommt. Ich habe den Raum und ich schenke mir die Zeit, mit meinen Gefühlen und Gedanken in Kontakt zu kommen.

Guajak, Sandelholz, Lavendel, Lorbeer, Myrrhe, Opoponax und **Sandarak** können zum Beispiel diesen Kontakt fördern, wenn ich ihren Charakter mag. Das ist ganz wichtig. Man soll sich keinen Stoff *verordnen*, weil man an seine Wirkung glaubt! Immer spüren, ob man offen für die Qualität ist, die sich als Pflanzenstoff anbietet.

Den *inneren Alchimisten* erreichen wir über das limbische System. Er trifft seine Diagnose sehr deutlich über den Geruchssinn. Die Pflanze nützt mir nur, wenn ich sie mag und ihr gerne mit meiner Empfindung begegne. Es ist empfehlenswert, sich kleine Rituale im täglichen Leben zu schaffen, die helfen können, zur Besinnung zu kommen. Es gilt, sich hin und wieder aus diesem Hypnosezustand herauszuschälen, der uns in einer Kette von mechanischen Reaktionen, vom Bewegungsapparat über die Gefühlsverknotungen bis hin zu destruktiven Vorstellungen, gefangenhält. Dieser Zustand ist wie ein Käfig, in dem wir sitzen und wo die ganze Realität drum herum darauf ausgerichtet ist, uns davon zu überzeugen, dass wir doch eigentlich frei wären. Die Empfehlung heißt also abends, zur Entspannung nach einem arbeitsreichen Tag, eine Besinnungsphase einzulegen, die ihren rituellen Charakter dadurch bekommt, dass ganz bewusst und achtsam eine Räucherung vollzogen wird, eine entspannende Musik dazu aufgelegt und vielleicht eine Tasse Tee dazu getrunken wird. Ein solches kleines Ritual kann eine starke Wirkung entfalten und es kommt unweigerlich der Zeitpunkt, wo diese kleine Zeremonie so wichtig wird, dass wir beginnen, uns tagsüber an diesen Moment zu erinnern und dadurch auch zwischendurch einmal „zur Besinnung" kommen.

Eine Begegnung mit Freunden ist natürlich eine besonders schöne Gelegenheit, mit Hilfe von Räucherstoffen eine tiefere Ebene des zwischenmenschlichen Kontakts zu erreichen. Zusätzlich zu den oben genannten Räucherstoffen ist dafür auch **Galgant, Tonkabohne, Zimtrinde, Benzoe, Kopal** und **Dammar** geeignet. Es ist empfehlenswert, das Räuchern als eine bewusste Handlung oder Spiel zu betreiben. Wird der alchemistische Prozess durch klar ausgerichtete Aufmerksamkeit auf Empfindungen und Ziele der Gruppe gewürdigt, dann wird er seinerseits die gewünschte Erfahrung den Menschen zutragen.

Das ist ein hochenergetischer Wechselprozess und bringt eine ganz spannende Komponente in das Zusammensein. Ob es Ehrlichkeit, Ausgelassenheit oder Wissensdurst ist, der Wunsch wird eine Resonanz hervorbringen, die dem Moment in seiner Vielfalt entspricht und seinem optimalen Resultat entgegen trägt. Das wird von allen Teilnehmern als ein besonderes Erlebnis empfunden.

Konzentration

Bestimmte Räuchersubstanzen haben die Fähigkeit die geistige Präsenz zu aktivieren. Zum einen stärken sie die Vorstellungskraft und zum anderen liefern sie anregende Impulse für die Geistesarbeit. Besonders zu erwähnen sind hier **Eisenkraut**, **Kalmuswurzel**, **Kampfer**, **Lebensbaum**, **Lemongras**, **Pfefferminze**, **Rosmarin**, **Kopal**, **Dammar** und **Mastix**, die uns hell, klar, wach und frisch machen und unsere Konzentrationsfähigkeit stärken. Für diesen Zweck sollte immer eine eher moderate Form des Räucherns (d. h. geringe Mengen mit wenig Rauchentwicklung) gewählt werden. Da gleichzeitig auch immer unsere Befindlichkeit tangiert wird, können wir uns so an die gewünschte Stimmung herantasten, die der zu erledigenden Arbeit am zuträglichsten ist. Wir müssen davon ausgehen, dass wir es hier nicht mit einer rein funktionalen Methode zu tun haben, sondern auf allen drei Ebenen angesprochen werden. Die Pflanze spricht uns eben auch als Ganzheit an, und wenn wir in die Arbeit „flüchten", dann sind unter Umständen plötzlich die Themen präsent, denen wir eigentlich entkommen wollen.

Es kann bisweilen zu ganz beträchtlichen Wahrnehmungsveränderungen kommen, die uns mit dem, was real anliegt, sehr deutlich konfrontieren. Wenn diese mögliche Klarheit die Geistesarbeit unterstützt, dann kann es auch zu beachtlichen Produktivitätsschüben kommen. Mitunter ist es, als würden die geistigen Schleusen geöffnet und das mentale Wasser fließe aus uns heraus.

Meditation und Achtsamkeit

Um der Hektik des Alltags und seinen Veräußerlichungen etwas entgegenzusetzen, das der Verinnerlichung, als einem ganz wesentlichen Prozess der Lebenserfahrung, dient, bietet sich ein regelmäßiger Rückzug in das *Nichtstun* an. In diesem Zustand lassen wir alles so sein, wie es ist. Wir müssen keine Leistung bringen, nichts verändern, verbessern, verantworten. Dieses *Loslassen* ist kein einfacher Prozess, weil ich zum Beispiel konditioniert bin, die Dinge so zu *wollen*, wie sie *richtig* sind. „Was das heißt?" Zunächst einmal meine ich zum Beispiel, dass die Meditation mit einem konkreten Ergebnis zu einem sinnvollen und somit erfolgreichen Abschluss gebracht werden muss. Es so zu tun, wie „man" es korrekterweise tut. Also strenge ich mich an, und merke gar nicht, dass ich damit

– 62 –

nur vermeintliche Erwartungen erfüllen möchte. Und wenn ich merke, dass sich das gewünschte Ergebnis nicht einstellt, dann schäme ich mich auch noch meiner Unfähigkeit. Es ist eigentlich viel angenehmer, alles so sein zu lassen, wie es ist.

Es gibt verschiedene Strategien, wie mit den äußeren Gegebenheiten mechanisch umgegangen wird. Gefühl und Verstand arbeiten sich dabei einmal zu, das andere Mal setzen sie sich gegenseitig unter Druck. Wenn ich mich stark emotional mit einer Idee identifiziere, dann wird mein ideenreicher Kopf sich eher unkritisch alle möglichen Argumente zur Unterstützung dieser Idee zusammenklauben.

Der Verstand kann ebenso auf unkontrollierbaren Gefühlsdruck irritiert reagieren, eine emotionale Identifikation nicht zulassen, um stattdessen die Fakten zu sammeln, um damit Anspruch auf die absolute Wahrheit zu erheben. Und er hätte damit sicher *Recht!*

Verinnerlichung bedeutet wohl, die Aufmerksamkeit auf die Impulse zu richten, die aus der Tiefe des Inneren kommen. Erst wenn wir die Puffer des Handelns deaktiviert haben, die zur Bewältigung des Außen dienen, können wir die feinen inneren Impulse wahrnehmen. Solche Puffer sind Abwehrmechanismen wie:

Konfrontation: *„Wozu soll ich diesen blöden Zustand anstreben? Ich habe gar kein Problem."*

Identifikation: *„Ich muss es jetzt unbedingt schaffen, den optimalen Zustand zu erreichen."*

Negation: *„Das Vorgehen, um den Zustand zu erreichen, ist unsinnig."*

Die Puffer des Ego dienen dem Zweck der Abgrenzung. Die als bedrohlich empfundenen und als „real" gesehenen äußeren Eindrücke und Anforderungen sollen dadurch abgefedert werden.

Bei dem Prozess der Verinnerlichung geht es nun darum, die Verbindung zu den Quellen unseres Daseins herzustellen. Dabei sind uns diese mechanischen Puffer im Wege. Seit jeher werden Pflanzenstoffe für den Zweck verwendet, das Kontaktstreben zu den seelischen Bereichen zu fördern. Es ist die Vermittlung zwischen dem Begrenzten und dem Unbegrenzten, dem Sichtbaren und dem Unsichtbaren, die das Räuchern leistet. Es ermöglicht dem Menschen, eins mit seinem innersten Wesen zu sein, um dadurch wichtige Impulse zu empfangen. Als besonders hilfreich für meditative Zusammenhänge sind **Rosenblüten, Sandelholz (weiß)**, **Thuja**, **Guggul**, **Sandarak** und **Weihrauch** zu empfehlen.

Trance, Traum und Vision

Den Zugang zu der inneren Kraft zu ermöglichen, gehört zu den zentralen Aufgaben der Schamanen und Medizinleute aller naturverbundenen Kulturvölker. Dieser Zugang wird zumeist mit klar strukturierter Verwendung über

Körperhaltung, Bewegung, Ekstase und Imagination induziert. Rhythmische Bewegung ist ein Verbindungspunkt, über den innere Welten erreichbar sind. Es ist der Weg, über den Körper die blockierten Energien im Gefühlsbereich zu lösen und über *Vertrauen* in diese Erfahrung das starke geistige Potenzial zu aktivieren. **Das alte schamanistische Prinzip der Trance benutzt diesen Erfahrungskanal.**

Trance ist ein Werkzeug, das die gedankliche Ausrichtung durch rituelle Symbolik auf das Wesentliche fokussiert und den Körper mit dem Gefühl verschmelzen lässt. Daraus resultiert eine starke Energie, die zielgerichtet eingesetzt werden und Heilung bewirken kann. Diese Energie wird über Bewegung oder Sinneseindrücke im Körper generiert und dann in die Bereiche geleitet, wo Heilung im Sinne von Regulierung und Ausgleich stattfinden kann. Für den Schamanen entspringt diese Kraft aus erfahrener Wirklichkeit, und er verwendet dieses Werkzeug mit großem Respekt. Räucherungen sind ein traditioneller Bestandteil dieses Prozesses. Sie verstärken und unterstützen den gewünschten Vorgang.

Die Erfahrungsebenen von Traum und Wirklichkeit erweisen sich als fließend, wenn wir uns auf das Abenteuer einlassen wollen. Die Traumzeit der Aborigines ebenso wie die Visionssuche der amerikanischen Indianer weisen auf eine Form der spirituellen Kontaktaufnahme zu den Wirklichkeiten hin, die uns neben der materiellen Realität durchaus zugänglich sind. Voraussetzung ist die entsprechende innere Ausrichtung, um angstfrei das *Nagual*, wie es bei Carlos Castaneda[*] genannt wird, überhaupt als eine Art von Wirklichkeit in Betracht ziehen zu können. An dieser energetischen Dimension, die neben der Welt, die wir mit den Sinnen wahrnehmen können, untrennbarer Teil unseres Daseins ist oder – besser noch – *unser Dasein unsichtbar durchdringt*, können wir mit den Mitteln von Traum und Vision partizipieren.

So sagt Castaneda: *„Wenn ein Krieger als gewöhnlicher Mensch die Welt betrachtet, dann schaut er, wenn er sie aber als Schamane betrachtet, dann ‚sieht‘ er. Und was er ‚sieht‘, müsse korrekterweise als das Nagual bezeichnet werden."*

Nun begleiten *Sehende* seit der Antike und sicher auch schon viel länger die Entwicklung der menschlichen Kultur. Das Orakel von Delphi im klassischen Apollo-Heiligtum gehört zu den bekanntesten Stätten der antiken Wahrsagekunst. Im Zusammenhang mit der Wahrheit, die an diesem Ort gesucht wurde, ist es interessant darauf hinzuweisen, dass der Leitspruch über dem Tempel „Erkenne dich selbst" lautete. Die Wahrheit liegt demnach nicht im Außen, sondern im Innen. In den vorbereitenden Ritualen, die jene sagenumwobene Hellsichtigkeit der Priesterinnen erzeugten, wurde insbesondere **Lorbeer** verräuchert. Der wurde als Lieblingsrauch von Apollo, dem Gott des Lichtes, der

---

[*] Castaneda, „Der zweite Ring der Kraft", S. Fischer, Frankfurt/M. 1978

Weissagung, Heilkunde, Dichtung und Musik, angesehen und soll maßgeblich die übersinnlichen Fähigkeiten der Pythia von Delphi hervorgerufen haben.

Als zuständige Instanz für Kreativität, Intuition und Erleuchtung war es auch diese inspirierende Gottheit, die sich durch die Trance der Tempeldienerinnen manifestierte. Als weitere Stoffe mit den Geist öffnender Wirkung, insbesondere zur Förderung hellseherischer Fähigkeiten, sind **Eisenkraut**, **Hanfsaat**, **Iriswurzel**, **Lupulin**, **Kopal**, **Dammar**, **Weihrauch** und **Mastix** zu nennen.

Transformation

Hier sind wir jetzt an dem Punkt angelangt, wo ein Zyklus beendet wird. Wir können getrost davon ausgehen, dass dieser Moment für alle Prozesse gilt, die das Leben hervorbringt. Das Leben manifestiert sich stets in Zyklen. Und immer wenn das Ende eines Zyklus erreicht wird, steht das Thema der Transformation an. Der alte Lebensprozess wird abgeschlossen und ein Übergang zum Neubeginn erfolgt. Wenn wir uns das Ende einer Oktave in ihrem Übergang zum Grundton der nächst höheren Lage (Si-Do) vergegenwärtigen, dann können wir diesen Übergang und die damit verbundene Schwierigkeit vielleicht spüren. Do-Re-Mi-Fa-Sol-La-Si -Schwierigkeit-Do.

Es wird von *„vielen kleinen Toden"* gesprochen, die man bereit sein soll, im Leben zu sterben. Jeder dieser Tode ist auch ein Neubeginn. Die Schwierigkeit ist eben dieser Übergang, weil das Alte noch nicht ganz weg und das Neue noch nicht ganz da ist. Die Schwierigkeit, diesen Prozess bewusst zu erleben und absichtlich zu vollziehen drückt ein sibirischer Schamane so aus: *„Du schießt deinen Pfeil ab. Während er fliegt, stellst du dir vor, du stehst auf diesem Pfeil und schießt von dort wieder einen Pfeil ab, auf den du dich dann wieder stellst ..."* (aus: Blake „Das intelligente Enneagramm", Kap. 5, Seite 117).

Wenn wir darüber sprechen, in welcher Weise Pflanzen in der Lage sind, uns in diesem Prozess des Übergangs zu unterstützen, dann finden wir interessante Entsprechungen. Die weltweit von Kennern begehrteste Räuchersubstanz ist wahrscheinlich das **Adlerholz**. Von den Japanern als *Jinkoh* bezeichnet, ist dieses edle Räuchermaterial auch unter dem Namen Agar- oder auch Aloeholz bekannt. Der Adlerbaum hat Äste, die wie Adlerschwingen vom Baum abstehen. Seine aromatische Qualität entwickelt sein Holz jedoch erst, wenn der Baum von einer bestimmten Pilzart (Aspergillus sp./Fusarium sp.) befallen wird, die die Harzproduktion anregt. Oft sind es also die bereits umgestürzten Bäume, die nach längerem Zerfallsprozess der weniger harzhaltigen Bestandteile entledigt, als dunkle, schwere Überreste irgendwo angeschwemmt werden, deren Qualität von den Kennern der Materie mit Gold aufgewogen wird.

Hier erkennen wir den Bezug zum Transformationsprozess sehr deutlich. In seinem „Todeskampf" erzeugt dieser Baum Harze und balsamische Substanzen, mit denen er sich wehrt und gleichzeitig hingibt. In die Wandlung hineingehen, das ist das Thema dieses Stoffes. Geräuchert wirkt er wie ein feinstofflicher Transformator: Auf einer Ebene sterben, um auf einer höheren, feinstofflichen Ebene wiedergeboren zu werden. Dieses Material ist als Sterbebegleiter sehr geeignet, da es den Ausgleich aller noch bestehenden offenen Themen von Geist und Seele an dieser Schwelle unterstützt. Sein ätherisches Öl, von den Sufis als *Ud* bezeichnet, wird speziell auf Ungleichgewichte in den letzten Stationen der Seelenentwicklung angewandt. Ein starkes transformatorisches Mittel.

Man kennt bei den Sufis die Seele *(ruh)* als das, was über den Tod hinaus bestehen bleibt. Geist *(nafs)*, im Sinne von *Spirit*, aktiviert die Existenz auf der physischen Ebene inklusive der Gedankenvorgänge.* Dieser Vorgang geschieht im Atem. Er ist das Bindeglied zwischen Leben und Tod. Die Sufis verwenden für Vorgänge, die in diese jenseitigen Bereiche hinüberreichen, das Wort *ghayb*. Die bekante Welt der menschlichen Schöpfung *(insan)* wird von den Regeln der Natur beherrscht, das heißt, sie steht unter der Herrschaft von Wachstum und Verfall, Leben und Tod. Über den Atem begleiten uns auch die feinen Elemente der pflanzlichen Essenz auf der Schwelle des Übergangs und helfen uns hinüber. Auch während des Lebens durchlaufen wir Zyklen, die uns Passagen von Abschied und Veränderung bescheren. Es sind viele kleine Tode, die wir erleben und zu deren Bewältigung wir Unterstützung brauchen können. Weitere hilfreiche Räucherstoffe für Transformationsphasen sind **Beifuß, Eichenmoos, Sandelholz (weiß)** und **Weihrauch**.

* Hakim, „Die Heilkunst der Sufis", H.Bauer Verlag, Freiburg 1984

KAPITEL 4

Die Persönlichkeit und das Räuchern

*Neptun ... die Tiefe wird ersehnt, und der Kontakt zur Quelle des Seins
erhellt die Stufen des Werdens.*

●

„When you lose, don't lose the lesson"

(dt.: *Wenn du verlierst, verliere nicht die Lektion*)

(Dalai Lama)

●

*Der allmächtige Gott, Schöpfer des Himmels und der Erde
wohnt und wirkt
im Lichte, (Psalm 104)
das Licht im Geiste,
der Geist im Salz,
das Salz in der Luft,
die Luft im Wasser,
das Wasser in der Erde
und die Erde ist aller anderen Gebärmutter
oder gleichsam Werkstatt, woraus und
worinnen sie arbeiten.*

(„Des Hermes Trismegists wahrer alter Naturweg", Leipzig, 1782)

Räuchern und spirituelle Erfahrung

In diesem Kapitel wollen wir in die inneren Kräftebeziehungen einsteigen, die für die Bildung unserer Persönlichkeit eine Rolle spielen. Wir verwenden ein sehr altes und natürliches Medium, um Einfluss darauf zu nehmen, wie wir uns selbst empfinden und in Einklang kommen können. Das ist eine spirituelle Erfahrung.

Durch das Räuchern spüren wir unwillkürlich, wie tief wir mit dem Leben verbunden sind. Alte Mythen tauchen dabei wie schwerelos aus dem Dunkel des Unbewussten auf und erklären uns die Welt. Diese Wahrnehmung der innersten Einheit allen Seins ist eine Gotteserfahrung, wie sie von Alchemisten und Schamanen berichtet wird.

Die Elemente

Es gibt die unterschiedlichsten elementaren Tendenzen, die im aromatischen Rauch zum Ausdruck kommen. Der authentische Charakter einer Pflanze tritt auf diesem Wege hervor und bringt im Innern des Menschen eine Saite zum mitschwingen. Das kann ein Wohlklang sein oder eine Dissonanz.

Das eine fördert und das andere fordert.

Es sind unterschiedliche Qualitäten, die der einzelne Organismus für einen geregelten Ablauf benötigt. Für den einen Menschen sind Substanzen hilfreich, die feuriger, anregender Natur sind, für den anderen ist die wurzeltreibende, erdende Qualität vonnöten. Dem Dritten taugt das gefühlsbetonende, einhüllende, schützende und verlockende Wesen des Wassers und der Vierte liebt es leicht, hell und luftig, klar und schnell.

Je nachdem, welche dieser qualitativen Bezüge, über den Geruchssinn aufgenommen, eine Resonanz in unserem Inneren erzeugen, können wir auch Rückschlüsse auf die eigene Disposition ziehen.

Wie steht's zum Beispiel mit dem Feuer in Körper, Gefühl oder Verstand?

Wenn es mir stets an Antrieb mangelt, über notwendige neue Lebensperspektiven nachzudenken, dann wird wahrscheinlich wenig Feuer im Geiste sein. Wenn ich gleichzeitig im Alltag mit voller Kraft und Engagement praktisch arbeiten kann und mit Eifer bei der Sache bin, wird es auf der Körperebene nicht an Feuer mangeln.

Wenn die Gedanken hoch fliegen und schnell von einem Bild zum nächsten übergehen, dann ist viel Luft im Geiste. Im Gegensatz dazu zeugt ein langsames und gründliches mentales Verarbeiten mit systematischen und chronologischen Verbindungen von starkem Erdbezug im Denken. Wir können also sagen, dass unsere drei Zentren von elementaren Bezügen geprägt sind, die auf eine bestimmte Grund-Disposition hinweisen.

Die ayurvedische Heilkunst zielt genau auf dieses Persönlichkeitsbild und bezeichnet es als die Konstitution (Prakriti) eines jeden Menschen. Sie schult das Auge ebenso wie Herz und Verstand, um zu erkennen, wo die natürliche Ordnung in der Zusammensetzung der Elemente möglicherweise aus dem Ruder laufen könnte und setzt dort an, wo Mangelzustände oder Überschüsse in der Gewichtung der Doshas* auszugleichen sind. Dies ist nach dieser Lehre durch Ernährung sowie Hygiene in körperlicher und geistiger Hinsicht zu bewerkstelligen.

Räucherduft und Persönlichkeit

Es ist möglich, die eigene Reaktion auf Dufteindrücke wie ein Spiegelbild der Persönlichkeit zu betrachten, um etwas über sich selbst zu erfahren. In den Augenblick getragen zu werden, wo eben diese Erfahrung stattfinden kann, ist die Voraussetzung dafür. Ganz einfach DASEIN ist aber das eigentliche Ziel der Übung. Durch das Räuchern versetzen wir uns nun in einen Zustand der Aufnahmefähigkeit. Wir werden fähig, die feineren Eindrücke wahrzunehmen, um dort, wo die Quelle allen Seins sprudelt, neue Impulse zu schöpfen.

Die Aktivität des Alltags zieht uns derart in ihren Bann, dass die Aufmerksamkeit ständig abgelenkt wird und das Potenzial unserer Persönlichkeit in der Veräußerlichung wirkungslos verpufft oder sogar destruktiven Charakter annehmen kann, wenn Stresszustände sich häufen. Dieser Entwicklung gilt es mit Entschiedenheit entgegenzutreten.

Lassen wir uns also vom Duft im Rauch aromatischer Pflanzen zu der persönlichen Kraft in der eigenen Mitte führen.

Allem, was wir gerne riechen mögen, dürfen wir auch getrost Vertrauen schenken.

Die positive Empfindung kann als authentisches Signal aus dem limbischen System betrachtet werden. Dieser Bereich des Gehirns ist die Schaltzentrale zur Steuerung der Gefühlsreaktionen. Er steht in Verbindung mit dem Großhirn und dem Kleinhirn. Ob Bewegungsabläufe übers vegetative Nervensystem, Abwehrmechanismen im Immunsystem oder hormonelle Funktionen, mit allen Bereichen des menschlichen Gesamtbestands ist die Geruchswahrnehmung unmittelbar verbunden. Rationale Klassifizierung von Geruchseindrücken ist ebenso möglich, wie sich von emotionalen Erinnerungsbildern mitreißen zu lassen oder das unkontrollierbare Auftauchen tief verankerter Urinstinkte zu erleben.

---

* Im Ayurveda die Bezeichnung für die biologischen Temperamente. Vasant Lad: „Das Ayurweda-Heilbuch", Windpferd Verlag, Aitrang, 1988

Entscheidend ist bei der Persönlichkeitsarbeit, ob wir den Eindruck *mögen* oder *nicht mögen*. Diese Resonanz aus dem Gefühlsbereich ist die ultimative Wahrheit für uns. Ein wesentlicher Teil des vorliegenden Systems baut auf dieser Grundlage auf. Der Weg der Aromaarbeit führt über die Brücke der Sinneserfahrung. Bewusst zu spüren, fühlen und empfinden schult die Wahrnehmung essenzieller Gegebenheiten. Bereits durch die Tatsache, dass die Aufmerksamkeit konzentriert auf die Wahrnehmung der Gefühlsresonanz ausgerichtet ist, wird der Erfahrungsprozess aktiviert. Die Bewusstseinsbildung für die eigenen Prozesse wird gefördert.

Eine positive Resonanz wie „Ich liebe diesen Duft" deutet an, dass hier so etwas wie ein *Hunger* vom Körper signalisiert wird. Es besteht ein Bedarf. Die wesensmäßige Qualität, die dieser Duft transportiert, wird eindeutig gebraucht. Sich diesen Duft entsprechend zuzuführen, hat in jedem Falle Vorrang vor allen anderen Gesichtspunkten, die für die Auswahl geeigneter Stoffe gelten können.

Da die Pflanze vom Wesen her die Lebensprozesse *regulativ* unterstützt, bedeutet die positive Resonanz des Probanden, dass eine hohe Akzeptanz für das regulierende Element besteht, das in dieser Qualität zum Ausdruck kommt. Das Wesen dieser Pflanze entspricht dem Bereich, wo man sich im Rahmen seiner Persönlichkeit *zu Hause* fühlt. Es besteht Vertrautheit mit dieser Qualität und deshalb wird das Regulativ angenommen.

Ein weiteres Bild zur Erläuterung dieses Zusammenhanges wäre der Weg des Lichts durch die Schöpfung. Man stelle sich vor, *wahres Selbst* wäre das Licht im Zentrum des Schöpfungsprozesses, die zu vollendende Schöpfung wäre *Persönlichkeit*. Auf dem äußeren Kreis, der die Persönlichkeit darstellt, wird es in bestimmten Bereichen lichthafter zugehen als an anderen Punkten des Kreises. Dort, wo viel Licht ist, dort ist es wie in einer Großstadt. Es findet sehr viel gleichzeitig statt und wenn dort die regulierenden Mechanismen wie Ampel und Verkehrszeichen fehlen, dann geht leicht alles drunter und drüber. Dort wo essenzielles Licht in der Persönlichkeit durchscheinen kann, ist auch die Wesensverwandtschaft mit der Pflanze offenbar, nämlich dadurch, dass deren regulierende Kraft zugelassen werden kann.

Wenn wir allerdings auf Düfte stoßen, die uns unangenehm sind, dann wird's natürlich umso interessanter für denjenigen, der sich als ein „Sucher nach sich selbst" bezeichnet.

Was ich nicht riechen mag, führt zu den persönlichen Problemzonen.

In der Ablehnung zeigt sich die authentische Resonanz, dass diese Qualität etwas ausdrückt, mit dem der Erfahrungssuchende nicht umgehen kann oder will. Die Pflanze verkörpert in ihrem Duft das, was sie als Erfahrung im eigenen Existenzkampf gewonnen hat. Diese Erfahrung schlägt sich essenziell im Duft als Information nieder. Es ist jedoch nicht ratsam, mit abgelehnten Düften intensiver zu arbeiten.

– 70 –

Dort, wo der Schatten herrscht, ist unsicheres Terrain. Die „Schattenseiten" enthalten oft unbewältigte Themen und schmerzhafte Erfahrungen, mit denen eben nicht umgegangen werden kann oder will. Die diesem Sektor entsprechende Wesensqualität in der Pflanzenpersönlichkeit wird abgelehnt und ist auch sicher nicht die zu empfehlende Substanz. Heftige Reaktionen können unter Umständen die Folge sein, wenn eine zu radikale Gangart eingeschlagen wird. Duftarbeit ist eine weiche Form der Lebenshilfe. Über Ähnlichkeiten kann sich an den Problembereich herangearbeitet werden. Das ist gängige aromatherapeutische Praxis. Es wird da reguliert, wo die Akzeptanz vorhanden ist, und alles Weitere gilt es zu beobachten. Die Dinge ändern sich, wenn die Energie in den Lichtbereichen harmonisch fließt, denn das Licht hat die Eigenschaft sich auszubreiten, wenn es ungehindert fließen kann. Langsam steigt dann auch die Akzeptanz. Die Schattenthemen werden Stück für Stück in dem Maße integriert, wie das Licht sich ausbreitet.

Der harmonische Fluss des Lichtes gewährt der Persönlichkeit die Möglichkeit, ihren Raum einzunehmen. In dem Maße, wie das Licht als treibende Kraft und Energiequelle seine Wirkung ausüben kann, entsteht Raum für essenziell persönliche Erfahrung und Entfaltung. Dies ist eine Methode, wie wir mit der Quelle des Seins in Kontakt kommen. Es kann durchaus auch als Zustand von *Erleuchtung* bezeichnet werden, wenn der energetische Fluss in unserem Bestand ohne Unterbrechung fließt.

Persönlichkeit ist Körperlichkeit

Persönlichkeit und körperliche Verfassung stehen in einem ursächlichen Zusammenhang. Das ENNEAROM-System verwenden wir wie ein Barometer, mit dem die Konstitution gemessen werden kann. Das Ergebnis sollte tunlichst nicht zu eindimensional, mit falsch und richtig, gut und schlecht, betrachtet werden. Oft ist das, was zunächst als ein Mangel empfunden wird, gleichzeitig auch der Schlüssel zu maximalen Entwicklungsschritten. Krankheit kann sich bei entsprechender innerer Einstellung als ein hervorragender Wegweiser herausstellen. Düfte, die wir ablehnen, sind ein Synonym für Bereiche, in denen die Blockaden lokalisiert werden können. Die Blockaden sind ein Ergebnis, das dann eintritt, wenn einem Bereich die notwendige Erfahrung vorenthalten wird. Ein Schmerz hat uns da von der Quelle getrennt; wir können unsere Lebenskraft in diesem Bereich nicht entfalten. Dort haben die automatischen Abwehrmechanismen das Ruder übernommen.

Wir *wissen* aber im Moment der Abwehr nichts über die inneren Zusammenhänge, mit deren Auswirkungen wir fertig werden müssen.

Wer ist für mein persönliches Befinden zuständig?

Heraklit sagt: „*... auch wenn alle Dinge gemäß dem Logos geschehen, haben die Menschen scheinbar keine Erfahrung davon, denn die meisten bemerken nicht, was sie nach dem Aufwachen tun, ebenso wie sie vergessen, was sie im Schlaf tun.*"
Nach dem Aufwachen beginnt der Tag mit seinen Routinen und Abläufen. Wir *wissen*, wie die Dinge liegen und haben feste Konzepte bezüglich des Tagesablaufs. Die einen mehr, die anderen weniger. Wann merken wir dabei, wie wir uns fühlen, und wie oft setzen wir bewusst und achtsam einen Schritt vor den anderen? Meistens sind die fixierten Konzepte so stark, dass sie unsere Aufmerksamkeit voll und ganz in Anspruch nehmen. Die feinen Zusammenhänge in den Geschehnissen des Tages und der uns umgebenden Umwelt entgehen ihr.

Es gibt einen schamanistischen Therapeuten, der, wenn er um eine Diagnose für eine körperliche Erkrankung gebeten wird, den Garten der kranken Person in Augenschein nimmt. Vielleicht geht er auch einen Weg, den diese Person regelmäßig gegangen ist. Anhand der Wildpflanzen, die sich dort angesiedelt haben, stellt dieser Therapeut seine Diagnose.

Pflanzen dienen auf eine träumende Art dem Leben, unabhängig davon, ob dies gewürdigt wird oder nicht. Wer jedoch diesen Dienst bewusst und respektvoll annimmt, tritt in einen feinen Austausch mit dem Pflanzenwesen, was sehr hilfreich sein kann.

Der Traum der Pflanze ist, das Leben zu nähren

Wenn wir also schlafwandelnd und traumverloren durch den Tag gehen, dann ist das persönliche Befinden den Zufällen ausgeliefert. Das, was passiert, geschieht zufällig und ohne eigenen Einfluss. So wird es zumindest wahrgenommen. Das Konzept des Zufälligen macht uns jedoch zum Opfer äußerer Umstände. Problem ist, dass wir einem ganz großen Missverständnis aufsitzen. Wir haben das Werkzeug des *freien Willens* in der Hand und *wollen* den lieben langen Tag irgendetwas, ob wir uns dessen gewahr sind oder nicht. Oft wollen wir etwas haben oder nicht haben und gestehen es uns selbst nicht ein. Wir belügen uns also selbst, um dieses Wollen nicht eingestehen zu müssen.

Aus der anthroposophischen Richtung kommt der Satz: *Eines der Grundübel dieses Planeten liegt in der unbewusst ausgeübten Willenskraft.*

Die Willenskraft ist kein ungefährliches Werkzeug. Es ist von äußerster Wichtigkeit zu wissen, was man will, denn die Auswirkungen in der persönlichen Erfahrung folgen letztlich immer nur der Spur des Gewollten. Daraus ergibt sich eine persönliche Verantwortung. Die Übernahme der Eigenverantwortung ist oft schmerzhaft, lässt sich auf dem Weg ins Himmelreich aber leider nicht vermeiden.

Der Volksmund sagt:

„Des Menschen WILLE ist sein Himmelreich."

– 72 –

Heute, wo Physik mit Philosophie verschmilzt, wird der Wille von der Vakuumphysik* bereits als steuernde Instanz der Verwirklichung in Betracht gezogen. Im Wirtschaftsleben sind Willenskraft und Glaube an die eigene Sache praktizierte Realität. Glaube enthält als starke mentale Energie ein enormes Verwirklichungspotenzial.

Starker Wille gepaart mit starkem Glauben ist eine äußerst explosive Mischung, insbesondere, wenn selbstlose Liebe als versöhnender Faktor fehlt. Es gilt also, das Fehlende zu finden, um an Leib und Seele zu gesunden.

Wenn der Glaube Berge versetzen kann, dann ist es auch angebracht, die eigenen Glaubenssätze genauer anzuschauen, um nicht vom selbst verursachten Erdrutsch begraben zu werden. Wenn zum Beispiel der Glaubenssatz: *Ich muss etwas leisten, um liebenswert zu sein*, das Selbstwertgefühl lange genug untergräbt, dann ist der Mensch wahrscheinlich irgendwann ausgebrannt und leer. Alle Energie ist im Laufrad des Strebens nach Anerkennung verbraucht worden und das Persönlichkeitsgebäude bricht zusammen. Das kann ja auch ein neuer Anfang sein, wenn wir damit letztendlich in der Gegenwart angekommen sind.

Persönlichkeit schafft Realität

Versuchen wir eine bildhafte Betrachtung zu entwickeln, wie dieser Vorgang der Persönlichkeitsentwicklung verstanden werden kann. Stellen wir uns also vor, dass die Persönlichkeit ein Werkzeug ist, mit dem wir unsere Realität erschaffen, wie einen Garten. Dafür brauchen wir zunächst Erde, Wasser und Licht. Danach muss der Boden gepflügt, gereinigt und geeggt werden; dann die Saat eingebracht und gewässert, die Sprösslinge gehegt und gepflegt, die Pflanzen geschnitten, gedüngt und zur Blüte gebracht werden, bevor geerntet werden kann. Das bedeutet, wir müssen unser Werkzeug so herrichten, dass es die Arbeit so leicht wie möglich macht. Jedes der drei Zentren (Körper, Gefühl, Verstand) nimmt an der Nutzung des Werkzeugs in unterschiedlicher Weise teil. Der Körper handelt, empfindet und denkt auf seine Art, das Gefühl empfindet, handelt und denkt anders als der Verstand denkt, fühlt und handelt. Wenn sie aber alle gut zusammenarbeiten und die Willenskraft gemeinschaftlich nutzen, dann können die drei Zentren einen wunderbar blühenden Garten, gleichsam „das Paradies auf Erden" erschaffen.

Unsere Persönlichkeit entfaltet sich als aktives Element, das im Außen handelt. Sie stellt sich bei den meisten Menschen als ein Gebilde aus vielen einzelnen „Ich-Einheiten" dar, die davon überzeugt sind, zu bestimmten Zeiten die

---

* Warnke „Gehirn-Magie", Popular Academics, Saarbrücken 1998

Wahrheit zu verkörpern und einfach Recht zu haben. Meistens treten sie auf wie Jack-in-the-box; jemand macht den Deckel auf und – *zonggg* – da sind sie. Gleichzeitig sind in unserer Persönlichkeit die Elementarkräfte in unterschiedlicher Gewichtung vertreten. Diese Kräfte verbünden sich mit bestimmten Fragmenten, und schon geht es kraftvoll zur Sache oder kritisch ans Werk, vielleicht auch sanft in die Tiefe oder fröhlich in den Tag. Zumeist sind wir Spielball im Ablauf dieser Auftritte, weil wir es nicht merken.

Wer bin ich?

Gurdjieff hat zur Erklärung das Bild der Kutsche gewählt.* Die Kutsche selbst ist dem Körper gleichzusetzen, die Pferde, das sind die Gefühle, und der Kutscher auf dem Kutschbock, das ist der Verstand. Der Reisende, das bin ich selbst.

Wenn jetzt der Kutscher nach Gutdünken in die Landschaft fährt oder sogar noch meint, er hätte zu entscheiden, wohin die Reise geht, dann ist das vielleicht ein Problem für mich als Reisenden, denn ich werde mein Ziel nicht erreichen. Wenn der Kutscher andererseits zu schwach ist, die Pferde im Zaum zu halten und sie möglicherweise durchgehen, dann werden sie die Kutsche über Stock, Stein und querfeldein hinter sich herziehen. Möglicherweise wird die Achse brechen, so dass damit die Reise zu Ende ist.

Die innere Autorität, das bin ich.

Die elementaren Kräfte sind die Mittel, die uns zur Verfügung stehen, um Antriebskraft, Bodenhaftung, Entspannung und Inspiration auf dieser Reise zu erhalten.

Feuer, Erde, Wasser, Luft wirken auf die drei Funktionszentren (Körper, Gefühl und Verstand) ein, die uns Reisenden als Vehikel dienen sollen.

Über Duftstoffe kann der Einfluss bestimmter Elemente verstärkt oder vermindert werden.

Die universale Natur des Kreises

Jetzt wird es Zeit, die Karte zu beschreiben, die auf dem weiteren Weg durch dieses Land der Erfahrung die Vorstellungskraft des Reisenden unterstützen soll.

Auf Seite 53 finden Sie die Grafik des Trigons, die den Entstehungsprozess des Lebens in der einfachsten Form symbolisiert.

---

* Ouspensky, „Auf der Suche nach dem Wunderbaren", O. W. Barth, München 1966

Ausgehend von dieser einfachen Form, einen universalen Zusammenhang darzustellen, können die Bilder jetzt in alle Richtungen fliegen und sich mit allen möglichen Facetten des Lebens, in unserer mit Fülle gesegneten Erscheinungswelt, verbinden.

Wir benutzen das Trigon für die Welt der Düfte, und in den nachfolgenden Kapiteln wird diese Form, Wahrheit zu begreifen, immer wieder auf das Gesetz der Drei zurückgeführt. Es dient uns somit als Ankerpunkt, an dem wir immer wieder den eigenen Bezug zum Universum herstellen können.

Jetzt wollen wir die vier elementaren Grundkräfte mit den drei Zentren in Verbindung bringen.

Die elementaren Kräfte wirken auf den Lebensprozess ein

Immer wieder stoßen wir auf den Kreis als die Urform, mit der sich eine Ganzheit darstellen lässt. Der Kreis verkörpert Anfang und Ende ebenso wie innen und außen. Im Kreis haben wir die Möglichkeit, eine universelle Wahrheit statisch darzustellen, und ebenso einen dynamischen Prozess in seinen Phasen zu beschreiben. Das Leben lässt sich insgesamt mit dem Kreis anschaulich machen. Im Inneren des Kreises, dem Wesen, der Einheit allen Seins, liegt der Ursprung und das Potenzial, das sich auf der äußeren Linie in der Vielheit der Erscheinungen ausdrückt. Da in dem vorliegenden System mit Zahlen gearbeitet wird, wollen wir anhand des Kreises einen Bezug zu den Zahlen herstellen, die für den Entstehungsprozess unserer Welt von fundamentaler Bedeutung sind: die Drei und die Vier. Aus diesen ergeben sich die zwölf Sternzeichen, als symbolischer Unterbau der kreatürlichen Schöpfung.

Eine kleine Exkursion in philosophisch-mystische Gefilde

Es wird gesagt, man könne Gott mathematisch erklären, die Zahlen seien in der Lage, uns die Wahrheit über die Schöpfung zu vermitteln. Da wir uns mit Hilfe von Düften Raum für eine Persönlichkeitsentwicklung schaffen und dabei im weiteren Verlauf Zahlen verwenden werden, schauen wir uns doch einmal ein Bild an, das geometrisch zum Ausdruck bringt, wie Ibn'Arabi vor tausend Jahren seinen Schülern die Entstehung von Raum auf der Grundlage seiner mystischen Astrologie aufzeigte:

Angenommen der Standpunkt des Betrachters ist der Osten, dann legt dies automatisch die drei anderen Himmelsrichtungen fest. Sind die vier Himmelsrichtungen einmal fixiert, dann erzeugt der Betrachtungswinkel das Dreieck, und jeder der zwei neuen Punkte lässt automatisch wieder vier Himmelsrichtungen entstehen, womit sich der 12er Zyklus spontan als Lebensgrundlage bildet. Die geometrische Figur ist somit ein Abbild der wahrnehmbaren

Spontane Kristallisierung des Raumaspekts
– nach Ibn'Arabi –

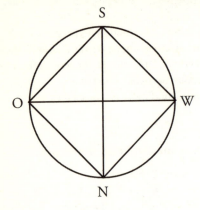

Die 4 Punkte der Ekliptik sind fixiert und bilden ein Quadrat.

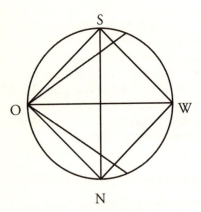

Jeder Punkt des Quadrats belebt (fixiert) zwei andere Punkte, die ihrerseits wieder eine Quadratstruktur annehmen.
(Quadrat belebt Trigon)

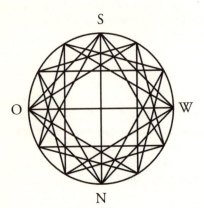

... die universale Natur des 12er Zyklus basiert auf der Formel: $3 \times 4 = 4 \times 3 = 12$

Sobald die 4 Punkte der Ekliptik fixiert sind, ordnen sich die anderen acht Sternkreiszeichen in Bezug dazu ein.

Wirklichkeit und geschieht unmittelbar im Jetzt. Zu jeder Sekunde formt sich der Kosmos aufs neue und neuer Raum entsteht dadurch, dass der Wahrnehmende eine Perspektive einnimmt. Er tritt damit in den kosmischen Zyklus der Stoffbildung ein. Das ist die Geburt neuen Lebens, und dieses Prinzip gilt für alle Lebensprozesse. Es verdeutlicht, dass die Entstehung materieller Wirklichkeit geistigen Ursprungs ist. Astrologisch gesehen stellt der Zeitpunkt des Eintretens in die Zeit den Ursprung einer bestimmten Qualität dar, die dann in den Kreisläufen der Planeten unseres Sonnensystems in ihrer weiteren Entwicklung als Prozess nachvollzogen werden kann. Auch unser Leben ist ein solcher Prozess.

Die Bildung der stofflichen Realität läuft in rhythmischen Zyklen ab. Martin Henglein sagt dazu:

„Der Hintergrund für den Duftkreis ist ein Urrhythmus in der Natur, der sich jedes Jahr wiederholt. Es ist der Zeitzyklus des Sonnenlaufs im Jahr. Wir haben hier die Achsen des Frühjahrs, Sommer, Herbst und Winter, der Tag-und-Nacht-Gleichen sowie der Sonnenwenden. Das Achsenkreuz spielt in der chinesischen Energetik ebenfalls eine wichtige Rolle. Die Kardinalpunkte sind Drehpunkte des chinesischen Jahres- und Tageslaufs sowie der Energetik der Meridiane im menschlichen Körper. Die zahlreichen Querverbindungen zwischen den Systemen ermöglichen die Vernetzung unterschiedlicher Therapien.“

Der große arabische Mystiker Muhyiddin Ibn'Arabi, den man auch „Sohn des Plato“ nannte, formulierte den fundamentalen Gesichtspunkt, dass ein Verstehen der wahrnehmbaren Welt und ihrer Zusammenhänge nur auf der Grundlage des ontologischen Prinzips der allumfassenden Einheit möglich sei.[*] Hinter der Welt der Erscheinungen steht also das Eine, dessen Existenz mittlerweile auch von der modernen Quantenphysik erkannt wurde und als Nullpunktenergie bezeichnet wird.

Ibn'Arabi sagt:

„Die allumfassende Natur manifestiert sich durch vier elementare Tendenzen, die als Ursprung der Vielfalt in der phänomenalen Welt gelten. Sie sind das Mutterschaftsprinzip alles kreatürlichen Lebens. Die universale, ungeschaffene Natur manifestiert sich grundsätzlich durch die vier Qualitäten:
heiß – kalt *... als aktive Kräfte =* **expansiv** *(ausdehnend)*
trocken – feucht *... als passive Kräfte =* **kontraktiv** *(zusammenziehend)*
Die aktiven Kräfte bestimmen die passiven.

---

[*] Bruckhardt, „Mystical Astrology according to Ibn'Arabi“, Beshara Publications, Abington 1977

Die Elemente
Immer zwei Qualitäten werden von jedem Element gezogen:

  Erde = *kalt und trocken*
  Wasser = *kalt und feucht*
  Luft = *feucht und heiß*
  Feuer = *heiß und trocken*

*Die **Vierheit** der fundamentalen Tendenzen der gesamten Natur steht in unterstützendem Bezug zu der **Dreiheit** des universalen Geistes*

  *das **Absteigende** ... das die Tiefe des Möglichen mißt*
  *das **Ausdehnende** ... das die Schwingungsbreite mißt*
  *das **Zurückkehrende** ... das die Höhe festlegt*
Diese Dreiheit des Geistes ist der Vierheit der Natur übergeordnet."

Wie ist das zu verstehen?

In Kapitel 5 und auch den nachfolgenden Grafiken werden Sie wieder auf Teile dieser Darstellung stoßen. Als geistige Wesen sind wir Teil eines großen Planes. Dieser Plan sieht keinen festen Ablauf vor, sondern er besteht aus einer unverrückbaren Gesetzmäßigkeit, die absolut gerecht und absolut gültig ist und in allen Prozessen gleichermaßen wirkt. Geistig-seelische Einheiten steigen in die materielle Vielfalt, um, mit individueller Erfahrung befrachtet, in die Einheit zurückzukehren. Die Arbeit, Erfahrung zu sammeln, hat etwas mit dem Messen der Möglichkeiten zu tun. Gleichzeitig steht uns elementares Werkzeug zur Verfügung, denn die Dreiheit des Geistes ist der Vierheit der Natur übergeordnet. Das heißt, mit unserer geistig-seelischen Kraft sind wir in der Lage, in der materiellen Natur zu wirken und neue Möglichkeiten der Erfahrung zu erschaffen. Dabei spielt unsere Absicht eine große Rolle. Nicht das, was wir tun, sondern was wir denken, ist wesentlich. Die Perspektive, aus der wir wahrnehmen ist Ausgangspunkt für den Prozess und daraus resultierendes Handeln. Sich auf die eigene Wahrnehmung auszurichten (erkenne dich selbst) bedeutet, sich der Arbeit zuzuwenden. In der Folge wird sich die Entwicklungsrichtung von selbst ergeben. In konstruktiver Absicht, im Kontakt mit der eigenen Essenz zu handeln genügt, um die Unterstützung der elementaren Kräfte zu aktivieren.

Der Weg zur inneren Mitte führt zu einem Ort, wo alles möglich und nichts nötig ist.

Mit den Elementarkräften in Austausch und Kontakt zu treten, hat medizinische Tradition in unterschiedlichen Systemen auf der ganzen Welt und ist Bestandteil der meisten schamanistischen Heilungszeremonien. Dabei spielt immer auch die Verwendung bestimmter Räucherstoffe eine wichtige Rolle.

Die Verwendung von Düften, um die innere Entwicklung zu unterstützen und das menschliche Potenzial zur Entfaltung zu bringen, kann zurückverfolgt

– 78 –

ENNEAROM und Persönlichkeit

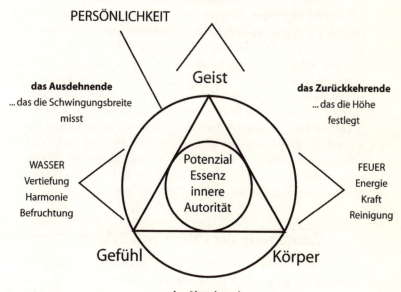

werden bis zu den Initiationsriten der altägyptischen Mysterienschulen. Immer wieder geht es darum, die begrenzte Wahrnehmung der eigenen Möglichkeiten zu erweitern und die Barrieren der eigenen Vorstellungen von dem, was man ist und kann, aus dem Weg zu räumen. Dabei sind es die schmerzhaften Erfahrungen, die eine latente Angst gegen Veränderung aller Art geschaffen haben. Diese Angst gilt es, energetisch zu transformieren. Ich möchte dazu Martin Henglein aus seiner „Integralen Osmologie" zitieren:

„Im Bereich der seelischen Reaktionen, die mit den körperlichen Stoffwechselreaktionen verbunden sind und mit seelischen Prozessen zu tun haben, geht es vor allem um Wandlung. Ich möchte in diesem Zusammenhang an das alchemistische Bild der Verwandlung erinnern: Ourobos, die Urschlange der Wandlungsenergie. Es geht um die Schlange in der Materie, dass wir sie verwandeln und selbst in einen Transformationsprozess gehen, wobei die Duftreaktion uns leitet und hilft, vollständiger zu werden. Dies ist die eigentliche Arbeit der Osmologie: Düfte als Helfer, sich selbst besser kennenzulernen, mit sich selbst eins zu werden und Blockaden, Schwierigkeiten zu verarbeiten. Letztendlich Anteile der Persönlichkeit zu integrieren, die vorher abgetrennt waren.

Deshalb kann die Integrale Osmologie mit uralten archetypischen Bildern arbeiten. Der Duftkreis spiegelt die Grundsituation der Psyche wider, und alle Düfte lassen sich innerhalb eines solchen Kreismodelles einordnen. Wir finden hier die Symbole der vier Elemente: Feuer, Wasser, Luft und Erde. Es handelt sich um Urbilder, Archetypen, welche in allen Menschen angelegt sind."

Zuordnung der Pflanzencharaktere

Um nunmehr die elementare Zuordnung der Pflanzenstoffe ins Spiel zu bringen, verwenden wir die gleiche Kreisstruktur und erhalten ein Bild, das bezüglich der Duftcharakteristik im wesentlichen dem aromatologischen Duftkreis* entspricht. Hier ist die elementare Natur des Dufteindrucks entscheidend, aber auch die Pflanzensignatur steht in Bezug zu der Positionierung. Auf der feurigen Seite steht zum Beispiel der Weihrauch, dessen Duft und Erscheinungsbild bereits vorher angesprochen wurde.

Durch den Gebrauch von Feuer setzen wir beim Verglimmen im Rauch die aktiven und passiven Kräfte frei, die in der jeweiligen Pflanze gemäß ihrer elementaren Bezüge enthalten sind. Die Resonanz auf den Dufteindruck zeigt uns, wo wir uns schwerpunktmäßig befinden und in welchen Bereichen mögliche Schwachstellen liegen. Gleichzeitig aktivieren wir einen Prozess in uns, der nach dem Prinzip „Quadrat belebt Trigon" einen neuen Entwicklungsablauf zur Folge

---

* nach Martin Henglein

AROMATOLOGISCHER DUFTKREIS
nach elementarer Charakteristik (M. Henglein) und ENNEAROM-Kriterien

Mastix
Eisenkraut
Bernstein
Burgunderharz
Tulsi
Lupulin
Himalaya Wacholder

Dammar
Lavendel
Wacholderbeeren
Kopal (weiß)
Myrthe
Ysop
Wacholderspitzen
Alant

Rosmarin
Lemongras
Kiefernharz
Elemi
Hanfsaat
Raal Weihrauch
Lorbeer
Fichtennadeln

Guajakholz
Guggul
Koriander
Moschuskörner
Angelika
Iriswurzel
Gewürzlilie
Labdanum

Kampfer
Pfefferminze
Galgant
Beifuß
Präriebeifuß
Olibanum somal
Muskatnuss
Drachenblut

Opoponax
Tonkabohne
Benzoe siam
Syrische Steppenraute
Tolubalsam
Gummi arabicum
Kardamon
Sweetgras

Sandelholz (rot)
Fenchel
Sternanis
Damiana
Western Red Cedar
Sugandha kokila
Myrrhe
Benzoe sumatra

Lebensbaum
Patchouli
Weißer Salbei
Gewürznelke
Sandarak
Ingwer
Vetiver
Galbanum

Sandelholz (weiß)
Eichenmoos
Nagarmotha
Adlerholz
Zeder Himalaya
Zimtrinde
Kalmuswurzel
Olibanum first choice

hat und neue Möglichkeiten der Entfaltung zur Verfügung stellt. Eine zyklische Duftreise um den Kreis herum hat bestimmt eine besondere Kraft.

Dazu noch einmal ein Zitat aus der „Integralen Osmologie" zu den Themen des Jahreslaufs:

> *„Jede einzelne Station entspricht einer seelischen Situation, und jeder dieser Düfte kann uns helfen, mit der jeweiligen Situation fertig zu werden. Die Pflanze hat gelernt, eine bestimmte Umgebung und Lebenssituation zu meistern und sich optimal anzupassen. Daraus entwickelt sie ihre Duftbotschaft. Wir würden sagen, ihre Bio-Strategie verkörpert sich in ihrem Duft. Der Duft wiederum hilft uns, eine entsprechende Lebensaufgabe zu bewältigen."*

Das heißt, indem wir handeln, nehmen wir Raum ein und schaffen dadurch neuen Raum. Jetzt kann das Wesen der Zahl Drei als geistiges Prinzip Gestalt annehmen. Immer wenn ein Punkt im Kreis fixiert wird, bilden sich spontan zwei andere Punkte, um die Dreiheit zu bilden. Das weist auf den geistigen Ursprung in der Schöpfung hin. Der Betrachter lässt das Objekt seiner Betrachtung Wirklichkeit werden.

Im Trigon, als Anschauungsmodell für die Dreiheit in jedem Lebensprozess, geht der Impuls vom Zentrum aus. Wir betrachten also das Gesetz der Drei als geistige Basis der Schöpfung aller sichtbaren Welten. Alles, was in der Schöpfung existiert, unterliegt dem Wandel. Es ist also die Kraft der Veränderung, die vom Gesetz der Drei vertreten wird.

Die aktive Kraft ist die Energie, die Bewegung erzeugt, und die passive Kraft ist die Materie, die sich als Trägheitsfaktor der Energie entgegenstellt. Die dritte Kraft ist die Erfahrung, was aus Handlung und Reaktion entsteht. Es gibt aber die unterschiedlichsten Interpretationsmöglichkeiten, was die Natur der dritten Kraft als Ergebnis der ersten und zweiten Kraft betrifft. Sie kann Versöhnung des Konflikts darstellen, und ebenso ein aktiv beteiligter Faktor an der Art und Weise sein, wie die zwei Basiskräfte zusammenkommen. Solcherart wäre sie vielleicht als eine Kraft zu bezeichnen, die den Willen Gottes im Rahmen der Schöpfung verwirklicht.

Nach moderner Betrachtungsweise der menschlichen Entwicklung, wäre die dritte Kraft wohl am ehesten mit dem Begriff *Information* zu umschreiben. Geistig wird etwas in eine Form gebracht.

Wir finden hier also einen bio-strategischen Lebenskreis, der sich rechtsdrehend in einer mechanischen Weise entfaltet und als Ergebnis *Information* produziert.

Energie geht in Materie über und nährt die Entstehung neuer Energie. Verbrennungsprozesse liegen der stofflichen Verwandlung zugrunde. So werden wir durch das Feuer *in-formiert* und so können wir uns die Entstehung des Lebens auf allen Ebenen vorstellen.

Das Verglimmen der Pflanzen ist ein Verwandlungsprozess durch Feuer, der im Rauch die kosmische Information zur Verfügung stellt. Über unseren Geruchssinn verarbeiten wir diese Information und können sie energetisch nutzen. Eine wundervolle Möglichkeit ganz konkrete Erfahrungen zu machen!

Ayurveda

Lassen Sie uns die universelle Natur des Kreises weiter erforschen. Es bietet sich an, eines der wichtigsten überlieferten Heilungssysteme der Welt vorzunehmen, um eine solche Tradition in das universale Kreissymbol einzufügen und zu untersuchen, wo die Verbindungspunkte zu erkennen sind.

Weltweit sind die indischen Heil-, Gewürz- und Duftpflanzen begehrt, und im Augenblick ist ein ständig wachsendes Interesse an der AyurVeda, dem Wissen vom Leben, der Gesundheit und Lebenskraft, zu verzeichnen. Auch die AyurVeda stellt die Verwendung von Pflanzenstoffen in einen kosmologisch-energetischen Rahmen, und auch dabei geht es um die Verstärkung der Lebensenergie, insbesondere in den Bereichen, wo der Fluss der Energie gestört ist. Die Ursachen dieser Störung werden auch hier im Persönlichkeitsbild des Menschen gesucht.

Sattvas, Tamas und Rajas* repräsentieren wieder die Manifestation des Lichtes in der Schöpfung als Dreiheit des Geistes (hier: Entwicklung der Bewusstheit), die der Vierheit der Elemente übergeordnet ist.

Aus den Elementen werden die *Doshas* gebildet, deren Gewichtung im Menschen seinen Typus bzw. seine Problematik ausmacht. Der heißblütige Extremismus der Pitta-Ausrichtung (Feuer/Wasser) im Gegensatz zu der Schwerblütigkeit des Kapha-Menschen (Wasser/Erde) oder die instabile Natur in der Vata-Charakteristik (Äther/Wind) deuten auf die spezifischen Problemstellungen hin, die durch Mangel oder Überschuss in der Gewichtung entstehen können. Akasha oder Äther wird als fünftes Element gesehen, das den geistigen Raum im Sinne von Erfahrung und Möglichkeit bezeichnet. Es ist eben der Heilansatz in der Ayurveda, durch Kenntnis dieser Zusammenhänge, unter Berücksichtigung jahreszeitlicher und anderer äußerer Einflüsse, das Gleichgewicht wieder herzustellen, indem verstärkend oder abschwächend auf die Doshas eingewirkt wird. Unter Zuhilfenahme von Heilpflanzen, Massagetechniken, Kosmetik und Ernährungsweise wird zuerst die Entgiftung vorgenommen, bevor aufbauende Maßnahmen eingeleitet werden.

---

* Sattvas = Qualität der Harmonie; Tamas = Qualität der Dunkelheit und Trägheit; Rajas = Qualität der Handlung und Unruhe. (Vasant Lad, „Das Ayurveda-Heilbuch", Windpferd, Aitrang, 11. Auflage, 1999)

Auch das Verräuchern von entsprechenden pflanzlichen Mischungen ist traditioneller Bestandteil dieses Heilungsweges und kann äußerst wirkungsvoll sein.

Mit der bekannten Grafik des Trigons kann auch das ayurvedische System wie folgt dargestellt werden (s. Seite 85).

Praktische Erfahrungen

Mit etwas Grundverständnis für die Lebenszusammenhänge in unserem Ökosystem und Kenntnis einiger traditioneller Hintergründe im Umgang mit Räucherwerk, können wir beginnen, die Räucherwelt zu erforschen. Zuerst stellt sich die Frage: „Wie finde ich *meinen* Weg durch die Vielzahl von Räucherstoffen? Soll ich mehrere Stoffe mischen? Und wenn ja, dann welche und wie?"

Einer der großen Vorteile des Räucherns ist, dass es kaum einen Erfahrungsbereich gibt, wo so ganz unmittelbar begonnen werden kann.

Den aromatischen Rauch bewusst wahrnehmen und die Erfahrung ist da

Was gebraucht wird ist Feuer und wenige, erschwingliche Utensilien, wie sie im Kapitel 8 genauer beschrieben werden. Wichtig ist das Bedürfnis, tiefer in die Welt des Räucherns eindringen zu wollen. Es sollen Erfahrungen gemacht werden, die uns in Kontakt mit uns selbst, mit unseren Gefühlen und Gedanken bringen. Sich selber besser kennenlernen zu wollen, ist eine gute Motivation auf diesem Weg. Wer sich wohlfühlen oder auf ein Vorhaben einstimmen möchte, was eine körperlich-seelisch-geistige Präsenz erforderlich macht, wird im Gebrauch von Räucherwerk wahrscheinlich ein hervorragendes Hilfsmittel entdecken.

Entscheidend ist immer der Startimpuls. Einmal begonnen, macht man schnell seine Erfahrungen und findet den Weg von selbst. Es ist wie eine Art Zwiegespräch mit der Pflanzenwelt, auf das man sich einlassen kann.

Die Erfahrung zeigt dann, ob und wie die Kommunikation in der Lage ist, wertvolle Seins-Impulse zu vermitteln. „In die Erfahrung gehen" heißt hier, sich ohne Anspannung und eher mit Ruhe und Gelassenheit auf eine Art von *Vertiefung* einzulassen.

Was bedeutet das genau? Was kann es bewirken, sich so zu fühlen?

Oft ist es ja das Problem, nicht entspannen zu können und mit ruhiger Aufgeschlossenheit den Aufgaben zu begegnen, die uns das Leben stellt. Rast- und Ruhelosigkeit ist ebenso wie Lethargie und Depression ein Teufelskreis, dessen mechanischer Ablauf unaufhaltsam erscheint. Wir befinden uns also in

AYURVEDA
und die Elementarkräfte

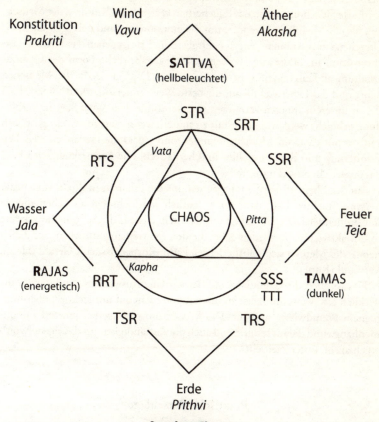

Aus dem Chaos
entsteht die Schöpfung

Die drei Gunas **Tamas/Rajas/Sattvas** repräsentieren den Entwicklungsprozess von der Dunkelheit zum Licht. Neun Zwischenzustände mit unterschiedlicher Gewichtung der Gunas begleiten den Entwicklungsablauf von der Unterbewußtheit zur Erleuchtung. Die Priorität der Gunas sinkt von links nach rechts.
TRS =(nach Anthony Blake „Das Intelligente Enneagramm", S. 90)
Eine Verdopplung heißt sehr starke Präsenz.
Prakriti steht für ihr vollständiges Gleichgewicht.
Das Mischungsverhältnis der Elemente erzeugt die „Doshas" – ursprünglich „Fehler",
d. h. Abweichungen von der Harmonie der Elemente **Vata/Pitta/Kapha**.
In der typenorientierten Behandlungsweise wird so vorgegangen, dass präventive Strategien für den Ausgleich ausgearbeitet und vorgeschlagen werden. Die grundsätzliche Konstitution Prakriti begleitet den Typus sein ganzes Leben, durch Ernährung und Hygiene ist es jedoch möglich Entgleisungen vorzubeugen.

1. **Vata** ähnlich dem luftigen Element ist eine feine Energie aus **Äther** und **Wind**
2. **Pitta** besteht aus **Feuer** und **Wasser**, mit einem Übergewicht des Feuers
3. **Kapha** aus **Wasser** und **Erde** mit einem Überwiegen des Wassers

(nach Martin Henglein)

Reaktionsmustern, denen nur schwer auf die Schliche zu kommen ist. Sie beherrschen das Lebensgefühl und bringen Disharmonie und unweigerlich im weiteren Verlauf auch Funktionsstörungen und Krankheit in das Dasein. Nun wird, wie Sie schon wissen, das Räuchern in bestimmten Kulturen der Menschheit als ein Medium verwendet, um die emotionalen und geistigen Gifte, als Ursachen vieler Krankheiten, zu neutralisieren. Das ist genau das Thema: Räuchern kann im Sinne von *Wellness* als eine ganzheitliche Form der Gesunderhaltung an Leib und Seele betrachtet werden. Die Quelle, die den Menschen nährt und das Lebensgefühl auf die beste Weise unterstützt und fördert, liegt tief in unserem Inneren verborgen und kann mit dem Wort SEIN in Verbindung gebracht werden. Sein ist nur zu spüren, wenn man gegenwärtig ist, sich ganz unmittelbar im Moment befindet, ohne, dass die Gedanken zwischen Erinnerung und Erwartung hin- und herflattern. Die Aufmerksamkeit ist auf das ausgerichtet, was unmittelbar IST.

Auf der Ebene dieses *Seins* begegnen uns die Pflanzen in ihrem vom Feuer hervorgebrachten Duft dann auch deutlich wahrnehmbar als Lebensenergie mit ordnender Kraft. Sie helfen uns dadurch, dass sie die Selbstheilungskräfte in uns aktivieren. Es werden dabei die drei Zentren angesprochen, aus denen heraus der Mensch sich selbst erfahren kann: Körper (Bauch), Gefühl (Herz), Verstand (Kopf).

Das ist auch die Grundlage, auf der wir eine Auswahl treffen können, die wirklich etwas mit uns selbst zu tun hat und nicht auf unreflektiert übernommenem Fremdwissen aufbaut. Das Wissen um die eigenen inneren Zusammenhänge und daraus resultierend auch die Zuständigkeit für das eigene Wohlergehen soll unser Ziel sein.

Praktische Ratschläge

Wir suchen uns verschiedene Stoffe aus, die uns auf irgendeine Art und Weise ansprechen. Dies kann über das Aussehen, die Farbe, den Geruch oder den Namen geschehen. Es ist durchaus auch möglich, den botanischen Ursprung oder die traditionelle Anwendungsweise bei der Auswahl mit einzubeziehen. Es geht einfach darum, sich auf einer beliebigen Erfahrungsebene ansprechen zu lassen, einen Eindruck aufzunehmen, der das Bedürfnis auslöst, mit eben diesem Stoff in näheren Kontakt zu kommen.

Das ENNEAROM-System sieht für diesen Schritt eine spielerische Duftreise über neun Stationen vor, die auch sehr dynamisch und unterhaltsam in einer Gruppe durchgeführt werden kann. Es wird dabei assoziativ mit der Duftempfindung experimentiert. Wer das Enneagramm der Fixierungen und seinen eigenen Enneatyp kennt, der sollte durchaus auch mit entsprechend zugeordne-

– 86 –

ten Pflanzenstoffen experimentieren. Dazu finden Sie im Kapitel 6 und 7 alle nötigen Hinweise.

Im Kapitel 9 dieses Buches sind 27 Räucherstoffe abgebildet und als Pflanzen mit Bezug zu den Enneatypen genauer beschrieben. Sie erhalten also verschiedene Möglichkeiten, sich auf kreative Art und Weise den Stoffen im Geiste zu nähern, bevor Sie die Auswahl für den sensorischen Teil des Experiments treffen.

Die Vorgehensweise der ENNEAROM-Systematik baut darauf auf, eine spezielle Erfahrung mit der eigenen Befindlichkeit zu machen und sich selbst deutlicher wahrzunehmen. Wir bereiten also den Platz vor, beginnen mit der Räucherung und setzen uns bequem hin.

Zunächst einmal ist es sinnvoll, die Antennen nach *innen* auszurichten, um die Ursachen von Anspannung und Unwohlsein aufzuspüren. Was macht mich denn nervös? Was versuche ich zu vermeiden? Meistens versuchen wir ganz mechanisch dagegen vorzugehen. Neue Gefühle und neue Gedanken entstehen möglicherweise vor dem inneren Auge, wenn wir statt von unauffälligen Ängsten hypnotisiert zu werden, die Angelegenheit aus einer anderen Perspektive betrachten können.

Versteckte Angst ist nicht nur ein schlechter Ratgeber, sondern auch ein deutlicher Hinweis auf eine mechanisch ablaufende Kettenreaktion, die leise im Inneren ihr Unwesen treibt. Das eigene SEIN stattdessen unmittelbar spüren zu können, ist eine durchaus heilsame Erfahrung, die mit einem Gefühl von Entspannung einhergeht. Angst lebt von der Abwehr. Wenn wir uns der eigenen Angst zuwenden, dann hört sie interessanterweise meist auf, bedrohlich zu sein.

»Etwas, dem ihr euch widersetzt, das bleibt bestehen. Das, was ihr anschaut, das verschwindet.«*

Das Räuchern von neun aromatischen Pflanzenstoffen in einer zyklischen Folge, verbunden mit einer konzentrierten Selbstbeobachtung, erzeugt eine Vertiefung in der Wahrnehmung der inneren Prozesse. Wir kommen in direkten Kontakt mit uns selbst und unserem Sein.

Wenn im hektischen Ablauf des Alltags die eingefahrenen Reaktionsmuster unsere Persönlichkeit möglicherweise bis an die Schmerzgrenze kristallisiert haben, dann ist dies ein guter Moment, zu einer Art Besinnung zu kommen, aufzuwachen und die feineren Bestandteile unseres Wesens wahrzunehmen. Wir aktivieren so auch Energiereserven, was sehr nützlich sein kann, um eine problematische Situation zu bewältigen. In jedem Falle ist es sinnvoll, diese Methode anzuwenden, wenn wichtige Entscheidungen zu treffen sind.

---

* Walsch, „Gespräche mit Gott", S.161, Goldmann, München 1997

Jetzt gilt es, die eigene Empfindung genauer anzuschauen.

Die Praxis zeigt deutlich, wie die meisten Menschen, wenn sie zum ersten Mal mit der archaischen Technik des Räucherns in Berührung kommen, von der starken Kraft beeindruckt werden, die da plötzlich ihren Einfluss ausübt. Der Eindruck kommt oft ganz unerwartet. Die Kraft manifestiert sich unabhängig davon, ob der Duft nun speziell fasziniert oder extrem abgelehnt wird. Es folgt oftmals ein starkes emotionales Echo, wenn gegensätzliche Reaktionen durchlaufen werden.

Unerwartete Ergebnisse wie tiefe Ruhe, obwohl man sich mitten in geschäftigem Treiben befindet und eigentlich gar keine Zeit für *Vertiefung* hat, sind eher die Regel. Sich über den besonders unangenehmen Dufteindruck bestimmter Substanzen heftig zu entäußern, gehört ebenso dazu. Es ist dann, als würde durch den Duft ein Überdruck abgelassen, der für den anschließenden Ruhe-Effekt von großer Bedeutung ist. Dabei erkennen wir, in welcher Weise die Dinge zusammenhängen und Pflanzenstoffe sich miteinander auf unterschiedliche Art und Weise zum Wohle der Lebensprozesse entfalten können. Auf eine den Lebensprozess unterstützende Wirkung dürfen wir uns beim moderaten Verräuchern von Pflanzenstoffen grundsätzlich verlassen. Es sollte noch einmal darauf hingewiesen werden, dass die spezielle Folge, in der die neun Stoffe (vorzugsweise auf dem Sieb) verräuchert werden, die Grundlage der ENNEAROM-Verfahrensweise darstellt.

KAPITEL 5

Die drei Zentren
und ihre Entsprechungen

Merkur ... Fortsetzung des Instinkts mit Mitteln der Logik. Der vielfältige
Ausdruck der Einheit hinter allen Seinsformen wird offenbar.

•

„Share your knowledge.
It's a way to achieve immortality"

(dt.: *Teile dein Wissen mit. Es ist ein Weg, Unsterblichkeit zu erlangen*)

(Dalai Lama)

•

Der Kreis der Räucherstoffe

In vorangegangenen Kapiteln haben wir die tiefe Verbindung zwischen Mensch und Pflanze untersucht und das elementare Kräftespiel im Lebensprozess etwas genauer betrachtet. Es soll jetzt eine Ordnung als Fundament für die Verwendung der unterschiedlichen Qualitäten geschaffen werden. In all den unterschiedlichen Gegebenheiten der Existenz, den unendlichen Varianten an Form, Farbe, Duft, Geschmack, Klang, Bewegung und Gedanke, die unsere Wahrnehmung erreichen, kommt die essenzielle Energie als spezifische Kraft zum Ausdruck. Diesen individuellen Ausdruck geordnet zu erfassen (= verstehen) und anschließend in eine praktische Vorgehensweise einzufügen, ist das Anliegen an diesem Punkt.

Räucherpraxis als kreativer Prozess

Da wir mit der essenziellen Kraft der Pflanze arbeiten wollen, baut die Systematik auf den Entsprechungen auf, wie wir sie im Pflanzenreich vorfinden.

Wir haben einen Kreis von Räucherstoffen,* die uns, über den Geruchssinn zugeführt, eine Information aus einer bestimmten Perspektive des Kreises zukommen lassen. Diese Perspektive steht mit spezifischen Eigenschaften der Pflanze in Verbindung. Wenn wir gemäß unserer positiven, respektive negativen Resonanz einen Bezug zu dieser Perspektive herstellen, dann erkennen wir, an welchem Punkt essenzielles Licht für uns verfügbar ist (den Duft mögen) oder eben Dunkelheit herrscht (den Duft nicht mögen).

Außerdem werden wir durch den Kontakt mit dem Pflanzenwesen angestoßen, den Energiefluss dort zu aktivieren, wo er ins Stocken gekommen ist. Dieser Kontakt sollte in seiner Bedeutung nicht unterschätzt werden, denn die Kräfte, mit denen wir in Berührung kommen, können tiefgreifenden Einfluss auf unser Befinden nehmen. Die Wirkung ist maßgeblich davon abhängig, mit welcher inneren Ausrichtung und welcher Vorstellung an dieses Thema herangegangen wird. Es soll an dieser Stelle daran erinnert werden, dass es in den eigenen Händen liegt, die Empfänglichkeit und Offenheit für die Information herzustellen.

Voraussetzung für die Begegnung mit der Pflanze

Der Pflanze auf der feinstofflichen Ebene zu begegnen, bedeutet auch, sich in einen Austausch zu begeben. Um den Prozess einer solchen Begegnung in seinen tieferen Dimensionen zu verstehen und würdigen zu können, ist es wichtig, die Details dieses Austauschs genauer zu betrachten.

---

* siehe Kapitel 4, Zuordnung der Pflanzencharaktere, S. 80

Ein Austausch kann auch nur dann als ein solcher bezeichnet werden, wenn sich ein synergetischer Prozess entfaltet. Es bliebe also zu fragen, welcher Vorteil der Pflanze aus ihrem Kontakt mit dem Menschen erwachsen kann. In jedem Falle wird es etwas mit Respekt, Dankbarkeit und Liebe zu tun haben. Dies sind energetische Qualitäten, die der Mensch im Grunde seinem freien Willen nach generieren kann, und die jedes andere Lebewesen gierig aufzusaugen scheint. Wenn wir uns die Tatsache noch einmal vergegenwärtigen, welcher Leistung wir unsere Existenzmöglichkeit auf diesem Planeten verdanken, dann sollten wir uns der Pflanzenwelt als Ganzes von Herzen zuwenden und energetisch den Kreis schließen. Wir wollen der Schöpfung damit Respekt und Anerkennung entgegenbringen. Wir öffnen uns der Pflanze als dem Ausdruck göttlicher Gegenwart. Wenn der Gebrauch der Stoffe mit einer liebevollen inneren Haltung vorgenommen wird, dann entsteht Kontakt mit dieser universalen Präsenz. Gottes Gegenwart verkörpert sich in der Erscheinung der Pflanze. Unsere Liebe ist das energetische Bindeglied.

Die Verschiedenheit der Erscheinungen zeugt von unterschiedlichen Qualitäten göttlicher Präsenz. Der Austausch mit einer bestimmten göttlichen Qualität bringt unterschiedliche individuelle Reaktionen an den Tag. Durch das Tor der Liebe werden alle diese unterschiedlichen Reaktionen integriert. Diesen Zugang müssen wir uns jedoch erschließen.

24. Mai 1923, Prieuré/Frankreich. Gurdjieff lehrt über die Liebe:*

„Es gibt zwei Arten von Liebe, eine, die Liebe eines Sklaven, die andere, eine die erarbeitet werden muß. Die erstere hat überhaupt keinen Wert und nur die zweite, die durch Arbeit erworben wird, ist wertvoll.

Dies ist die Liebe, die in allen Religionen erwähnt wird.

Wenn du liebst sobald „es" liebt, dann hängt es nicht von dir ab und ist somit kein Verdienst. Das nennen wir die sklavenhafte Liebe. Du liebst dann, selbst wenn du nicht lieben solltest. Die Umstände lassen dich mechanisch lieben.

Echte Liebe ist christliche, religiöse Liebe – keiner wird mit dieser Liebe geboren, sie muß gelernt und eingeübt werden. Manche werden von Kindheit an gelehrt und andere erst in hohem Alter ... Liebe kann sich unterschiedlich ausdrücken. Um zu verstehen, von welcher Art von Liebe wir sprechen, ist es notwendig, sie zu definieren. Wir sprechen jetzt von der Liebe für das Leben. Überall ist Leben, es beginnt bei den Pflanzen (denn die haben auch Leben) und den Tieren – in einer Welt wo Leben existiert, ist auch Liebe. Alles Leben ist ein Ausdruck Gottes. Wer diesen Ausdruck erkennt, wird IHN erkennen, wie er darin gespiegelt wird.

---

* Patterson, „Struggle of the Magicians", Arete, Berkeley 1996

Alles Leben trägt Liebe in sich und ist empfänglich für Liebe. Auch unbe-seelte Dinge wie Pflanzen, die kein Bewußtsein besitzen, verstehen ob du sie liebst oder nicht. Selbst unbewußtes Leben reagiert auf eine entsprechende Weise auf jeden Menschen und reagiert auf ihn entsprechend seiner eigenen Reaktion. Wer das Leben nicht liebt, wird auch Gott nicht lieben."

Nun stellt sich die Frage, wie wir diesen Austausch mit der Pflanze erleben können. Wie sollen wir unsere ganz persönliche Reaktion darauf erkennen, begreifen und somit nutzen? Dies gilt es jetzt näher anzuschauen.

Immer wieder kommen wir auf die Aufteilung in drei Wahrnehmungszen-tren zurück. Eine ganz spezielle Perspektive der Wahrnehmung ist in jeder die-ser Zentren begründet. Nach diesem System lassen sich Zuordnungskriterien erstellen, die *verständlich* sind und gleichzeitig sensibel *erfahrbar* gemacht wer-den können. Selbst in Kontakt mit den Räucherstoffen zu gehen, ist die ei-gentliche Initiation. Finden wir aber zunächst heraus, welche Eigenschaften wir dort antreffen werden. Dabei lernen wir einige Pflanzen/Stoffe genauer kennen, die dem jeweiligen Zentrum auf eine besondere Weise entsprechen.

Systematik schafft Gruppen und ordnet die Ablauffolge in der Handlung

Es ist das Ziel dieses Kapitels, anhand von Beispielen die Grundlage zu ver-deutlichen, auf der die pflanzliche Zuordnung in diesem System erfolgt.

Körperebene

Der Körper repräsentiert die materielle Realität. Wir werden in eine physische Welt geboren, die uns mit konkreten Gegebenheiten in Zeit und Raum kon-frontiert. Konfrontation und Herausforderung sind also entscheidende Fakto-ren dieser Ebene.

Das Männliche als schöpferischer, expansiver Drang

Es ist der Beginn einer Reise. Der Punkt der Geburt ist ein deutlicher Start-schuss für eine zyklische Reise, die schlussendlich mit dem Tod am gleichen Punkt endet. Dazwischen liegt ein Prozess, der Wachstum und Erfahrung brin-gen soll. Überall in der Natur finden wir Zyklen des Lebens zwischen Sonnen-aufgang und -untergang, Sommer und Winter. Überall drängt eine körperli-che Welt in unendlicher Vielfalt aus dem Nichts und kehrt wieder dorthin zurück.

Der Mensch im Körper

Die Frage nach dem Sinn des Daseins ist der Antrieb für den Wahrheitssucher. Auf der Körperebene stellt sich diese Frage am wenigsten. Das Neugeborene wird sich kaum fragen, warum es denn geboren wurde, sondern alle Energie ist auf Lebensfunktionen wie Stoffwechsel und Zellwachstum ausgerichtet. Die Psyche reagiert auf eine harte Welt der Gegensätze. Eben war noch alles rund und geschützt im Mutterleib, die Verbundenheit war vollkommen und urplötzlich ist Trennung da. Ein größeres Trauma kann es kaum geben, als das der Geburt. Dies gilt insbesondere für die pragmatisch, kalt und technisch ausgerichteten Geburtsstätten der modernen Medizin. Das macht deutlich, warum die Polarität auch ein wesentliches Kriterium der Körperebene darstellt. Das neue Leben erfährt die Welt der Gegensätze sehr intensiv, und die mechanischen Reaktionsmuster entstehen zunächst in sehr einfacher Form. Wenn plötzlich Kälte statt der gewohnten Wärme herrscht, wenn der Nahrungsquell versiegt oder die eigene Verdauung in Gange kommen muss, dann gibt es wenige Reaktionsmöglichkeiten, um den vorherigen Zustand der sicheren Verbindung mit der Mutter wenigstens ansatzweise wieder herzustellen. Man kann schreien, lachen oder sich vollkommen verweigern, um damit die Mitwelt zu veranlassen, das eigene Bedürfnis nach Wärme, Nähe und Geborgenheit zu erfüllen, je nachdem, was am besten funktioniert. Dort ist der Ursprung der mechanischen Verhaltensmuster zu finden.

Die Körperebene ist der tragende Boden oder auch die absolute Realität

Die praktische, gegenständliche und auf linearen Verlauf von Ursache und Wirkung ausgerichtete Lebenserfahrung findet hier statt. *Raum einnehmen* heißt die Devise. Demnach ist es auch die ICH-Kraft, die in diesem Stadium entsteht. Die Durchsetzung der eigenen Belange und Notwendigkeiten hat hier ihr Terrain. Eine Schwäche in diesem Bereich ist immer dann vorhanden, wenn wir nicht in der Lage sind, die eigenen Interessen zu artikulieren und durchzusetzen. Das, was als „Bauch"-Impuls bezeichnet wird, stellt die innere Informationsquelle dieser Ebene dar. Die instinktiven Reaktionen des Körpers, aus uralten Erfahrungen gespeist, sind hier am Werke, um die Überlebensfähigkeit zu sichern. Schauen wir also, welche Technik wir entwickelt haben, unser Terrain zu sichern. Wie reagieren wir auf eine Konfrontation? Sind wir in der Regel kompromisslos und reagieren kampfeslustig oder vermeiden wir die Auseinandersetzung, wenn es irgendwie geht, bis der Druck alles zum Platzen bringt? Oder fühlen wir uns leicht provoziert, sind aber extrem kritisch mit uns selbst, wenn es darum geht, diesem Eindruck persönlichen Ausdruck zu verleihen?

Interessanterweise ist die instinktive Körperreaktion schneller als Gefühl und Gedanke. Für die Gehirnfunktionen wäre dieser Phase entwicklungsgeschichtlich das Kleinhirn als Steuerungsorgan der instinktiven Reaktionen zuzuordnen.

Wenn also heftige Abneigung (Blockade) gegen einen Duft der Körper-Kategorie vorhanden ist, dann erhalten wir damit einen interessanten Hinweis auf die damit verbundene Schwäche. Ebenso ist eine hohe Akzeptanz (Zuneigung) ein Zeichen dafür, dass wir dort auch zu Hause sind.

Auf der Körperebene ist die Disposition am deutlichsten wahrnehmbar

Wir wissen zumeist, ob und wie wir uns durchsetzen können oder eben nicht. Ebenso deutlich können wir auf dieser Ebene wahrnehmen, wenn eine Störung im System auftritt. Wir sind mit körperlichen Symptomen konfrontiert. Die Krankheit kommt physisch zum Ausdruck. Und auf dieser Ebene bekämpfen wir die Krankheit mit dem Gegenmittel. Die Wahrnehmungsperspektive dieser Ebene ist die Welt der Gegensätze.

Der elementare Prozess auf der Körperebene

Im Mittelpunkt dieser Ebene steht das Überleben. Das erfordert in der ersten Phase zwei Grundkräfte, nämlich Feuer und Erde. So wie unser Planet im ersten Stadium seiner Entstehung rein feuriger Natur (aktiv) war und dann durch seine Erkaltung (aktiv) den festen Boden für alle weitere Entwicklung auf der physischen Ebene sicherstellte, erkennen wir das aktiv-passive Yang-Element darin, dass durch die Abkühlung trockenes Land entstehen kann.

Die Trockenheit ist das Ergebnis (passiv) der aktiven Yang-Arbeit. Die Körperebene ist stark yang-lastig, somit finden wir dort auch das männliche Prinzip beheimatet. Das männliche Prinzip ist die Ausdehnung, das Expansive, etwas Drängendes. Der Tag repräsentiert die Kraft, die als Stimulanz für aktives Geschehen und Wandlung der Zustände dem Leben zur Verfügung steht. Das Luftelement nährt das Feuer, und Feuer lässt wieder die Erde als das passive Element entstehen, das diese Wandlung trägt. Während des Prozesses der Verbrennung entsteht aber auch Kohlendioxyd und Wasserdampf. Diese bilden damit die Grundlage für die Entstehung der zweiten Ebene.

Pflanzendüfte auf der Körperebene

Auch in der Pflanzenwelt ist es die Durchsetzungskraft, um die sich auf der Körperebene ganz vordergründig alles dreht. Es liegt nahe, eine Pflanze, die kraftvoll kämpferisch ihr physisches Überleben sichern kann, dieser Ebene zuzuordnen.

– 94 –

Pfefferminze *(Mentha piperita)*

Schauen wir uns die Pfefferminze an:

Wie setzt die Pfefferminze ihren territorialen Anspruch durch? Der Keim steht auch als Synonym für diesen Bereich. Wer selbst einmal Pfefferminze in seinem Garten gepflanzt hat, der weiß, wie überlebensstark dieses Gewächs sein kann. Bemerkenswert ist auch die Wirkungskraft, die Pfefferminzduft entfaltet. Er wirkt wie ein Zündfunke auf Verarbeitungsprozesse. Initiativ-Energie wird mit durchdringender Vehemenz verbreitet und der eigene Antrieb wird in Gange gesetzt. Wenn wir den Pfefferminzduft riechen, dann spüren wir Kraft und Helligkeit. Lust auf Aktivität wird geweckt. Daran, dass ihr Öl nach der französischen Aromamedizin stärkend und regenerierend auf die Leber wirkt, wird ein weiterer Bezug zum Überleben deutlich.

Eukalyptus *(Eucalyptus globoli)*

Ebenso ist der Eukalyptus ein ausdrucksstarkes Beispiel für die Überlebensthematik.

Er hat seinen Ursprung in Australien, wo über 90% des Baumbestandes dieser großen botanischen Familie zuzuordnen sind. Dort lebten sie in einer friedlichen Gemeinschaft und kamen im Rest der Welt nicht vor. Nachdem sie vor einigen hundert Jahren von dort mitgebracht und in anderen Teilen der Welt angepflanzt wurden, entwickelten sie ein neues Naturell. Eine gierige Feuerkraft manifestierte sich. Sie setzten plötzlich einen territorialen Anspruch durch, indem sie allen anderen Pflanzen in der Umgebung unterirdisch das Wasser entzogen. Diese ursprünglich nicht vorhandene Verhaltensweise ist eine interessante bio-strategische Anpassung, die als Folge menschlichen Eingreifens entstand. In der Folge wurde diese Tatsache wiederum vom Menschen zweckbezogen ausgenutzt, indem Eukalyptuswälder angelegt wurden, um Sümpfe trockenzulegen, und heute hat sich diese Spezies auf der ganzen Welt ausgebreitet.

Heute ist er in manchen Regionen bereits zum Problem geworden, weil die vegetative Vielfalt bedroht ist. Interessant, dass ebenso der Wassermangel problematisch für viele Areale dieses Planeten zu werden scheint. Der Eukalyptusbaum ist also in jedem Fall ein Beispiel für eine ausgesprochen überlebensstarke Pflanzenpersönlichkeit. Das ätherische Öl der vielen Eukalyptusarten enthält das kämpferische Element. Im übertragenen Sinne kann es so betrachtet werden, wie es der Mensch in großem Umfang auch medizinisch verwendet, nämlich, um die „inneren Sümpfe" (Schnupfen/Erkältung) mit der Kraft des Feuers, angefacht durch die Luft, trockenzulegen. In welcher Weise die Überlebensfähigkeit von bestimmten Spezies im Pflanzenreich mit Hilfe der morphogenetischen Feldtheorie erklärt werden kann, hat Rupert Sheldrake* mit einem Experiment amerikanischer Forscher beschrieben. Sie haben eine besonders gefräßige Raupen-Tausendschaft, die normalerweise in anderen klimatischen Bereichen zu Hause ist, auf einen Weidenbaum losgelassen. Nach gewisser Zeit begann die Weide völlig neue biochemische Abwehrstoffe in ihren Säften zu produzieren, so dass die Angreifer angewidert von dem Baum abließen. Erstaunlich war nunmehr die Tatsache, dass in Weiden, die mehrere Kilometer entfernt standen, in der Folge dieselben untypischen biochemischen Abwehrstoffe nachgewiesen wurden. Dies legt einen energetischen Informationsfluss nahe, der die individuelle körperliche Reaktion offensichtlich in einen größeren Zusammenhang stellt. Es werden energetische Informations-Pools angenommen, die jede individuelle Erfahrung einer Spezies aufnehmen, allen anderen Mitgliedern der Familie zugänglich machen und somit eine Überlebensdynamik für das Ganze sichern. Dass auch die Verhaltensänderung der Eukalyptusbäume in Bezug auf ihre Überlebensstrategie als Spezies mit der morphogenetischen Feldtheorie erklärt werden könnte, ist ein interessanter Gedanke.

Kampfer *(Cinnamomum camphorum)*

Natürlicher Kampfer ist ein weiteres Beispiel.

Wie der Name schon signalisiert, handelt es sich um eine kämpferische Substanz. Der natürliche kristalline Kampfer wird vom mächtigen Kampferbaum in Südostasien gesammelt, wenn er über 50 Jahre alt ist. Er ist als ein typischer Vertreter der Körperebene zu sehen, weil er eine stark anregende, wärmende Körperwirkung hat und traditionell als Schutz gegen ansteckende Krankheiten geräuchert wird. Der Blutdruck steigt, der Herzschlag wird stärker und Aktivität wird im ganzen Bestand generiert. Diese starke Einflussnahme im vegetativen Nervensystem und auf instinktive Verhaltensweisen zeigt an, dass Kampfer das Körperthema auf der Körperebene vertritt. Extrem leichte Entzündbarkeit dieses Stoffes weist auf den Feuerbezug hin. Bei der Anwendung als alleiniger Räucherstoff ist deshalb äußerste Vorsicht geboten. Dies gilt auch für verse-

---

* Sheldrake, „Die Wiedergeburt der Natur", rororo, Reinbeck 1994

hentliche innere Einnahme, da er in höheren Dosen giftig ist. Wie des öfteren geschrieben wird, soll Kampfer dämpfend auf den männlichen Sexualtrieb wirken, weshalb er speziell in buddhistischen Klöstern geräuchert wird. Die Chinesen nennen ihn auch „Drachenhirn". Dies mag mit der Urform des Denkens, den instinktiven Mechanismen des sogenannten „Reptiliengehirns" (Kleinhirn) zusammenhängen, von dem die Körperfunktionen über das autonome Nervensystem gesteuert werden.*

Drachenblut *(Daemenorops draco)*

Ein mystifizierter tropischer Baum, dessen Früchte dunkelroten Saft ausschwitzen, liefert seit Urzeiten einen Räucherstoff namens „**Drachenblut**". Er hat, wie wir sehen, auch ein urzeitliches Erscheinungsbild von ausdrucksstarker körperlicher Präsenz. Dieser Räucherstoff wurde auch immer mit Blut und Feuer assoziiert und somit dem Prinzip des Mars zugeordnet. Der Mythos von der *Unverwundbarkeit* nach einem Bade im Blut des Drachen wurde dieser Substanz im übertragenen Sinne wohl auch zugeschrieben. Als Zutat für Liebesräucherung soll es gegen Impotenz wirksam sein und den Blutdruck für die Manneskraft aktivieren. Die Fähigkeit, sehr negative Kräfte abwehren und eine starke Schutzfunktion ausüben zu können, prädestiniert diesen Stoff als einen Vertreter der Körperebene. Immer wenn es um Kraft und Wirksamkeit einer Räuchermischung geht, ist etwas Drachenblut hinzuzufügen.

---

* Rätsch, „Räucherstoffe – Der Atem des Drachen", AT-Verlag, Aarau 1996

Sandelholzbaum (Santalum album)
Ein anderes starkes Bild liefert der weiße Sandelholzbaum.

Auch dieser Baum holt sich einen Teil seiner Lebenskraft unterirdisch (im Körper von Mutter Erde), indem er die Wurzeln anderer Bäume anzapft. Er kann somit als ein „Halbschmarotzer" bezeichnet werden, der auf äußerlich nicht sichtbare Weise von der Vitalität der Umgebung profitiert. Das ist ein territorialer Vorteil, den sich der Sandelholzbaum äußerlich betrachtet mit einer eher passiv anmutenden Vorgehensweise verschafft. Das Holz dieses Baumes ist außerordentlich hart. Der Duft der verräucherten Späne erzeugt eine tiefe Zentrierung im Unterbauch. Die Erdkräfte werden gesammelt und auf die Gegenwart konzentriert. Das vermittelt ein starkes Gefühl von Bodenhaftung und Kontakt im Dasein. Der männliche Sexualaspekt (das Duftmolekül ähnelt dem männlichen Hormon Testosteron) kommt etwas *liebevoll würgend* zum Ausdruck. Es wird damit auch eine Brücke zum Zentrum der Sinnlichkeit geschlagen. Der ursprünglich männliche Impuls verwandelt sich über die Hingabe und macht zur Aufnahme spiritueller Impulse bereit. Er ist in dieser Eigenschaft auch der *Gefühlsaspekt* auf der Körperebene. Ein Baum schenkt uns immer ein Stück Verbindung von Himmel und Erde. Das kommt bereits in seiner Gestalt zum Ausdruck.

Lebensbaum (Thuja occidentalis)
Ein weiterer Vertreter dieser Ebene ist der **Lebensbaum**, der bereits in der Antike als Räucherwerk für rituelle Zwecke benutzt wurde.

An diesem Pflanzenwesen können wir das Saturnische studieren. Eine dicht geschlossene Krone mit scharfer Kontur weist auf ein kritisches und klar strukturiertes Dasein hin. Die Form der Flamme macht außerdem das Streben nach Erleuchtung erkennbar.

Wenn sich dann sein dunkel aromatischer Duft langsam mit dem Rauch in alle Winkel des Raumes ausdehnt, dann ist eine gewisse Strenge zu spüren, die uns jedoch gleichzeitig mit deutlicher Konsequenz an die Grenzen der körper-

lichen Realität erinnert. Da wird auch dem Hochmut Paroli geboten und Demut gelehrt. Dem exzessiven Wachstum begegnet Thuja mit seinen Zweigspitzen (altes Heilmittel gegen Warzen). Sammlung und Stärkung ist die Botschaft dieses Baumes. Wir befinden uns an der Wurzel des Lebens und der höchsten Dichte der Materie. Kritische Analyse und der „klare Blick" sind in diesem Duft zu Hause. Das Pflanzenmaterial darf keinesfalls eingenommen werden, da es giftig ist.

Aromatologie der Körperebene

In dem Bereich der Aromalehre kommt die Körperebene dem nahe, was Martin Henglein* in der dreistufigen Pyramide seiner „Integralen Osmologie" unter der A-Ebene klassifiziert; als die Einstiegsebene und *einfachste materielle Form der Anwendung* von Aromastoffen, wo die Vorgehensweise *„nach dem Prinzip der Polarität, Wirkung/Gegenwirkung und materiell, d. h. wissenschaftlich nachweisbaren Wirkmechanismen"* aufgebaut ist. Es ist die Ebene der linearen Denkweise. Diese Ebene macht Vorschriften, setzt Standards und klassifiziert und stellt damit fest, was falsch und richtig ist. Sie schafft Instanzen, die „Recht" durchsetzen und eine Struktur der Reglementierung aufrechterhalten. Dies ist gemeint, wenn von Polarisierung die Rede ist. Wo etwas als allgemeingültig richtig proklamiert wird, da wird es alsbald mit Sicherheit auch das *Falsche* geben. Die Gegenwirkung ist des öfteren durchaus erforderlich und solange sinnvoll, wie sie keinen absoluten Anspruch stellt.

Die ganzheitliche Vorgehensweise hingegen zieht therapeutisch alle Perspektiven mit ein. Auf der Ebene des Körpers steht Stärkung und Ausgleich von Spannungszuständen im Mittelpunkt der aromatologischen Anwendung. Dort wo es an bestimmten Qualitäten mangelt, werden diese zugeführt oder von einer anderen Stelle, die einen Überfluss aufweist, übergeleitet. Mit Hilfe der Aromapflanzen, die eben diese Qualität verkörpern und die höchste Akzeptanz finden, sollte vorzugsweise gearbeitet werden.

Essen und Trinken ist die Nahrung auf der Ebene des Körpers. Die Vitalität des Körpers wird im Ätherleib (Vitalenergie-Prinzip) gespiegelt. Auf dieser energetischen Ebene wirkt die Pflanzenessenz gesundheitserhaltend, regulierend und aufbauend.

Die Selbstheilungskräfte im Organismus werden aktiviert

Zum Räuchern von Aromastoffen bieten sich die Pflanzen an, denen überall auf der Welt die ätherischen Öle in mehr oder weniger großem Umfang und mit verschiedenen Technologien entzogen werden. Aromatologisch befassen wir uns also letztlich mit dieser Essenz, die auch im Rauch die entscheidende Rolle spielt. Machen wir einen kleinen Ausflug in die Biochemie der Pflanzenwelt, um zu erfahren, wie denn nun die aromatische Charakteristik entsteht. Die Überlebensstrategie der Aromapflanzen ist aufs engste mit der Produktion ihrer ätherischen Öle verbunden. Persönlichkeit und Wesen der Pflanzen drücken sich authentisch in ihrem Duft aus.

---

* Begründer der ISAO (Internationale Schule für Aromatologie und Osmologie) und Präsident von VEROMA (Vereinigung f. Aromatologie/Osmologie, BRD/Schweiz/Österreich).

Über ihren Duft kommuniziert die Pflanze auch mit ihrer Umwelt

So entwickelt **Thymian** zum Beispiel „Kampfstoffe", indem der Phenol-Anteil (Thymol, Carvacrol etc.) in der biochemischen Zusammensetzung höher ist, um im territorialen Wettstreit seinen Anspruch durchzusetzen. Im fetten Boden wollen viele Pflanzen leben, da muss um den Lebensraum gekämpft werden. Der Dufteindruck dieses Typus ist eher dunkel und streng. Dies ändert sich bei dem Typus der gleichen Spezies, der im Bergland in bis über 1500 m Höhe lebt. Hier ist die Voraussetzung eine ganz andere, weil die Büsche nur vereinzelt wachsen. Hier entwickelt Thymian mehr Alkohole, weil es darum geht, die Insektenwelt anzulocken, um die Fortpflanzung sicherzustellen.

In den Tiefebenen, wo der fruchtbarste Boden zu finden ist, ist auch der territoriale Wettstreit der Pflanzenwelt am ausgeprägtesten. Seinen Raum einzunehmen und gegen die Mitbewerber zu behaupten hat oberste Priorität.

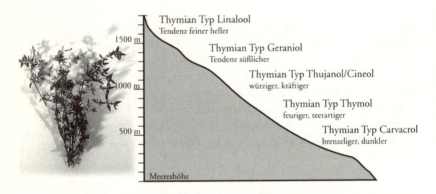

Dementsprechend hoch ist der Carvacrol-Anteil im ätherischen Öl des Thymians, der in diesen Niederungen gedeiht. In Lagen um 500 m über dem Meeresspiegel ist der nur wenig weichere Thymol-Typ des Thymians zu finden. Bis 1000 m wird der Duft des Thymians frischer (Thujanol/Cineol) und ab 1000 m Höhe sind dann die weicheren und helleren Thymian-Typen (Geraniol, Linalool) heimisch. Die Feinde und Konkurrenten treten dort stark vermindert auf, und die Produktion von Abwehr (Phenole) sinkt ganz entscheidend. Sie sind dort von der Natur her vereinzelter anzutreffen. Die kommunikative Ausrichtung dieser Typen zielt dann auch auf Verlockung, das heißt attraktiv für die Insekten zu sein, um Bestäubung und damit die Reproduktion der Spezies sicherzustellen.

Wenn die territoriale Herausforderung nicht so stark ist, dann kann die Pflanze in die *Feinmodulation der Kommunikation mit der Umwelt* treten (M. Henglein).

So gesehen kann auch eine Betrachtung der wichtigsten biochemischen Gruppen, unter Verwendung des aromatologischen Dreiecks, Anhaltspunkte für die Zuordnung bestimmter Spezies liefern. Die vorstehende Grafik zeigt, dass aus der Perspektive dieses Systems auch wissenschaftliche Zusammenhänge kompatibel sind. Das ätherische Öl ist demnach ein biochemischer Spiegel der Pflanzenpersönlichkeit.

Aus der Perspektive einer materiellen Weltsicht

Die Biochemie untersucht die materiellen Bestandteile der Duftstoffe, indem die molekularen Strukturen analysiert werden. Der Duft, also das ätherische Öl der Aromapflanze, wird in chemischen Gruppen definiert. Diese Gruppen werden auch isoliert und als Bausteine verwendet. Die Wissenschaft geht davon aus, dass eine höhere Wirksamkeit im Hinblick auf bestimmte Symptome gegeben sein muss, wenn die als aktiv erkannten Komponenten quantitativ erhöht werden, oder, dass Wirkungen abgeschwächt werden, wenn man ebendiese reduziert. Man unterscheidet Hauptkomponenten, Nebenkomponenten (max. 20 % Anteil) und Spurenkomponenten (Anteil unter 1%). Den einzelnen Gruppen wird eine generelle spezifische Wirksamkeit nachgesagt. Die Phenole zum Beispiel für den Kampf um das Territorium, die Alkohole eher schon als Lockstoffe, die Esther und Aldehyde als hoch vibrierende helle Impulse für Stimulation und Inspiration und die Ketone als Boten des Zerfalls mit letztem Schub für das Zellwachstum. Die Pflanze hat in ihrem ätherischen Öl manchmal über 200 verschiedene Komponenten.

Eine rein quantitativ ausgerichtete Weltsicht lässt die nur in Spuren vorhandenen Komponenten außer Betracht, während ein ganzheitlicher Denkansatz davon ausgeht, dass homöopathische Mengen manchmal von großer Bedeutung sind.

Es gilt aber auch zu bedenken, wie vielschichtig die Wirkmechanismen in der Natur miteinander verbunden sind. Wir sollten davon ausgehen, dass jedes noch so kleine Teil im natürlichen Ganzen eine bedeutende Rolle spielen kann. Da wir beim Räuchern mit dem festen Pflanzenkörper arbeiten, haben wir in jedem Falle die Ganzheit gewahrt, wenn die Substanz in ihrem natürlichsten Zustand belassen wird. Dies ist unerlässliche Voraussetzung, wenn ein tief regulierender Effekt gewünscht wird.

Der spezifische Charakter der Pflanze entsteht aus ihrem lebendigen Kontakt mit der Umwelt, fest eingebunden in das Nehmen und Geben als Grundlage jeder natürlichen Ordnung. Es ist eben diese Information, mit der wir durch den Duft ganz intensiv in Berührung kommen. Daraus leitet sich ab, dass der Kontakt mit der Pflanze auch eine regulierende Wirkung auf die verschiedenen Ebenen der menschlichen Befindlichkeit haben kann. Das wird kaum zwingend ablaufen, sondern immer auch eine Bereitschaft des Menschen voraussetzen. Ein wirklicher Austausch kann nur auf die Weise stattfinden, dass der Mensch sich der regulierenden Kraft innerlich öffnet und sie willkommen heißt.

Gefühlsebene

Wenn wir in das sensible, weiche, uns umhüllende und in die Tiefe ziehende Element eintauchen, dann können wir uns verlieren und in die dunkelsten Abgründe sinken oder ebenso auf den Flügeln der Lust ekstatisch den in der Ferne leuchtenden Gestaden entgegen fliegen, während das Sonnenlicht unsere Haut umschmeichelt. Hier ist nicht das, was treibt, sondern das, was zieht. Das Herz wird zum Licht und auch zur Dunkelheit gezogen. Auch die Gegensätze ziehen sich an. Das Weibliche hat die Führung auf diesem schwankenden Grund.

Der Mensch und seine Gefühle

Seiner Gefühlswelt ist der Mensch oft hilflos ausgeliefert. Die hochsensiblen Pferde unter Kontrolle zu halten ist schwer. Sie nutzen den unbeobachteten Augenblick für ihren Ausbruch und sind dann oft nur mit großer Mühe zu bremsen.

Sehnsucht nach Liebe und Angenommensein leben hier als das, was sie sind: Kinder, die versuchen, getarnt in unterschiedlichster Verkleidung, das zurückzugewinnen, was ihnen entzogen wurde. Es erscheint als Spiel und wird doch schnell gefährlich. Auf dieser Ebene wird es schon bedeutend schwieriger, die eigenen Muster zu erkennen, denn es ist auch das Land der Opportunisten. Gut ist, was funktioniert. Erwartung und Enttäuschung, Hingabe und Stolz, Leistung und Eitelkeit, Faszination und Drama sind hier zu Hause. Spannungen bauen sich auf und entladen sich oft in schnellem Wechsel.

Nahrung im Bereich des Emotionalen ist der Atem. Ob Angst – der Atem stockt – oder die Lust, wenn sie in der Vereinigung ihren Kulminationspunkt erreicht, immer zeigt der Atem an, ob die Nahrung assimiliert wird. In verschiedensten esoterischen Schulen werden Atemübungen als machtvolles Instrumentarium der Selbsterfahrung gelehrt. Immer wieder wird auf die Gefahren hingewiesen, die in einer Anwendung ohne entsprechende Schulung liegen. Unkontrollierbare emotionale Zustände können auftreten und psychisches Unheil anrichten.

Das hormonale System des Menschen ist als Kommunikationsmittel dieser Ebene zuzuordnen. Hormone sind manchen Duftmolekülen in ihrer Struktur, insbesondere den Pheromonen, ähnlich. Das sind außerkörperlich wirkende hormonelle Duftsignale, die für bestimmte Schmetterlingsarten über viele kilometerweite Distanzen, vom Weibchen ausgehend, das Männchen erreichen. Eng verbunden mit all diesen schillernden Facetten menschlicher Emotionalität, finden auf dieser Ebene also auch Erotik und Partnerschaft statt. Wie können zwei Menschen zusammenkommen und eine Einheit werden? Das ist die Aufgabe an dieser Stelle. Die Polarität wird durch Verschmelzung ausgeglichen. Natürlich spielt eine solche feine Kommunikation auch im zwischenmenschlichen Bereich eine Rolle und löst emotionale Reaktionen aus, deren Ursache wir kaum erkennen können.

Wo das Männliche sich erobernd wähnt, wird es de facto vom Weiblichen gezogen

Das geheimnisvoll verlockende Objekt der Begierde taucht immer wieder auf. Die Wahrheit ist dort in den Qualitäten Kontakt und Harmonie zu finden. Es ist die Aufmerksamkeit im DU zentriert. Das Wohlbefinden wird am Thema Kontakt festgemacht. Dabei ist der Kontakt zu den eigenen inneren Prozessen ebenso von Bedeutung wie der zwischenmenschliche Austausch. Störungen des Wohlbefindens sind immer ein Indiz für Hindernisse im Energieaustausch. Der Begriff „Wellness" ist in den letzten Jahren sehr aktuell geworden, weil die Sehnsucht nach Wohlbefinden im gestressten Alltag der Körperwelt immer nötiger wird. Das Fühlen, Spüren und damit energetischer Spannungsabbau wird immer notwendiger und zunehmend als erstrebenswert und wesentlich eingestuft.

Düfte spielen eine sehr wichtige Rolle, als Dimension käuflicher Lebensqualität. Die sinnliche Erfahrung von Ästhetik und Schönheit, Genuss und Verführung ist hier das zentrale Anliegen. Der Wunsch, sich voller Vertrauen fallen lassen zu können, zieht im Hintergrund die Fäden für diese Entwicklung. Das Bedürfnis nach Zuwendung kommt zum Ausdruck. Sich angenommen und in eine schöne und geschützte Umgebung integriert fühlen zu können, wird dabei teuer bezahlt. All das sind deutliche Zeichen für den notwendigen fundamentalen Wandel der yang-lastigen Disposition der vergangenen 2000 Jahre.

Ein Ausgleich, wie er für die Menschheitsentwicklung sicher nötig ist, denn im Yin liegt die schützend, bewahrende und den Erhalt des Lebens in seiner Ganzheit sichernde Kraft. Die wird angesichts einer in den Ressourcen gnadenlos ausgebeuteten und bereits in fundamentalen Funktionen gestörten Biosphäre unserer Mutter Erde mehr als bitter benötigt. Und es ist die Ebene des Fühlens, die den intensivsten Kontakt zwischen uns und der Erde herstellt.

Das Herz ist der Ort, von dem die Gefühlsresonanz ausgeht

Tauchen wir doch einmal in die Welt unserer eigenen Gefühle ein.

Wie fühlen wir uns in der Gemeinschaft mit anderen Menschen? Spüren wir die Bedürfnisse anderer, insbesondere der uns nahestehenden Menschen sofort und versuchen deren Wünsche zu erfüllen? Oder ist es für uns oberstes Gebot eine optimale Situation zu schaffen, die zeigt, dass wir unser Bestes gegeben haben? Oder fühlen wir uns oft selbst in unseren tiefen Empfindungen unverstanden und durch die Banalität von Situationen abgestoßen? Versuchen wir doch einmal, das eigene Fühlen aus einer neutralen Position wahrzunehmen. Das ist sehr schwer, weil es sehr direkt mit Identifikation verbunden ist. Ein Gefühlseindruck setzt meistens eine Identifikation mit einem Objekt oder einer Situation voraus und ist viel schneller als der Verstand. Das Gefühl tritt in Kontakt mit einem Ereignis, einer Situation, einer Stimulanz, indem es eine Beziehung erzeugt. Dies ist mit Resonanz gemeint. Es ist ein „Mitschwingen", ein Aufnehmen der zufälligen Situation mit abschwächender oder verstärkender Wirkung. Und es wird damit zu einem unwillkürlichen Faktor für den nächsten Schritt: die Zielsetzung. Das Gefühl schafft die Beziehung zwischen der Person und ihrem Ziel.*

Stellen Sie sich vor, Sie wollen einen Räucherabend mit Freunden veranstalten, um den Kontakt zu fördern oder Probleme zu lösen. Ihre Zielsetzung ist klar und eindeutig, aber Sie sind unsicher, weil es etwas ganz Neues ist und Sie das Verhalten der Freunde nicht recht einschätzen können. Die Reaktion eines der Freunde auf die Einladung ist begeistert und sofort spüren Sie sich mit Ihrer Planung angenommen. Das wirkt wie ein Energieschub auf Ihre Zielsetzung. Wenn Sie in der Lage sind, Ihre Gefühle selbst zu kanalisieren, dann kann die emotionale Kraft zielorientiert eingesetzt werden. Die persönlichen emotionalen Reaktionsmuster zu erkennen, macht viel Sinn und erspart viel Leid. Bedenken wir doch, wie oft ein Gefühl von Minderwertigkeit dem Leiden zugrunde liegt. Man hält sich tief innen für unfähig und begrenzt damit die Kraft, zielorientiert zu handeln. Und es ist letztlich fast immer ein angenommener körperlicher Mangel, der irgendwann dieses Gefühl in unserer Vorstellung begründet hat.

Denken wir an die erste Phase des Lebens eines Neugeborenen, wie es im Bereich der Körperlichkeit beschrieben wurde. Jetzt ist es eben diese lange zurückliegende Trennungserfahrung, die unbewusst vom Gefühl gespiegelt wird. Das innere Kind schämt sich jetzt für die Unvollkommenheit des eigenen Seins. Das wird als Leid empfunden und mit allen Mitteln versteckt und vermieden. Scham ist der Hauptauslöser der menschlichen Abwehrreaktionen auf der emotionalen Seite. Der Eindruck von seinen Eltern und damit der absoluten Realität nicht getragen zu werden, entsteht in der Kindheit. Die Scham wird in der Teenagerzeit in Verbindung mit der Pubertät fixiert und auf Körper, Fertigkei-

---

* Warnke, „Gehirn-Magie", Popular Academics, Saarbrücken 1998, S.76

ten und Intelligenz übertragen. Alle Formen von Diskriminierung sind letztlich auf solche emotionalen Identifikationsmuster zurückzuführen.

Das schafft wahrlich viel Leid im Leben des Menschen. Aber das ist nur die andere Seite der Medaille. In unseren Gefühlen können wir auch das Himmelreich erahnen. Sinnlich lustvolle Erfahrung vermittelt uns zumindest eine Vorstellung von absoluter Glückseligkeit, Schönheit und Harmonie und weckt in uns die Sehnsucht nach diesen Qualitäten. Die Wahrhaftigkeit steht jedoch der Täuschung gegenüber. Im Land der Gefühle wohnt auch das Manipulative. Die Knöpfe der Gefühlsreaktionen werden dort fleißig gedrückt und in diesem Spannungsfeld, wo die Extreme miteinander ringen, finden wir viel Reibung, Konflikte und Verluste, die uns reifen lassen sollen. Mit der Erfahrung aus dieser Reibung lässt sich die Plattform bauen, von der aus wir den Schritt in die geistige Realität machen können. Durchlässig zu werden für die vielen und blitzartig auftretenden emotionalen Zustände, sie sein zu lassen, nicht auf sie abzufahren, ist der beste Weg durch diese Gefilde.

Der elementare Prozess auf der Gefühlsebene

Das passive Erdelement zieht durch weitere Erkaltung (aktiv) das feuchte Element (passiv) in das Spiel. Die Abkühlung des Feurigen ließ Wasserdampf kondensieren. Das hatte im Entstehungsprozess unserer Welt eine enorme Wolkenschicht um die Erde zur Folge, so dass Dunkelheit auf der Erdoberfläche herrschte (die Nacht steht symbolisch für den Gefühlsbereich). Nachdem die Temperatur auf der Erdoberfläche unter 100° C abgekühlt war, kam der große Regen und ließ das Urmeer entstehen. Sie wurde zur Gebärmutter allen kreatürlichen Lebens (Ursuppe). Das Yin-Prinzip hat sich manifestiert und das weiblich-mütterliche Thema der Reproduktion von Leben trat auf den Plan. Es sind auch die funktionalen Zusammenhänge, die sich im Brennpunkt dieser Ebene befinden. Beziehung zwischen Materie und Leben wird hergestellt. Das „Ziehende" kommt hier zur Entfaltung.

Pflanzendüfte der Gefühlsebene

In der Pflanzenwelt finden wir auf der Gefühlsebene die süßen und verlockenden Düfte. Sinnlich manipulative Tendenzen und tiefgründig berührende Aspekte ebenso wie fröhlich harmonisierende Schwingungen begegnen uns als Duftnoten in dieser Region. Dort, wo die Pflanze kommunikativ ihre Fortpflanzung sichert, tut sie dies, indem sie die notwendigen Faktoren heranzieht. Wesenhafte Hilfskräfte aus anderen Lebensbereichen werden für ihre Unterstützung belohnt, mit Nektar oder unter Umständen sogar mit der Illusion einer erotischen Erfahrung.

Es gibt Pflanzen, die mit ihren Blütenfarben optisch den Sexualpartner eines bestimmten Schmetterlings imitieren, der sich dann seelig verzückt auf ihnen niederlässt. Wie auch immer die Pflanze den Gefühlsaspekt in ihrer Biostrategie verkörpert, wir nehmen ihn wahr als eine Duftbotschaft mit verbindenden, anziehenden, harmonisierenden bis euphorisierenden Tendenzen. Das Wässrige spiegelt die Pflanze im Prozess, der auf der Gefühlsebene stattfindet.

Sternanis (Illicum anisatum)

Nehmen wir den Duft von Sternanis.

Die stärkste Konzentration dieser speziellen Duftqualität enthalten die Fruchtstände dieses Baumes aus der Familie der Magnoliengewächse. Er ist in China und Vietnam beheimatet. Schon in der Form der Saatkapsel erkennen wir einen Bezug. Es ist der Stern am Himmel. Der Duft vermittelt Geborgenheit und Vertrauen. Sich fallenlassen zu dürfen, um aufgefangen zu werden, ist Thema der aromatischen Botschaft. Hier finden wir die Mütterlichkeit mit

ihrer bedingungslosen Liebe. Jeder darf sein wie er ist und wird angenommen und versorgt. Wir erfahren etwas Tröstendes und Linderndes, das uns hilft, unbewältigte emotionale Eindrücke zu verarbeiten. Des öfteren werden Menschen sehr ablehnend auf diese Duftqualität reagieren. Es lohnt sich in diesen Fällen meist, im Hintergrund der Psyche nach dem Schatten einer „Übermutter" Ausschau zu halten. In Japan nennt man den Sternanisbaum „Buddhabaum" und man sagt, der verräucherte Duft seiner Rinde soll eine besonders erhabene Atmosphäre in den Tempelräumen hinterlassen. Lassen Sie diese Wesensqualitäten einfach auf sich wirken und spüren Sie die Resonanz, die aus Ihrem Inneren kommt.

Galbanum (Ferula galbaniflua)

Ein weiterer Stoff, der für das Mutterthema steht, aber aus einer etwas anderen Perspektive, ist das **Galbanum**.

Das ist ein Gummi-Resinoid aus den Wurzeln eines fenchelartigen Doldengewächses, dessen Verwendung als Räuchersubstanz bereits im zweiten Buch Moses erwähnt wird. Sein Rauch, der moosig, balsamisch bis moschusartig duftet, beruhigt und entspannt. Es fand bereits im alten Mesopotamien seinen Platz im heiligen Tempelweihrauch und wurde ebenso im Haushalt geräuchert. Eine traditionelle deutsche Bezeichnung für diese altüberlieferte Substanz ist „Mutterharz", ein Name, der auf der Körperebene von den wundheilenden und schmerzlindernden Qualitäten dieser Pflanze berichtet. Im seelischen Bereich befreit sie von Geistern, die man gerufen hat, schützt gegen Fremdenergien und führt zur Erlösung in die geistige Welt. Seelische Verhärtungen werden gelöst; das macht sanfte und milde Empfindungen möglich. Öffnung und Entspannung lassen Gefühlsenergie freier fließen.

Die starke Bindung an das Erdelement lässt den Reinigungsprozess durch schwefelige Anteile im Duft aktiv werden. Vor der Christianisierung wurde der Schwefel der Venus zugeschrieben und gilt in der neueren Magie als ein Mittel, *die Lösung vom Irdischen anzuregen und Trancezustände zu begünstigen.** In der Folge kann essenzielles Licht durch die „Persona" (= Maske) durchscheinen. Wie wäre eine Abneigung gegen diesen Duft zu interpretieren? Vielleicht so: Wenn etwas nur *dargestellt* wird, denn dann kommt es zu Spannungen. Der Schwefel (Feuer) geht nach innen und es bleibt nur noch Schlacke übrig, die von Galbanum aus dem Weg geräumt wird.

Guggul (Commiphora mukul)

Guggul wird auch als „Indisches Bdellium" bezeichnet und kann als ein Stoff mit starkem Gefühlsbezug charakterisiert werden.

Der strauchartige Guggulbaum wächst in Nordindien, und sein Harz wird durch Einritzen der Rinde gewonnen. Es ist ein traditionelles Mittel in der ayurvedischen Heilslehre (Pitta vermehrend und Stärkung der Gebärmutter) ebenso wie ein wichtiger Räucherstoff in der tibetischen Medizin und wird auch in Verbindung mit spirituellen und magischen Ritualen eingesetzt. Der Gebrauch als Aphrodisiakum weist bereits auf seinen Wirkungsschwerpunkt auf der Gefühlsebene hin. Die Entgiftung ist außerdem immer ein Thema in diesem Bereich, das in erster Linie die Empfänglichkeit für negative emotionale Einflüsse vermindert, deren zerstörerische Kraft im Gemüt des Menschen wirkt. Der balsamisch, süße Duft dieses Harzes hat eine äußerst intensive Präsenz. Wir spüren, wie wir in die Tiefe sinken und außerhalb der Reichweite nervöser Erregung gelangen. Die Räucherungen haben laut Susanne Fischer-Rizzi auch eine entschlackende Wirkung „ ... *sie können den Körper reinigen und sind besonders zur Begleitung einer Abmagerungskur geeignet. Der Duft soll, so heißt es in Indien, den Appetit zügeln.*"** Die zusammenziehende Qualität dieses Stoffes steht für die Konzentration auf die innere Mitte, um dort aus der Quelle der Vitalität zu trinken.

---

* Ulrich „Von Meister Eckhard bis Carlos Castaneda"
** Fischer-Rizzi, „Botschaft an den Himmel", Irisiana, München 1996, S.176

Benzoe siam** (Benzoe tonkinensis)* **oder *sumatra *(Styrax benzoin)*
Sehr zu empfehlen ist eine Kombination mit Benzoe siam oder sumatra.
Der süß-feurige Impuls dieser Königin unter den Räucherharzen verschmilzt mit dem balsamischen Guggul zu einer gefühlsstarken Einheit, die eine intensiv nach Vanille duftende Atmosphäre erzeugt und lange im Raum verbleibt. Wenn die äußere Aktivität auf innere Prozesse umgeleitet werden soll, dann hilft Benzoe als weicher sinnlich-warmer Schlüssel. Es ist eben diese verbindende Fähigkeit, mit der das Benzoeharz (aus der Familie der Storaxbaumgewächse) sich im emotionalen Bereich qualifiziert. Das haben die Inder schon vor langer Zeit herausgefunden und verwenden Benzoe häufig zu diesem Zweck in ihren Räucherkompositionen. Es wird dort auch als Tempelweihrauch benutzt. Selbst im westlichen Kirchenweihrauch darf das verbindende Element der Benzoe nicht fehlen, wo es zumeist mit Olibanum und Myrrhe kombiniert wird. Die Spiritisten sollen die Benzoe als Brücke für die Seelen einsetzen, mit denen der Kontakt gesucht wird. Es ist also eindeutig Anziehungskraft, die allenthalben zum Ausdruck gebracht wird. Aber insbesondere die sinnliche Verführungskraft (entspricht dem Einfluss der Venus) dieses euphorisierenden Räucherduftes steht für die Gefühlsausrichtung in unserem System.

Opoponaxharz *(Commiphora guitottii)*

Das Opoponaxharz, auch „Süße Myrrhe" oder „Bisabol-Myrrhe" genannt, weist einen deutlichen Bezug zum Emotionalen auf.
Wie die echte Myrrhe (der weibliche Gegenpart zum männlichen Weihrauch/Olibanum) gehört auch sie zur Familie der Balsambaumgewächse (Burseraceae). Der Duft dieses alten traditionellen Räucherharzes (bis zurück in das ägyptische Altertum) ist süß-balsamisch-aromatisch, etwas geheimnisvoll und wurde von jeher wegen seines Wohlgeruchs in den Häusern geschätzt. Auch gilt das Harz, aus dem durch Alkoholextraktion das Resinoid zum Räuchern gewonnen wird, traditionell in Somalia als Heilmittel für Unterleibsbeschwerden der Frauen und wird für Bäder nach der Geburt eines Kindes verwendet. Durch das Räuchern wird ein geschütztes Feld ge-

schaffen, in dem ein Ausgleich der Kräfte ermöglicht wird. Die sensiblen Fähigkeiten würden verstärkt, so sagt man, und schreibt diesem Rauch eine erhöhte Wahrnehmungs- und Beobachtungsgabe zu, die ausgediente Muster entlarven und die innere Kraft im Hier und Jetzt bündeln hilft.

Labdanum (Cistus ladaniferus)
Labdanum ist ein weiteres seit alten Zeiten verwendetes Räucherharz, das ursprünglich von dem Cistrosenstrauch aus Kreta stammt. Die harzige Substanz wird von den Blättern unter der heißen Sonne abgesondert. Man erntete diese Substanz, indem das Resinoid aus dem Fell der Ziegen gekämmt wurde, nachdem sie durch die Kulturen getrieben worden waren. Verräuchert verbreitet es einen wunderbar ambraartigen Duft, der eine Vielzahl von Variationen (z. B. rauchig, ledrig, moschusartig oder moosig) durchläuft und damit ein Verwandlungspotenzial zum Ausdruck bringt. Entsprechend kann er auch viele unterschiedliche Resonanzbilder im Inneren erzeugen. Nachdem dieser Duftstoff an seinem Ursprungsort bereits der Göttin Aphrodite geweiht wurde und die minoischen Frauen und Priesterinnen gleichermaßen faszinierte, ist der Bezug zum weiblichen Geschlecht und der sinnlichen Kraft augenfällig und ist besonders bei einer inneren Gefühlskälte wärmstens zu empfehlen. Die Sinneswahrnehmung wird aktiviert und wir können uns wieder besser spüren.

Aromatologie der Gefühlsebene

Hier muss zuerst erwähnt werden, dass die osmologische Arbeit auf ein Sinnesorgan ausgerichtet ist, das eine sehr direkte Verbindung zum Gefühlszentrum hat. Die Geruchsnerven können fast als eine Außenstelle des limbischen Systems bezeichnet werden. Die Geruchsinformation wirkt also unmittelbar auf diese Ebene und der Gefühlsbereich ist somit das Tor, durch welches wir in unser Inneres vorstoßen.
Martin Henglein spricht in diesem Zusammenhang von der Ebene B, die als energetisch ausgleichendes Verfahren einen psychosomatischen Ansatz darstellt.

Energetische Mangelzustände werden ausgeglichen, und mit ableitenden, harmonisierenden Maßnahmen wird der Energiekreislauf neu geordnet. Da die Ebene B zwischen Körper und Geist vermittelt, finden wir auf dieser Ebene die feinstofflichen Energien, die auch als Äther- oder Astralleib bekannt sind. Die Arbeit zielt also auf das energetische Fließgleichgewicht, das bei guter Gesundheit keine Blockaden aufweist.

In der „Integralen Osmologie" wird mit Spannung und Entspannung gearbeitet. Indem wechselweise Spannungsaufbau und -abbau betrieben wird, kann der Gesamttonus, das Wohlbefinden, gesteigert werden.

Aromaarbeit ist ein Werkzeug der Gefühlsebene

Die ENNEAROM-Duftreise mit dem Räuchersieb führt durch eine Folge von neun definierten Stoffen, die sich in unterschiedlichen Spannungs- und Entspannungsphasen niederschlägt. Das Ergebnis ist ein dynamisierter Zustand, der auch einem erhöhten Tonus entspricht. Die fokussierte Wahrnehmung unterschiedlicher Räucherstoffe schafft auf jeden Fall auf der emotionalen Ebene ein intensives Erleben der eigenen Befindlichkeit. Die Teilnehmer einer solchen Reise fühlen sich gut und haben den deutlichen Eindruck, dass etwas Wesentliches in ihnen berührt wurde. Das löst eine Gedankenkette aus.

Jeder der neun Stoffe verkörpert eine andere Strategie für den Teilnehmer. Er „riecht" diese Strategie, und sein System bezieht emotional Stellung. Das ist einmal mehr Spannung und dann wieder weniger. Eine sehr persönliche Dynamik, wie man feststellen wird.

Jeder Duft sollte für etwa drei Minuten im Raum stehen und es kann bzw. sollte sogar, wenn möglich, ein Kommentar abgegeben werden (siehe Kapitel 7).

Immer wenn der nächste Stoff dazugelegt wird, dann steht er sofort im Vordergrund, während der vorherige in die „Gemeinschaft" der Komposition zurücktritt.

So haben alle Teilnehmer der Reise eine ganz eigene Erfahrung im Prozess als solchem, treffen sich aber alle im Ergebnis. Der Kreis ist geschlossen und ein Gefühl von Gemeinschaft ist entstanden, als Duftkomposition ebenso wie unter den Teilnehmern. Das erzeugt Dynamik in jedem Einzelnen und auch für die Gruppe als Ganzes.

Das regulative Moment scheint bei dieser Vorgehensweise synergistisch verstärkt zu werden. Das bedeutet, ich kann möglicherweise eine ganze Reihe der vorgestellten Aromen nur bedingt annehmen, dennoch erlebe ich im Ergebnis eine maximale Offenheit.

Ich liebe die Mischung, wie sie am Ende ihren lebendigen Duft entfaltet.

Da ist Herzenskontakt geschaffen worden. Das ist das Ziel einer jeden wahren Trance und fühlt sich an wie ein Nachhausekommen.

Geistebene

Nun steigen wir in die luftigen Höhen, auf den Berggipfel und versuchen den Himmel zu erreichen. Wir segeln wie die Möwe der auf- oder untergehenden Sonne zu, oder wir folgen den akrobatischen Flugübungen der Nebelkrähe. Der Wind bläst kraftvoll durch die bizarre Krone der Krüppelkiefer, die mit einem zärtlichen Lied antwortet.

Auf dieser Ebene wohnen unsere Gedanken und Ideen. Wenn alles im Geiste beginnt, dann ist ein achtsamer Umgang mit den eigenen Gedanken ganz wesentlich. Dass unsere persönliche Realität ganz entscheidend davon abhängt, was wir über uns selbst und unser Umfeld denken, hat sich auch schon etwas mehr herumgesprochen. Natürlich sind unsere Glaubenssätze eng mit dem Denken verknüpft und haben sich ebenso die Unterstützung der Gefühlswelt gesichert. Über diese Achse generieren wir unsere persönliche Wirklichkeit.

Die Ressourcen unseres Denkens sind bei weitem nicht erschöpft.

Zumindest darüber sind sich alle Parteien einig.

Wir befinden uns am dritten Punkt, an dem Information, Beweglichkeit und Synthese eine große Rolle spielen. Schauen wir uns diese Zusammenhänge einmal etwas genauer an.

Der Mensch auf der Geistebene

Wenn wir über den Verstand des Menschen sprechen, dann wird es laut im Raum, denn jeder hat etwas zu sagen und es ist alles furchtbar wichtig. Es gibt natürlich auch sehr viele gute Gründe dafür, das zu sagen, was man denkt. Nicht zuletzt deshalb, weil es sehr schwer ist, es nicht zu tun. Doch das Augenmerk sollte nicht so sehr auf diese Gegebenheit fixiert sein, denn da wirken eher harmlose Ego-Bezüge. Die kann man auch in den Griff bekommen. Viel schwieriger wird es bei den geheimen Vorstellungen, die im Hinterkopf herumgeistern und in allen möglichen Kostümen erscheinen.

Wie soll man da noch merken, was man denkt?

In traditionellen Heilsystemen wie der tibetischen Medizin, aber auch aus der indianischen Kultur des nordamerikanischen Kontinents spricht man von den Giften des Geistes, die zumeist – wie wir wissen – von emotionalen Phantomen der Minderwertigkeit genährt werden.

Was sind also die Gifte des Geistes?

Manitonquat (Medicine Story)[*] sagt:

„Grundsätzlich alles, was unwahr ist. Glaubenssätze, Verteidigungsmechanismen, Rationalisierungen und alle Formen von Selbstbetrug, die uns besser, größer, stärker, klüger erscheinen lassen als andere. Die Vorgaben und Masken, die wir produzieren, die Bewertungsgrundlagen und Beurteilungen, die uns dazu dienen, andere Menschen unter uns einzustufen. Die Gründe für all diese unwahren, negativen Gedanken stammen von einer großen Grundlüge, nämlich daß etwas essentiell mit uns nicht in Ordnung sei, und daß ein wesentlicher Teil unserer essentiellen Natur böse und schlecht sei. Es sind konditionierte Vorstellungen, die uns von den Eltern und der dominanten Kultur aufs Auge gedrückt wurden. Als Kinder ist etwas falsch mit uns gewesen weil wir faul, egoistisch, dumm, schwach zu leise oder zu laut gewesen seien. Es stimmte möglicherweise die Hautfarbe nicht oder wir waren zu groß, zu klein, zu dick oder zu dünn. Was immer es ist, es ist eben falsch!

Und das ist eine große Lüge, der wir aufgesessen sind. Der Schöpfer hat nichts Böses geschaffen. Alle Kinder werden gut und liebenswert, auf ihre Art schön und wunderbar in diese Welt gegeben. Das ist die essentielle Wahrheit. Alle anderen Gedanken sind Lügen.

Aus den Giften entstehen die Wünsche nach Dingen, die wir glauben, zu benötigen um glücklich sein zu können. Viele dieser Dinge stören und trüben die Ruhe und Stille unseres Geistes. Wir glauben, daß die Werbetexte und Zeitungsinformationen stimmen und unser Weg besser ist als der anderer Rassen

---

[*] Manitonquat, „Return to Creation", Bear Tribe Publishing, Spokane 1991

und Nationen, daß unsere Gemeinschaft den anderen überlegen ist, daß unsere Kinder gewalttätig sind, die Alten verdummen und jeweils das andere Geschlecht minderwertiger sei als das eigene. Das alles ist eine große Lüge von der wir uns befreien müssen."

Der elementare Prozess auf der Geistebene

Als die Wolkendecke sich abgeregnet hatte und das Urmeer entstanden war, da ward plötzlich Licht und mit dem Licht entstand das Leben in der Ursuppe. Das Plankton erfand die Photosynthese und der atmosphärische Gürtel erfand die Biosphäre, die dann alle anderen Variationen des Lebens erfand und auch noch erfindet. Dabei ist das Denken und Erfinden des Menschen, der selbst ernannten „Krone der Schöpfung", ein wenig zum Problem geworden.

Das Luftelement steht zwischen Wasser und Feuer und soll beides in sich vereinen. Das schafft jede Menge Druck, der andererseits für die alchemistische Verwandlung auch gebraucht wird.

Alles folgt den kosmischen Gesetzen.

Pflanzendüfte auf der Geistebene

Dammar (Canarium strictum)

Eine Pflanze, die schon rein optisch die Lichtkräfte spiegelt ist Dammar. In Malaysia, der Heimat des Dammarbaumes (aus der Familie der Zweiflügelfruchtgewächse), bedeutet sein Name auch schlichtweg „Licht". Des Weiteren weist die stark reflektierende Eigenschaft des Harzes auf seine Eigenschaften hin.

Lauschen Sie seinem Duft, wie die Japaner es bildhaft ausdrücken, und sofort werden Sie diesen so deutlich vorgefundenen Zusammenhang verstehen können. Ein feines, helles, zitroniges Aroma entfaltet seine Aktivität in den oberen Gefilden. Ein lichtdurchfluteter Eindruck öffnet unseren Geist und heitert uns auf. Da hat Traurigkeit keine Chance. Der Duft enthält transparent-ätherische Aspekte, in denen die Lichtwesen* in Kontakt mit uns treten können. Man spricht ihm deshalb die Fähigkeit zu, hellsichtig zu machen.

---

* Lichtwesen können allgemein als feinstoffliche Wesen verstanden werden, die näher an der Quelle und an dem Ursprung des Lichts (Gott) in einer nichtkörperlichen Form existieren.

Dieser Duft ist gut geeignet, um den Menschen in einen Prozess der geistigen Klärung zu begleiten, wenn dunkle Wolken über der Gedankenwelt liegen und die gewünschten Visionen verhindern.

Elemi (Canarium luzonicum)

Elemi ist ein Resinoid aus dem tropischen Elemibaum, der im asiatischen Raum gedeiht und von jeher als Harzlieferant dient.

Es ist ein mächtiger Baum von bis zu 35 m Höhe. Sein Stamm erreicht einen Durchmesser bis 100 cm. Das verräucherte Harz duftet grün, fenchelartig, frisch-waldig. Es reinigt, klärt, energetisiert und regt die mentalen Funktionen an. Auch hier finden wir die aufhellende Qualität, die Frische für einen neuen Anfang anbietet und sich deshalb auch besonders für morgendliche Räucherungen eignet.

Gleichzeitig schafft es aber auch eine friedvolle Atmosphäre, so dass man es durchaus auch für meditative Übungen anwenden kann. Das energetisch klärende Moment, das Chakren aktivieren und Hellsichtigkeit fördern soll, nimmt deutlichen Bezug zu der Transformation im feurigen Element und eignet sich auch hervorragend als prozessunterstützende Komponente in Räuchermischungen. Wenn man Elemi allein auf dem Edelstahl-Räuchersieb anwendet, ist Vorsicht angesagt! Es hat einen niedrigen Entflammungspunkt, die Flamme bleibt aber unter dem Sieb. Das Harz entwickelt, auf diese Weise verräuchert, einen starken Rauch, der in kraftvollen Momenten durchaus seinen Platz hat. Allgemein empfiehlt es sich jedoch, Elemi in der Gemeinschaft mit einem Süßgras oder eben als Vertreter der Geist-Ebene im ENNEAROM-Zyklus zu räuchern. In jedem Fall ist es ein Spiel mit dem Feuer und es erfordert einen hohen Grad an Achtsamkeit, wenn mit diesem Gummiharz geräuchert wird.

Es ist auch eine gute Komponente in Mischungen, die man zu kleinen Räucherkugeln kneten möchte.

Rosmarin (Rosmarinus officinalis)

Rosmarin gehört seit der Antike zu den gebräuchlichsten Räucherstoffen im mediterranen Raum.

„*Der Rosmarin ist ein Strauch, der versucht ein Baum zu werden.*"

Dieser Satz charakterisiert sehr schön eine Qualität, die für den Übergang in eine neue Phase steht. Der würzig-kräuterige Duft, mit einer leichten Kampfernote im Hintergrund, wird allgemein als angenehm empfunden. Die Vielseitigkeit des Krautes in seinem Verhältnis zum Menschen ist durch Zeiten und Kulturen zu verfolgen. Ob ägyptische, hebräische, griechische, römische, französische, englische und zuletzt auch deutsche Kultur, alle haben diesem Kraut ihren Respekt (nicht zuletzt in der Küche) gezollt. Es wurde in den Häusern der Römer wegen seines Wohlgeruchs und ebenso an ihren Gräbern für eine Transformation des Gestorbenen im Jenseits geräuchert.

Die reinigende, stärkende und klärende Kraft des Rosmarin war überall als praktisches und preisgünstiges Räucherwerk in Haus und Stallung zur Hand. Man band es als 15 bis 20 cm langes, dünnes Bündel (auch in Kombination mit Salbei und Wacholder) mit einem Baumwollfaden zusammen und zündete es einfach an. Es verglimmt sehr gut auf diese Art.

Zur Zeit der Pestepidemien im mittelalterlichen Frankreich gehörte das Räuchern von Rosmarin im großen Stil (bis zu großen Feuern in den Straßen von Paris) zu den effektivsten Methoden, die Atemluft zu desinfizieren. Im Mittelalter hat dann sogar die Kirche sich der Kräuter aus der Volksheilkunde angenommen. Rosmarin wurde zu einem Symbol von Treue und Andenken. Die Alchemisten sahen im Rosmarin den zündenden Funken für die Verwandlung des Stoffes. Körperlose Wesenskräfte werden nach der neuzeitlichen Magie und dem Okkultismus durch Rosmarinrauch angezogen.

Das Aufwecken, der Neubeginn ist das Thema immer dort, wo das Feuer wohnt. Die Aromatherapie setzt Rosmarin zur Stärkung des Gedächtnisses ein.

Mastix *(Pistacia lentiscus)*

Mastix ist das Harz des Pistazienbaumes.

Bei weitem der größte Teil der Weltproduktion dieses wunderbaren Harzes stammt von der griechischen Insel Chios, und die bis zu 5 m hohen Bäume werden dort auch seit dem Altertum für diesen Zweck kultiviert. Mastix-Harz kommt aus der Rinde und wird seit ältesten Zeiten der ägyptischen und minoischen Kultur medizinisch und für allgemeines Wohlbefinden verwendet. Zum Kauen für frischen Atem ebenso wie zum Harzen von Wein in Griechenland bis zum Ankleben der Bärte in der westeuropäischen Theaterkultur, hat man dieses Harz hergenommen. Die wohl segensreichste Verwendungsform dürfte das Räuchern sein.

Mastix ist der Sonne zugeordnet, und wenn man die zartgelben klaren *Tränen* dieses Baumes anschaut, dann strahlt die Sonne direkt aus ihnen heraus. Wenn wir es jetzt auf das Feuer geben, dann entsteht ein wunderbar hell-aromatisch und ätherisch-zarter Duft, der sofort durch unser Scheitelchakra direkt bis in das Herz fließt und sich erhellend dort ausbreitet. Das ist eine lohnende Erfahrung, wenngleich das Harz sehr teuer ist. Es genügt eine winzig kleine Träne, um die Schatten von Melancholie und Schwermut zu vertreiben, die von dunklen Gedanken in das Herz getragen wurden. Mastix ist ein gutes Antidepressivum, wenn es auf positive Resonanz stößt. Das ist jedoch der Erfahrung nach bei den meisten Menschen der Fall.

Aromatologie der Geistebene

Für die Geistebene spricht Martin Henglein in der „Integralen Osmologie" von der *Transformation des Kerns und die Reise durch die alchemistischen Phasen der Verwandlung*. Wir befinden uns hier also auf der Ebene der Symbole und der geistig-energetischen Möglichkeit, durch gespiegelte Konflikte zur eigenen Mitte zu gelangen. Projektionen begegnen wir dabei auf Schritt und Tritt und wir müssen lernen, sie zu erkennen und einzuordnen.

Besonders interessant wird es dann, wenn wir die geistig-seelische Dimension der pflanzlichen Existenz verstehen lernen. Jede Aromapflanze kann eine ideele Aussage, eine Botschaft für den interessierten Menschen bereithalten.

Es kommt darauf an, diese Botschaft zu entschlüsseln, um sie wahrnehmen zu können.

Dies ist die Ebene der Signaturen, der Ähnlichkeit und der Information. Homöopathie, Bachblütentherapie und tiefenpsychologische Prozessführung arbeiten auf dieser Ebene und versuchen den Kern der Gegebenheiten zu ergründen, indem sie in einen geistig-seelischen Bezug dazu treten und eine Schlüssel-Dynamik auslösen, die durch Wandlung zur Einheit führt.

Der alchemistische Weg

Er führt durch das Feuer der Verwandlung und gleicht einer solchen Entschlüsselung. Der materielle Körper der Pflanze wird durch das Verglimmen auf eine ätherische Ebene transformiert und mit dem menschlichen Sein in engen Kontakt gebracht. Die Wahrnehmung wird damit aus einem unmittelbaren Erleben gespeist. Auf einer inneren Ebene entsteht Berührung und feine Kommunikation. Wenn wir die Botschaft auf der geistigen Ebene wirklich empfangen wollen, dann müssen wir uns den Bildern als Analogie öffnen.

Das Werkzeug der Transformation

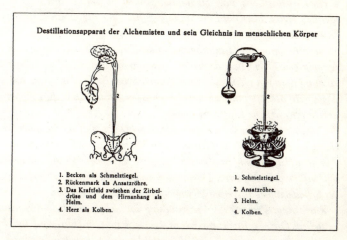

„Es sind die Prozesse der Verwandlung, mit der die wahre Kunst der Alchemie befaßt war und ist. Verschiedene Elemente der Natur, Metalle, Kräuter etc. wurden verschmolzen und destilliert zum Zwecke der Verfeinerung. Der dazu verwendete Destillationsapparat bestand aus drei Teilen, einem Schmelztiegel, einem Helm als Kondensator und einem Kolben als Kühler, wie das Bild uns zeigt. Diese drei Teile waren durch eine Ansatzröhre miteinander verbunden.

Für das Anfachen des Feuers zum Erhitzen und Schmelzen der Elemente gebrauchte man einen kleinen Blasebalg. Der Schmelztiegel wie auch der Kühler oder Kolben sollten möglichst eine runde Form haben. Den Schmelztiegel nannte man Hermetisches Gefäß.

Dr. C. G. Jung sagt: „Das Gefäß ist für den Alchemisten etwas durchaus Wunderbares. Es ist eine Art von Matrix, resp. Uterus (Gebärmutter), aus welchem der Sohn der Weisen, der wunderbare Stein, geboren wird."

Es läßt sich erkennen, daß dieser geheimnisvolle Destillationsapparat auch im menschlichen Körper existiert und zur Reinigung und Destillierung der Zeugungssubstanz dient.

Das Becken, das aus Kreuzbein, Steißbein und den beiden flachen Hüftbeinen gebildet ist und in dem die Blase und die inneren weiblichen Geschlechtsorgane liegen, bildet den wahren alchemistischen Ofen, das Kohlenbecken und den Schmelztiegel.

Der Zentralkanal des Rückenmarks* bildet das Ansatzrohr oder die Stromleitung, welche die verflüssigte Zeugungssubstanz zum Gehirn führt. Deshalb wird diese Substanz oder die primäre Materie als gefügelter Kreis oder als geflügelte Sonnenscheibe dargestellt.

Die Zirbeldrüse und der Hirnanhang bilden zusammen den Kondensator oder den Helm. Hier wird die hinaufgeführte Zeugungssubstanz in Nervenfluidum verwandelt.

Sie wird dann den Hirnanhang und die Zirbeldrüse, welche die zwei Pole der geistigen Elektrizität darstellen, miteinander verbinden. Aus dieser Verbindung wird ein spirituelles Licht (manasisches Feuer) entstehen. Auf diese Weise wird die Zeugungssubstanz im geistigen Strom, das heißt in spirituelle elektro-magnetische Kraft verwandelt.

Darum heißt es in den alchemistischen Schriften, daß der Stein der Weisen zuerst im Kopf erzeugt werden soll. Das Kraftfeld zwischen der Zirbeldrüse und dem Hirnanhang ist also die Stätte, wo die Zeugungssubstanz verflüchtigt und verwandelt wird. Darum haben die Alchemisten den hinteren Teil der Schädelkapsel als Verwandlungsort oder -gefäß bezeichnet.

Aus diesem Vorgang der Verwandlung im Gehirn wird die Erleuchtung entstehen. Dieser geistige Strom wird dann das Blut durchströmen und durch die Blutgefäße in das Herz einfließen, welches den dritten Teil des alchemistischen Destillationsapparates bildet.

Dieser geistige Strom wird durch das Blut in alle Teile des Körpers übertragen und zur Belebung und Regenerierung aller Organe, darunter auch der Zeugungsorgane, dienen. Daraus entsteht dann die Verklärung des Körpers, wie bei Jesus Christus und anderen vollkommenen Meistern beobachtet wurde.

Die Nase ist der Blasebalg dieses alchemistischen Destillationsapparates im menschlichen Körper. Wie der Blasebalg ein Luftventil ist und stoßweise Luft

– 118 –

liefert, so wird auch die Nase als Luftrohr bei der Anfachung und Erhaltung des inneren Feuers für das Schmelzen und Ätherisieren der Zeugungssubstanz als Blasebalg dienen. Daher die Notwendigkeit und Wichtigkeit der großen Atemübungen in den Mysterientempeln und okkulten Schulen, die nach der Erleuchtung und Wiedergeburt der Seele strebten.

Dieser Vorgang der Verwandlung der Zeugungssubstanz gleicht dem Emporsteigen des Wassers als Dampf und seinem Herabfallen als Regen.

*Wenn man diese Tatsache erkennt, wird man es nicht mehr wunderlich finden, daß die Alchemisten den Ausdruck: „Projizieren" für den Vorgang der Verwandlung gebraucht haben."** *

Diese Beschreibung vermittelt uns einen Eindruck über die subtilen Zusammenhänge, die zwischen Geist und Materie bestehen. Wir erkennen, wie das Verglimmen von pflanzlichen Stoffen als ein Prozess im Sinne der alchemistischen Tradition gesehen werden kann, wenn es darum geht, die durch das Feuer verfeinerte Pflanzensubstanz durch die Nase und weiter über den Bulbus olfaktorius als elektro-magnetische Botschaft von Neuronen, weitergeleitet bis in unser Zwischenhirn, sowie über den Atem in die Lunge (sie wird als unser größtes Kontaktorgan bezeichnet) und weiter in das Blut gelangen zu lassen. Der Rauch ist dem Dampf nicht unähnlich. Auch beim Verbrennungsprozess entsteht Wasserdampf, da selbst getrocknetes Pflanzenmaterial immer noch Wasser enthält, das beim Räuchern *verdampft.* Wasserdampf macht den Rauch sichtbar. Die Pflanzensubstanz bindet sich im Verbrennungsprozess an den Rauch. Die feinen essenziellen Duftmoleküle treten in einen chemisch-physikalischen Kontakt mit dem Menschen, der mit einem subtilen Informationsaustausch zu vergleichen ist. Wenn wir uns dieser Information öffnen, dann wirkt sie wie ein Schlüssel für uns.

---

* Dieser Zentralkanal ist aber bei den heutigen Menschen noch nicht ganz offen und tätig. Die Zeugungssubstanz durchsickert nur diesen Kanal. Er kann aber durch besondere Übungen geöffnet werden. In der willkürlichen und forcierten Öffnung dieses Kanals, ohne vorherige Reinigung des Gemüts und Beherrschung der Sinne, liegt aber eine große Gefahr, vor der die Meister immer gewarnt haben. Dieser Kanal wird bei den kommenden Menschen normalerweise geöffnet und tätig sein.

** entnommen aus: H. K. Iranschär: „Enthüllung der Geheimnisse der wahren Alchemie. Ein Kapitel aus dem umfangreichen Werke des iranischen Mystikers über „Sündenfall, Erbsünde und Erlösung". Zürich 1944.

Eine Tür wird aufgeschlossen, die uns den Zugang zur eigenen Intuition öffnet

Die Folge sind Erfahrungen, die nur noch schwer mit Worten weiterzuvermitteln sind. „Da muss man dran glauben", wird häufig gesagt. In gewissem Sinne stimmt das auch. Projektionskraft und Glaube zusammen sind das Werkzeug, mit dem der Mensch seine Wirklichkeit erschafft. Den Glauben sollten wir in diesem Zusammenhang bitte nicht mit *an etwas glauben* interpretieren. Hier ist der aus Erfahrung entstandene Glaube an das Gute und die Schönheit in *ALLEM WAS IST* gemeint. Somit ist es ein persönliches *Wissen*, das unser Sein sinnvoll in ein großes Ganzes integriert.

Es ist auch das Vertrauen, nicht fallengelassen zu werden, das *Wissen*, dass es so etwas wie eine Gnade gibt, die uns jederzeit eine Tür öffnet, wenn wir es nur *wollen*.

Aus dem Glauben an diese Kraft erwächst die Fähigkeit zur Vision.

Am Anfang steht jedoch die Selbsterkenntnis. Es kann nur immer wieder gesagt werden: Wenn wir erkennen, was wir tun, fühlen und denken, wenn wir unseren unbewussten, mechanischen Verhaltensmustern auf die Schliche kommen, haben wir die Chance, die eigene Erlösung voranzutreiben.

Das Enneagramm baut auf der gleichen Grundlage von Körper, Gefühl und Gedanke auf und bietet sich als Hilfsmittel an.

KAPITEL 6

Das Enneagramm

Neun Stationen auf dem Weg zur Essenz

*Uranus ... Spannung zwischen höherem Zwecksinn und intuitiver Gewissheit.
Persönliche Wirklichkeit entsteht auf dem Weg der Seele durch die Existenz.*

•

*„Take into account that great love and great achievements
involve great risk"*

(dt.: Bedenke, dass große Liebe und große Erfolge auch großes Risiko enthalten)

(Dalai Lama)

•

Die Herkunft des Enneagramms

Wie der Name (Ennea = griech. 9) schon sagt, handelt es sich um ein System mit neun Punkten. G. I. Gurdjieff (1866-1949) gilt vielen Kennern der Materie als der Überbringer dieses kosmischen Systems. Er hat damit in der ersten Hälfte des 20. Jahrhunderts, hauptsächlich in einer praktischen Form als Grundlage von wahrnehmungsfördernden Tänzen, gearbeitet. Die Tänzer haben sich in einer an den Verbindungslinien der Punkte angelehnten Choreographie innerhalb eines Kreises bewegt. Diese Bewegung in Verbindung mit einer speziell komponierten Musik soll sowohl Tänzer als auch Zuschauer in einen besonderen Zustand empfindungsstarker Wahrnehmung geführt haben, die intensivste Eindrücke möglich machte.*

Drei Formen von Nahrung und drei Oktaven im Lebenskreislauf

Gurdjieff unterschied drei Ebenen des direkten Kontakts mit der Welt und der Assimilation von Information und bezeichnete sie als „Nahrung". Das Essen und Trinken im absolut materiellen Sinne, die Luft als Kontaktmittel der Biosphäre zu dem Energiekörper des Kosmos (Astralebene) und dessen Wirkungsgesetzen und der Geist, der von Eindrücken genährt wird. Das Enneagramm war für ihn ein Werkzeug auf der Ebene der dritten Nahrung, zum Zwecke der Selbsterkenntnis. Das Symbol kann auf unterschiedlichste Weise benutzt werden, um Zusammenhänge, aus einer objektiven Perspektive, in ihrer Ganzheit zu „sehen". Um diesen Zusammenhang zu verdeutlichen, benutzt er das Bild der Nahrungsaufnahme.

Folgende Interpretation ist möglich: Auf der Ebene der Eindrücke kann der Mensch nur das *verinnerlichen*, was für ihn als Information verdaulich, das heißt in diesem Zusammenhang *verständlich* ist. Verständlich wird vieles, wenn wir uns die Möglichkeit der Offenheit und Flexibilität im Denken bewahren. Es sind die festgefahrenen Glaubenssätze, die uns das Geschehen eng und starr aus einer Richtung betrachten lassen und gedankliche *Bauchschmerzen* verursachen. Das, was ich ablehne, klebt an mir außen dran. Ich kann es nicht assimilieren.

Das Gleiche gilt für die Luft auf der emotionalen Ebene. Dort sind wir als lebende Wesen alle miteinander verbunden und atmen *dieselbe* Luft. Die unbewusste Reaktion auf die Impulse des uns umgebenden Kosmos ist in dem Augenblick *unverdaulich*, in dem wir sie nicht durch uns hindurchlassen können, in dem sie die emotionale Energie blockiert und von Gefühlen der Scham abgespalten wird. Wenn die Scham regiert, dann halten wir den Atem an. Atem-

---

* nach Bennett „Witness" und Ouspensky „Auf der Suche nach dem Wunderbaren"

übungen des Weiteren können uns helfen, Angstzustände zu überwinden. Angst ist der Herrscher über alle negativen Emotionen und über den Atem können wir ihm Paroli bieten. In einer annehmenden und offenen Herzenshaltung können wir auch größere Schocks abfedern, ohne in mechanische Vermeidungsmuster zu verfallen. Dafür muss man dann wirklich tief durchatmen.

Auf der Körperebene ist das Essen und Trinken verdaulich und nützt dem System, wenn ein größerer Teil der aufgenommenen Nahrung in körpereigene Stoffe verwandelt werden kann. Dann wird Bewegungsenergie – Verbrennung – möglich. Die Gesetze des Lebens sind konkret erfahrbar zwischen Bewegungsimpuls und Widerstand, Lust und Schmerz.

Diese drei Ebenen der Wahrnehmung innerer und äußerer Gegebenheiten werden von ihm in drei Oktaven erklärt*, die von einer tiefen zu einer hohen Frequenz verlaufen. Jede Ebene ist in sich eine Oktave, wobei die höchste Frequenz immer in der tiefsten enthalten ist, aber nicht umgekehrt. Diese Betrachtung legt bereits den Gedanken der Entfaltung nahe, stellte jedoch die übliche Definition der Evolutionslehre auf den Kopf. Der mechanischen Abfolge *zufälliger*, sich automatisch auslösender Ursache-Wirkung-Zusammenhänge als involutionärer Prozess (rechtsdrehend) steht der *gegen den Strom schwimmende* evolutionäre Weg (linksdrehend) in der Weise entgegen, dass mit bewusster Absicht die Hindernisse überwunden werden. Darin manifestiert sich das geistige Prinzip hinter der Schöpfung: Gottes Wille oder die schöpferische kosmische Intelligenz. Dies deutet an, wie jeder Lebensprozess mit Hilfe dieses Modells analog aus der Sicht kosmischer Zusammenhänge angeschaut werden kann. Das Symbol, als hohe Frequenz, kann aber auf allen Ebenen der Erscheinungen angewendet werden und bietet somit jedem Interessenten das, was für ihn *verdaulich* ist, sprich: verstanden/assimiliert werden kann.

Stellen Sie sich das einfach so vor:

GOTT wollte sich selbst erfahren, und erschuf die Welt.

Wenn das Grobe bereits im Feinen enthalten wäre, wozu sollte ER die Welt dann noch erschaffen?

Involution – Evolution

Der rechtsdrehende Kreislauf steht in Gurdjieffs Kosmologie für die *Involution* (mechanische Entwicklung von Ursache und Wirkung in einer „zufälligen" Form), während der linksdrehende Kreislauf die *Evolution* unter Einwirken der geistig-seelischen Information definiert. Jede Ordnungsebene der **involutionären** Entwicklung hat ausschließlich den Drang und das Ziel, sich auf dem

---

* Ouspensky, „Auf der Suche nach dem Wunderbaren", O. W. Barth, München 1966

Planeten auszubreiten und dadurch der Biosphäre immer größere Mengen an Materie und Energie zur Verfügung zu stellen. In diesem Prozess entstehen Krisen, die instabile Zustände und Schwankungen zur Folge haben, die bis zu selbstzerstörerischen Tendenzen reichen, wenn der ökonomische Überfluss Toxine produziert. Wenn wir uns die gegenwärtige Situation unseres Planeten anschauen, dann ist zu erkennen, dass wir uns tief in einer solchen Krisensituation befinden, die jedoch gleichzeitig eine Riesenchance für einen evolutionären Sprung darstellt.

Der **evolutionäre** Gedanke, im gurdjieffschen Sinne, sieht einen „Impuls von oben" vor, der in Form tiefer Erkenntnis der inneren Zusammenhänge stattfindet. Integration in die natürliche Ordnung ist das Ziel. Damit entsteht auch die Möglichkeit, die Transformation in den nächsten Zyklus zu durchschreiten. Wille und Bewusstsein sind die Werkzeuge, die uns zur Verfügung stehen. Nur ohne Hingabe an das Ganze, der Fähigkeit, uns als Teil einer größeren Einheit zu erleben, laufen wir in die Irre. An diesem Punkt greift die Pflanzeninformation und hilft dem Sucher, sich aus der Perspektive des emotionalen Zentrums zu orientieren.

Das Enneagramm wiederum gleicht einer Landkarte, die das intellektuelle Zentrum anspricht.

Diese zwei Perspektiven fusionieren zu lassen erzeugt ein Feuerwerk von Assoziationen.

Schauen wir uns zunächst erst einmal die Form des Enneagramm-Symbols genauer an, um zu untersuchen, welche mathematische Erkenntnis in der Signatur dieses Modells enthalten ist.

Die geometrische Figur des Enneagramms

Dieses Diagramm ist ein Symbol, das aus einem **zentralen Dreieck** und einer periodischen Figur aus sechs Punkten zusammengesetzt ist, die auf dem kosmischen Gesetz der Sieben beruht. Es weist auf eine symmetrische Weise zwei spiegelgleiche Hälften aus, die über die Zahl Neun als Transformationspunkt miteinander verbunden sind.

Während die periodische Figur als ein Modell für die unendliche Fortdauer des mechanischen Lebensprozesses gesehen werden kann, verkörpern die Punkte des inneren Dreiecks den Kontakt nach außen. An den Punkten 3 + 6 kommen Einflüsse von außen herein (Gurdjieff bezeichnet sie als „Schocks"). Immer wenn der Entwicklungsprozess ins Stocken kommt, dann ist ein Schock von außen nötig, um den Prozess weiterzuführen. Die geistige Schöpfung, das universelle Gesetz der Drei bildet das innere Dreieck mit den Punkten **3** (Gefühlszentrum 2-3-4), **6** (Kopfzentrum 5-6-7) und **9**, in der Anfang und Ende

– 124 –

vereint sind. Sie ist das Zentrum der Körperlichkeit (8-9-1) und wird auch als Bauch- oder Bewegungszentrum bezeichnet.

Der geistige Energiefluss verläuft von der 9 über 6 und 3 wieder zurück zur 9 in dem Sinne, dass die Idee über das Gefühl in die Verkörperlichung vordringt und eine *absichtliche* Handlung vollzieht. Der *mechanische* Ablauf, der rechtsdrehend von 9 über 3 und 6 fortschreitet und wie eine unkontrollierbare Kettenreaktion abläuft, erzeugt eher *zufällige* Ergebnisse. Krass ausgedrückt bedeutet dies: Körper tut weh, Gefühl schreit „Aua!" und Kopf baut panisch Vermeidungsmuster auf; zumeist verpufft viel Energie ziemlich sinnlos.

Zunehmende Bewusstheit bezüglich der eigenen Muster ist die Grundlage für erfolgreiches Handeln zum Wohle des Ganzen. Mit anderen Worten: Werte im höheren Sinne bestimmen das Denken, werden vom Fühlen unterstützt und kommen im Handeln zum Ausdruck.

Man erlebt die gleiche Art von Konflikten so lange wieder und wieder, bis ein bewussterer Umgang mit dem eigenen Bestand eintritt und das eigene Handeln in den Dienst des Ganzen gestellt wird.

Periodische Figur

Die periodische Figur verkörpert das Gesetz der Sieben. Das lässt sich auch mathematisch nachvollziehen.

Teilen Sie die einzelnen Punkte durch 7 und schauen Sie sich das jeweilige Ergebnis an:

1 : 7 = 0,142857142 ... usw. Verfolgen Sie die Zahlenreihe in der Figur.
2 : 7 = 0,285714285 ...
3 : 7 = 0,428571428 ...
4 : 7 = 0,571428571 ...
5 : 7 = 0,714285714 ...
6 : 7 = 0,857142857 ...
8 : 7 = 1,142857142 ...
9 : 7 = 1,285714285

Die periodische Zahlenreihe hinter dem Komma entspricht immer genau der Linienfolge in der Figur in Richtung der Pfeile. Das bedeutet, in allen Zahlen ist die Sieben als unendliche Periode in der Reihenfolge enthalten, wie sie die Figur darstellt. Die Sieben verkörpert das Arbeitsprinzip der Seele innerhalb der räumlich und zeitlich begrenzten Schöpfung: Es folgt dem Gesetz der periodischen Wiederholung und eng damit verbunden ist *der Rhythmus*, als sich unendlich wiederholende Reihenfolge von spezifischen Punkten.

Wir erkennen also einen dynamischen Ablauf, der in der Struktur dieses Symbols zum Ausdruck kommt. Da ist ein rhythmischer Teil, der sich unendlich wiederholt und von einer geistigen Quelle gespeist wird. Gleichzeitig gibt es aber auch einen Umfang, der einen Lebenszyklus über neun Stationen darstellen kann. Die von der Seele zu verarbeitenden Erfahrungen werden an einzelnen energetischen Punkten in konzentrierter Form assimiliert, während Schritt für Schritt die Entfaltung in der physisch erfahrbaren Wirklichkeit vonstatten geht. Seth* spricht im Zusammenhang mit der Seelenenergie vom *individuellen Rhythmus der Gedanken, der assoziativ innerhalb bestimmter schöpferischer Gesetze abläuft*. Diese Gedankenprozesse stehen in sehr direktem Bezug zum Zellverhalten insbesondere dann, wenn sie von emotionaler Energie genährt werden. Zu lernen, die Gedanken richtig einzusetzen, so wie es das natürliche Gleichgewicht erfordert, hat entsprechende zellulare Veränderungen zur Folge. Ein Gesundungsprozess findet statt, wenn der natürliche Rhythmus der Seelenkraft zwischen Gedanke, Körper und Gefühl pulsiert.

Das innere Dreieck im Enneagramm

Jede Pflanzenart ist eine Ganzheit, die sich gemäß der Erfahrung ihres „Stammes" im Wechselspiel mit den Herausforderungen der Natur als eine authentische Persönlichkeit ausbildet. Mit Hilfe der drei Ebenen wird erklärt, wie deren spezielle Charakteristik auf Grundlage der Enneagramm-Symbolik interpretiert werden kann. Hierzu gibt es ein Zitat von Gurdjieff, wie es von seinem Schüler Ouspensky** übermittelt wurde:

---

* Roberts, „Die Natur der persönlichen Realität", S. 213, Ariston, Genf 1985
** Ouspensky, „Auf der Suche nach dem Wunderbaren", S. 432, O. W. Barth, München 1966

„Jedes vollständige Ganze, jeder Kosmos, jeder Organismus, jede Pflanze ist ein Enneagramm.

Aber nicht jedes dieser Enneagramme hat ein inneres Dreieck.

Das innere Dreieck zeigt das Vorhandensein höherer Elemente nach der Tabelle der „Wasserstoffe" in einem bestimmten Organismus an. Dieses innere Dreieck befindet sich in Pflanzen wie Hanf, Mohn, Hopfen, Tee, Kaffee, Tabak und vielen anderen, die im Leben des Menschen eine bestimmte Rolle spielen. Das Studium dieser Pflanzen kann uns viel über das Enneagramm offenbaren.

Allgemein gesprochen muß man verstehen, daß das Enneagramm ein universales Symbol ist.

Alles Wissen kann im Enneagramm zusammengefaßt und mit Hilfe des Enneagramms gedeutet werden. Und so kann man sagen, daß man nur das weiß, beziehungsweise versteht, was man in das Enneagramm einfügen kann. Was man nicht in das Enneagramm einfügen kann, versteht man nicht.

...

Für den Menschen, der es benützen kann, macht das Enneagramm Bücher und Bibliotheken vollständig überflüssig. Alles kann im Enneagramm zusammengefaßt und in ihm gefunden werden. Ein Mensch, der allein in der Wüste ist, kann das Enneagramm in den Sand malen und die ewigen Gesetze des Weltalls daraus lesen, und jedesmal kann er etwas Neues lernen, etwas, was er vorher noch nicht wußte. Das Enneagramm ist dauernde Bewegung, das gleiche perpetuum mobile, das die Menschen seit dem ältesten Altertum gesucht und niemals gefunden haben.

Und es ist klar, warum sie das perpetuum mobile nicht finden können.

Sie suchten außerhalb von sich, was in ihnen war und sie suchten dauernde Bewegung zu konstruieren, wie man eine Maschine konstruiert, während die wirkliche dauernde Bewegung ein Teil einer anderen dauernden Bewegung ist und nicht losgelöst von ihr erzeugt werden kann

Das Enneagramm ist ein schematisches Diagramm der dauernden Bewegung. Aber natürlich muß man wissen, wie dieses Enneagramm zu lesen ist. Das Verständnis dieses Symbols und die Fähigkeit, es zu benützen, gibt dem Menschen eine sehr große Macht. Es ist das perpetuum mobile und es ist auch der Stein der Weisen der Alchimisten."

Wir versuchen, das innere Dreieck der Pflanze zu definieren, damit wir ihren Charakter betrachten und ihre Wesensbotschaft „sehen" können.

Über das innere Dreieck entsteht der Kontakt zwischen Pflanze und Mensch

Aromapflanzen treten in sehr direkten und intimen Bezug zum Menschen und können soweit in ihrem Wesen „erkannt" werden, wie man ihnen erlaubt, auf den menschlichen Geist Einfluss zu nehmen. Jeder Mensch hat die Wahl, sich von dem Duft einer Pflanze berühren zu lassen oder nicht. Es obliegt der Entscheidung des einzelnen Menschen, in diesen tieferen Kontakt hineinzugehen, sich einzulassen auf eine intensive, bewusste Wahrnehmung. Er kann die Nase zuhalten und damit den Duft abwehren. Er kann ihn unterschwellig wahrnehmen und möglicherweise bestimmte Gefühle damit verbinden. Er kann aber auch den bewussten Kontakt anstreben, um mit seiner Vorstellungskraft der Pflanze die geistige Ebene zu eröffnen, wo ihre *Idee* wirksam werden kann. In dieser *Berührung* entsteht möglicherweise das innere Dreieck der Pflanze wie es Gurdjieff definiert. Das innere Dreieck ist ein Bild, um den größeren Zusammenhang der unterschiedlichen Lebensprozesse aufzuzeigen und den Wandel durch Widerstände an drei zentralen Punkten zu verdeutlichen. Eine Beziehung herzustellen ist das Ziel der Arbeit mit Pflanzenkräften.

Die medizinische Wissenschaft beschäftigt sich ausschließlich damit, was die Pflanze auf der physischen Ebene zu tun vermag. Der Widerstand zeigt sich im körperlichen Symptom.

Im ästhetischen und alternativmedizinischen Bereich wird auf energetischer Ebene durch sensible Anregung und Rhythmik mit der Pflanze gearbeitet und ableitende, harmonisierende Einflussnahme durch Duftstoffe vorgenommen. Nach Rudolf Steiner ist dies die Ebene der Traumvorstellungen und das unbewusste Wollen. Den Widerstand finden wir hier in der Tendenz, den manipulativen Aspekt von Verführung und Leidenschaft zu instrumentalisieren. Die Unbewusstheit ist die Voraussetzung für Manipulierbarkeit.

Auf der Informationsebene ist unser westlicher Zugang zur Pflanzenwelt eher verkümmert und durch streng rationale Ordnungsprinzipien (Zuordnungskriterien und biochemische Analyse) geprägt. Die heiligen Pflanzen Indiens füllen hingegen Abhandlungen von vielen hundert Seiten, was die Verbindung mit Gottheiten und deren archetypischer Symbolik betrifft. Homöophatie, Bachblüten und Essenzen beginnen heutzutage, das Vakuum bei uns zu füllen. Auf der Ebene des Geistes geht es um Ideen, die Symbolkraft ausstrahlen. Der Pflanze wird ein geistiger Boden bereitet, in dem sie wachsen und eine transformatorische Aufgabe erfüllen kann. Den Widerstand bilden die verhärteten Denkmuster (Fixierungen).

Im Kapitel 9 finden Sie 27 Räucherpflanzen, die ein geschlossenes inneres Dreieck haben.

Auf der geistigen Ebene ist auch immer eine Pflanzenbotschaft zu finden, deren Symbolgehalt für jeden Einzelnen sicherlich ein wenig anders daherkommt, je nachdem, wie er sich dem Einfluss öffnen mag. Die Pflanze nimmt diesen Einfluss durch ihren körperlichen Transformationsprozess. Durch die Verwandlung ihrer körperlichen Substanz in das feinere Medium (Rauch), kann sie sich mit dem menschlichen Geist verbinden. Über den Atem (2. Nahrung) wirkt sie auf der energetischen Ebene des Astralkörpers. Indem wir die Pflanze derart betrachten und sie durch das Räuchern verinnerlichen, können wir ihrem inneren Dreieck nachspüren. Wir können sie in der 3. Kraft mit ihrer Botschaft wahrnehmen, uns von ihr auf der höheren mentalen Ebene „informieren" und durch ihre Energie auf der höheren emotionalen Ebene unterstützen lassen. Das ist ein zutiefst persönlicher Erfahrungsprozess.

Für die Zuordnung der einzelnen Pflanzen und ihrer Räucherstoffe im Rahmen der neun Entwicklungspunkte des Enneagramms ist es naheliegend, die „Botschaft" als wesentliches Kriterium heranzuziehen. Das Erscheinungsbild (Signatur) der Pflanze, als Spiegel dieser Botschaft, schafft eine zusätzliche Perspektive. Die natürliche Schönheit der pflanzlichen Erscheinung bewusst wahrzunehmen heißt, dadurch aktiver an der Schöpfung teilzunehmen. Das hat positiven Einfluss auf den eigenen Energiehaushalt.

Im geistigen Bereich, wo die Vorstellungen residieren, dort nehmen wir das Bild der Pflanze auf. Wir betrachten ihre Erscheinung und lassen sie auf der Ebene des höheren mentalen Zentrums* zu uns sprechen. Zur Unterstützung lassen wir uns durch ihre alchemistisch transformierte Lebenskraft über den Geruchssinn in das höhere emotionale Zentrum** tragen. In diesem „Seins-Zustand" sind wir offen für die Impulse von *oben*.

Gurdjieffs Aussage darüber, dass jede Pflanze ein Enneagramm sei, mit oder ohne inneres Dreieck, ist wahrscheinlich so zu verstehen, dass der faktische Lebensprozess einer Pflanze einerseits als Lebenszyklus von miteinander verbundenen Entwicklungsschritten dargestellt werden kann, sie andererseits in ihrem Transformationsmoment auch einen Einfluss auf die höheren Zentren des Menschen ausüben kann. Ausgehend von dieser Vorstellung, wäre die folgende Aussage möglich:

Die Pflanzenbotschaft hilft der Seele, sich mit feinen Stoffen zu bekleiden. Durch die Begegnung mit der geistig-seelischen Realität des Menschen wird das innere Dreieck der Pflanze aktiviert.

---

* wo wir die Einheit in allem Sein erkennen können
** wo wir uns mit allem Leben verbunden fühlen

Das Enneagramm der Fixierungen

In den späten 60er Jahren begann ein chilenischer Therapeut und Bewusstseinsforscher namens Oskar Ichazo in Arica/Chile ein psychologisches Modell zu lehren, das jedem der neun Punkte des Enneagramms eine ganz spezifische Persönlichkeitsstruktur zuschrieb, mit Hilfe derer eine Analyse der festgefahrenen Verhaltensmuster vorgenommen werden konnte. Durch seinen Schüler, den Psychologen Claudio Naranjo, wurde diese Lehre vertieft und als Modell für psychologische Selbsterfahrung in die Öffentlichkeit gebracht. Zielsetzung ist dabei die Wahrnehmung der eigenen automatischen Reaktionen auf die Eindrücke aus der Umwelt. Dieses sogenannte „Enneagramm der Fixierungen" wurde von mehreren amerikanischen Psychologen wie elektrisiert aufgegriffen, veröffentlicht und hat dann im Zuge der New Age Bewegung, ausgehend vom Esalen Institute Kalifornien, seine Reise um die Welt angetreten.

Über den Ursprung des Enneagramms ist faktisch nicht allzuviel bekannt. Man geht jedoch davon aus, dass es ursprünglich in der Sufi-Tradition bestimmter Schulen ausschließlich mündlich von Lehrer an Schüler weitergegeben wurde. So findet man das Symbol beim Sarmoung Orden überliefert, mit einer Honigbiene im Zentrum*. Tatsache ist, dass es ein außerordentlich lebendiges Anschauungsmodell darstellt, dem eine dynamische Kraft innewohnt, die den wahrhaft Suchenden ein großes Stück Weg voranbringen kann.

Doch auch für den experimentierfreudigen Analytiker birgt es einiges an Überraschungen. Ist es doch der besondere Reiz dieses etwas eigenartig in seinem Muster aufgebauten Symbols, den interessierten Menschen in immer tiefere Dimensionen des Verstehens eindringen zu lassen. Man beginnt mit der äußeren Schale der Zwiebel und entblättert sie Schicht um Schicht bis man am Herz angelangt ist.

Was bin ich für ein Typ?

Wenn wir mit dem Begriff der *Typologie* beginnen, dann ist zu bemerken, dass die griechische Wurzel dieses Wortes so etwas wie eine Signatur der Persönlichkeit beschreibt.

Das Wort vom *sichtbaren Abbild* oder der *Form* bezieht sich bei dieser Urbedeutung auf Münzen und ihre Prägung. Andreas Ebert** erwähnt in diesem Zusammenhang die Fähigkeit zur Abstraktion, die für die Erfassung des symbolischen Wertgehalts einer Münze ebenso verlangt wird, wie des inneren Wertgefüges der menschlichen Persönlichkeit.

---

* Naranjo, „Enneatype Structures", Gateways, Nevada City 1990

** Rohr, Ebert, „Erfahrungen mit dem Enneagramm", S. 74, Claudius, München 1991

Wenn Sie im Kapitel 1 den Fragebogen ausgefüllt haben, dann können Sie zunächst davon ausgehen, dass die angekreuzte Antwort zu der Frage, die Sie am eindeutigsten beantworten konnten, in bestimmter Weise Ihrer Konstitution entspricht.

An jedem Punkt des Enneagramms ist eine spezifische Charakteristik konzentriert. Wir finden eine ganz bestimmte Ausrichtung der Lebensenergie, die unterschiedliche Ziele anvisiert, um den Selbsterhalt sicherzustellen. Wir sprechen hier über das tief verankerte Bestreben aller kreatürlichen Ganzheiten, den Lebensprozess zu bewahren, indem das Gleichgewicht der Kräfte gewährleistet wird. Der vehemente Impuls, der abrupte Veränderung bewirkt, gehört ebenso dazu. Zu schauen, wie ich mich als Typ in ganz festgelegten Bahnen bewege, ist der erste Schritt, mich aus der Mechanik der Abläufe zu befreien, um bewusst handelnd den vollen Nutzen meiner Persönlichkeit der Welt zur Verfügung stellen zu können. Wir beschreiten damit den Erfahrungsweg zu einem authentischeren Dasein.

In der Pflanzensignatur kommt ein Typus zum Ausdruck

Unsere Fähigkeit zur Abstraktion wird benötigt, um die Analogie und Symbolik zu begreifen, die für die Signatur der Pflanze gilt. Deren Form ist Ausdruck der Erfahrung, die dort verkörpert wird. Sie ist ein authentischer Ausdruck des Selbsterhalts im festen Verbund mit der sie umgebenden Biosphäre. Wenn Abwehr das Thema ist, dann sind konkrete Gegebenheiten im Überlebenskampf vonnöten. Wenn Verführung bezweckt ist, dann ist es ein offenes Nehmen und Geben im Sinne der Fortpflanzung. Wenn die geistige Botschaft der Pflanze ehrlichen Herzens vom Menschen gesucht wird (und nur dann!) wird sie sich in ihrer ganzen Schönheit offenbaren.

Zyklus und Aroma

Im ENNEAROM-System wird das aromatologische Wirkungsfeld der drei Ebenen mit der Systemsymbolik des Enneagramms über das Basisdreieck verknüpft.

Nun haben wir ein dynamisches Modell vorliegen. Wir können damit experimentell einen Lebenszyklus nachvollziehen oder auch nach den Verbindungslinien der symbolischen Figur Aromastoffe miteinander kombinieren*. Der Lebenszyklus im Pflanzenreich wird vom Jahreszyklus geprägt. Der Jahresverlauf ist damit die geistige Quelle und übergeordnete Instanz der pflanzlichen Formschöpfung.

---

* siehe Kapitel 7

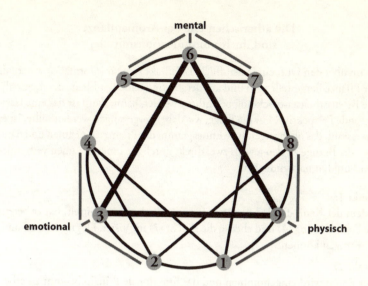

Chronologisch ablaufender Lebenszyklus am Beispiel einer Pflanze

1 Der Keim treibt aus, und die Bedingungen für das Wachstum werden ermittelt.

2 Die spezifische Präsenz der sich entwickelnden Pflanze entsteht.

3 Die Interaktion mit dem Biotop beginnt als Wettbewerb in der Ausdehnung.

4 Die Blüten mit dem tiefen Versprechen der Fortpflanzung entfalten sich.

5 Die Befruchtung hat stattgefunden und Vielfalt ist sichergestellt.

6 Welche Frucht wird sich bilden und welche nicht?

7 Die Fülle der reifen Früchte und das Ziel der Vervielfältigung ist erreicht.

8 Zerfall der Frucht und Geburt einer neuen Saat.

9 Der Lebensraum, in den das Saatkorn fällt, um neu auszukeimen.

Im Verlauf dieses Zyklus entsteht **Information,** welche in das energetische Feld dieser Pflanzenspezies im geistig-seelischen Bereich mündet. Hier liefert die Theorie der morphogenetischen Felder* mit ihrem formenspeichernden Potenzial einen möglichen Bezugsrahmen. Nach Rupert Sheldrake fließt alle Erfahrung der Spezies in einem energetischen Pool zusammen, die wiederum jedem Mitglied der Familie als Information zur Verfügung steht.

---

* Sheldrake, „Die Wiedergeburt der Natur", rororo, Reinbeck 1994

Die ätherischen Öle der Aromapflanze
sind ihr Kommunikationsmittel

Wenn über den Duft ein feinstofflicher Kontakt zu dem Informationsreservoir der Pflanze hergestellt wird und auf der geistig-seelischen Ebene die menschliche Bewusstheitsentwicklung beeinflusst werden kann, dann ist das eine faszinierende Perspektive. Für die Frage, wie dabei vorgegangen werden sollte, ist es interessant, das oben angeführte Enneagramm der Pflanze zu nehmen und dann über die Bezüge zu den jeweils zwei direkt durch die inneren Linien verbundenen Punkten nachzudenken.

Punkt 1:
Indem der Keim die Bedingungen für sein Wachstum ermittelt, hat er bereits die Fortpflanzung (4) und ebenso die Frucht (7) im Visier. Das muss der Standort bringen können.

Punkt 2:
Der Raum wird eingenommen und das funktionale Prinzip beginnt zu arbeiten. Blüte (4) und letztlich die Sicherung der Fortpflanzung (8) sind jetzt zu beachten.

Punkt 3:
Der Wettbewerb im Biotop wird Thema, Einflüsse von außen sind zu integrieren (Schock). Welche Frucht darf reifen (6) und wird das Ziel des Zyklus (9) erreicht?

Punkt 4:
Die Blüte wird hervorgebracht. Ob der Lebensraum (1) die Möglichkeit der Befruchtung gewährleistet (2), entscheidet sich jetzt.

Punkt 5:
Die Befruchtung ist erfolgt. Nun kann die Ausrichtung auf Bildung der Frucht (7) und Sicherstellung der Vervielfältigung (8) erfolgen.

Punkt 6:
Der Unsicherheitspunkt ist da. Wird Frucht sich bilden (3)? Ist der Bestand sichergestellt(9)?

Punkt 7:
Die Frucht reift in der Sonne und der volle Überfluss ist da. Aber jetzt ist auch der Boden für die weitere Entwicklung (1) wieder von Bedeutung, um die Vielfalt (5) aufzunehmen.

Punkt 8:
Die Saat wird vorbereitet. Das funktionale Prinzip für die Sicherstellung der Vervielfältigung (5) am Standort (2) ist jetzt zu beachten.

Punkt 9:
Das Saatkorn fällt in das Leben. Anfang und Ende, der Moment des Überganges ist da. Die Aufgabe für das Überleben des Ganzen ist im Vordergrund.

Das innere Dreieck (9/3/6) beschreibt das, was durch den Lebensprozess an höheren Werten dadurch geschaffen wird, dass Lebensprozesse miteinander in einen lebendigen Austausch treten. Das, was für den Bestand *allen* Lebens geleistet wird, erhält an diesen drei Punkten eine besondere Bedeutung. Im 9er Zyklus tritt an diesen Punkten immer eine wesentliche Veränderung ein, die wie ein Schock anmuten mag. Bei der 3 ist dieser Schock ein Energiestoß, der aus der unmittelbar tragenden Umgebung kommt. Es sind Faktoren, die bei der Entstehung neuen Lebens von Bedeutung sind. Das sind funktionale Zusammenhänge, die aus der Frage „Was behindert mich und was fördert mich?" resultieren. Nach dem obigen Pflanzenzyklus hieße das: Der Platz, den die Pflanze zur Verfügung hat wird von Mitbewerbern eingeschränkt oder erweitert. Das schafft neue Voraussetzungen für die weitere Entwicklung der Pflanze.

Die Harmonie des Zusammenwirkens und die daraus resultierende Hoffnung, das sind die göttlichen Prinzipien, wie sie in diesem Punkt zur Auswirkung kommen.

Für den Punkt 6 stellt sich die Frage der Essenz. Die Erfahrung der essenziellen Qualität als tatsächlich vorhandene Kraft, die das Ziel der gesamten Lebensentwicklung formuliert und damit den benötigten Glauben, dass es so etwas wie *Erfüllung* gibt, wird als Impuls an diesem Punkt vermittelt. Für die Pflanze ist dies der Punkt, wo sich entscheidet, ob die Frucht sich bilden kann.

Das ideelle Ergebnis am Ende der Reise kommt in Punkt 9 zum Ausdruck. Es ist der Punkt, wo das Saatkorn auf fruchtbaren Boden fällt oder nicht. Der fruchtbare Boden ist die Liebe.

Die Liebe ist es, die das Individuum mit der gesamten Schöpfung verbindet.

Aromaarbeit

Ob wir uns dem System von seinem zyklischen Aspekt her nähern oder es als psychologischen Spiegel verwenden wollen, ist für die Aromaarbeit gleichermaßen interessant. Wir erforschen einfach, was der Duft für uns tut.

Wenn das Enneagramm den Seelenaspekt an neun verschiedenen Punkten konzentriert in Erscheinung treten lassen kann, und andererseits die Summe der dort gesammelten Erfahrung zur Essenz führt, dann kann beides sinnvoll sein. Die Definition der in den neun Punkten enthaltenen Information reicht von konkreten körperlichen Gegebenheiten in ihren verschiedenen Entfaltungsstufen bis zur großen kosmischen Einheit, die vom *Sinnsucher* aus jeweils einem spezifischen Blickwinkel als „Heilige Idee" erlebt werden kann.

– 135 –

Das Enneagramm hat den Charakter einer Landkarte für die innere Erfahrungsreise.

An welchem Punkt des Enneagramms sind Sie zu Hause?

Für die Beantwortung dieser Frage können Sie zunächst gern das Ergebnis des Fragebogens aus Kapitel 1 heranziehen. Dort wo Ihr Kreuz ist, haben Sie zumindest die stärkste Anziehungskraft wahrgenommen.

Wir wollen die Bewegungsrichtung der geistig-seelischen Energie anschauen, und uns die Qualität der einzelnen Stationen vergegenwärtigen. Ausgehend von dem Punkt, an dem Sie sich am ehesten wiederfinden gibt es immer zwei Bezugspunkte. Man spricht dabei von Unterstützungspunkten und Stresspunkten. Immer der Punkt, wo der Pfeil hinläuft wird als Stresspunkt gesehen. *Stress* umfasst in diesem Zusammenhang nicht die ganze Dimension der Aussage. Wir empfinden es als Stress, wenn wir die Herausforderung nicht annehmen wollen. Jeder neue Punkt in der Pfeilrichtung verkörpert eher die nächste Aufgabenstellung, die es zu überwinden gilt, was einer Anstrengung bedarf. Der Verlauf der Entwicklungsreise erfolgt also von Widerstand zu Widerstand. Was hinter ihm liegt, das ist eine Erfahrung, die den Reisenden unterstützt. Auf diese Art und Weise zeigt uns das Enneagramm die innere Dynamik unseres Lebens auf.

Wenn wir das zyklische Bild in seiner Symbolik zugrunde legen, dann macht das auch Sinn. Die Qualität, die in der Entwicklung vor uns liegt, ist auch das Thema, das wir zu überwinden haben. Jeder Prozess beinhaltet eine Aufgabe und fordert Entwicklung. So wie die Pflanze ihre Existenz gegen die elementare Gewalt sichert, so müssen sich die Menschen den existenziellen Aufgaben stellen. Das, was wir überwunden und durchlaufen haben, kann uns von innen unterstützen, wenn wir es zulassen.

Die Enneatypen

Im Enneagramm der Fixierungen, wie es von Ichazo über Naranjo, Helen Palmer, Jaxon Bear bis Riso und auch Rohr/Ebert dargelegt wird, lassen sich die folgenden neun Basisstrategien verwenden, um kristallisierte Persönlichkeitsmuster bei anderen Menschen, aber insbesondere bei sich selbst genauer erkennen zu können. Es ist empfehlenswert, sich bei tiefergehendem Interesse des Spektrums mittlerweile erhältlicher Literatur zu bedienen. Orientieren Sie sich gerne an den Empfehlungen im Anhang, wenn Sie sich intensiver mit dem Enneagramm beschäftigen wollen. Besonders wertvoll sind jedoch praktische Erfahrungen in einem Arbeitskreis, aber auch der Besuch von Seminarveranstaltungen kann eine Menge bewirken.

Der psychologische Ansatz setzt voraus, dass ein bestimmtes Reaktionsmuster den Menschen ein Leben lang begleitet. Die *psychologische* Arbeit zielt darauf ab, durch Selbstbeobachtung die begrenzenden Aspekte der Fixierung wahrzunehmen und nach Möglichkeit zu optimieren. Oft dient dies dem Zweck, den gesellschaftlichen Normen besser zu entsprechen und *besser* zu sein. Die Stufen, auf denen man sich mit dem Enneagramm beschäftigen kann, sind jedoch zahlreich und führen durch verschiedenste Zustände von Bewusstheit für die eigenen Verhaltensmechanismen. Wenn wir zum Beispiel alles daransetzen, uns selbst auf die Schliche zu kommen, um dann ganz auf die *Stärken* unseres Musters zu setzen, dann sitzen wir letztendlich aber wieder in der Ego-Falle.

Stärke ist nur die andere Seite der Schwäche

Für eine gewisse Zeit kann es durchaus sinnvoll sein ganz auf seine Stärken zu setzen, reicht aber dann irgendwann nicht mehr. Dazu muss man verstehen, dass die mechanischen Reaktionen von bestimmten äußeren Eindrücken ausgelöst werden. Diese Eindrücke *im Moment* ihres Auftretens durchgängig aus der 2. Ebene wahrnehmen zu können, bedarf sehr großer Übung. Das heißt, in Momenten der Gefahr, des Schreckens oder der Angst, aber auch der Zerstreutheit und des *Schlafens*, obwohl wir wach sind, kommen die mechanischen Muster unweigerlich wieder zum Ausdruck, weil sie durch Unbewusstheit existieren. Insbesondere die letzteren zwei Zustände machen meistens einen beachtlichen Teil unserer „Normalzeit" aus. Gurdjieff nannte es „sich seiner selbst erinnern"*, wenn Bewusstheit aktiv erzeugt wird. Damit meinte er sicherlich nicht, eine mentale Kontroll- und Bewertungsinstanz zu installieren. Der Begriff des *Er-innerns* weist ja bereits darauf hin. Den Bezug zur inneren Gesamtheit von Körper, Gefühl und Gedanke gilt es herzustellen. Unmittelbar die eigenen Regungen, Empfindungen, Reaktionen, Handlungen von einer unabhängigen Warte aus zu erleben, ist das Ziel der Übung. Die Einbindung des eigenen Seins in das große Ganze zu empfinden, schafft Grundvertrauen und eine konstruktive, entspannte Haltung, aus der heraus wir der Schöpfung am besten dienen können. So kommen wir auch dem spirituellen Aspekt dieses Modells näher.

Die Fixierung

Zuerst wollen wir die Dinge weiter von der psychologischen Seite aus betrachten.

Hinter vielen unserer Haltungen, die wir tagtäglich einnehmen, steht eine versteckte Befürchtung, die immer etwas mit *nicht genügen* zu tun hat. Die eine Person hält sich insgeheim für wertlos, die andere für unfähig, die dritte

---

* Ouspensky, „Auf der Suche nach dem Wunderbaren", O. W. Barth, München 1966 für hässlich, die vierte für leistungsschwach, die fünfte für unwissend, die sechste für schwächlich, die siebte für feige, die achte für begrenzt auffassungsfähig, die neunte für generell unterlegen. Die Phantome der eigenen Unvollkommenheit erzeugen eine Trennung zwischen sich selbst und dem tragenden Umfeld.

Die Fixierung weist zunächst immer auf einen Verlust hin

Die Fixierung ist in erster Linie eine Vermeidungsstrategie. Man hat den Kontakt zu einem hohen Wert verloren und vermeidet unter allen Umständen, mit dieser Tatsache konfrontiert zu sein:

 Herrschsucht deutet auf den Mangel an wahrer Kraft hin. Unkontrollierbar gieriges Aufsaugen aller begehrenswerten Ressourcen ist die Folge.

Ist gerne *zornig*, weil es um das Kräftemessen geht und Kampf das Lebenselixier verkörpert.

Der fordernde Punkt ist die 5 mit ihrer distanzierten Eigenständigkeit.

Der fördernde Punkt ist die 2 mit dem überzeugten Selbstbild der eigenen Güte.

 Trägheit zeugt vom Mangel an Sinnhaftem. Alles Bestreben ist darauf ausgerichtet, den Kontakt mit anstrengenden Situationen zu vermeiden, da alles sowieso keinen Sinn hat und eins so gut wie das andere ist.

Ist nur dann *zornig*, wenn der Zorn nicht länger ignoriert werden kann und explodiert dann auch regelrecht.

Der fordernde Punkt ist die 6 mit dem Anpassungszwang an das herrschende System.

Der fördernde Punkt ist die 3 mit dem anregenden Impuls des Möglichen und Machbaren.

 Die *Kritiksucht* zeigt den Mangel an emotionaler Hingabefähigkeit an. Wenn ich mich einer Situation nicht hingeben kann, dann suche ich ihre Fehler.

Ist *zornig* wegen der Unvollkommenheit der Welt und setzt sich selbst höchste Wertmaßstäbe.

Der fordernde Punkt ist die 4 mit dem Thema des unkontrollierbar Emotionalen.

Der fördernde Punkt ist die 7 durch das entspannte Genießen im Lustbereich.

Stolz lässt Mangel an Demut erkennen. Die eigene Schwäche darf einfach nicht sein und wenn es ein Kampf bis aufs Messer wird.

Empfindet *Scham* wegen eigener Bedürftigkeit und blockt dieses Gefühl kämpferisch ab.

Der fordernde Punkt ist die 8 mit der rücksichtslos eigenwilligen Durchsetzung.

Der fördernde Punkt ist die 4 mit der ästhetischen Einzigartigkeit im Auftreten.

 Eitelkeit berichtet vom Mangel an Selbstwert. Das Gegenteil muss deutlich nach außen dargestellt werden, damit man es selber glaubt.

Empfindet *Scham*, weil eigenes Ungenügen vorausgesetzt wird und nur die Arbeitsleistung das Gegenteil beweisen kann.

Der fordernde Punkt ist die 9 mit der Vorstellung persönlicher Machtlosigkeit.

Der fördernde Punkt ist die 6 mit ihrem Glauben an systematische Ordnung.

 Neid lässt auf den Mangel an Lebensfreude schließen. Das Selbstempfinden sieht schwarz, obwohl es nach dem Licht drängt.

Empfindet *Scham*, weil die Vorstellung eigener Banalität sich aufdrängt, und die ersehnte großartige Einmaligkeit unerreichbar erscheint.

Der fordernde Punkt ist die 2 mit der von sich überzeugten Selbstverständlichkeit.

Der fördernde Punkt ist die 1 als kontrollierende Instanz der faktischen Gegebenheiten.

 Geiz weist auf den Mangel an Offenheit hin. Wenn Verlustangst regiert, muss das Herz sich vor den Gegebenheiten schützen. Dem Überfluss wird keine Chance gegeben.

Hat *Angst* vor Leere als solche und Gefühlstiefe im zwischenmenschlichen Kontakt.

Der fordernde Punkt ist die 7 mit der aus der Fülle schöpfenden Überfliegermentalität.

Der fördernde Punkt ist die 8, die mit beiden Beinen in der Welt der Tatsachen steht.

 Feigheit steht für den Mangel an Entscheidungsvermögen. Das Zaudern und Schwanken schafft Spannung, die sich nicht entladen kann, ohne in das Gegenteil zu fallen.

Hat *Angst* vor der Unsicherheit und verlangt nach Regeln und Vorgaben.

Der fordernde Punkt ist die 3, weil undifferenziert optimistisch gegenüber allen Möglichkeiten.
Der fördernde Punkt ist die 9 mit ausharrender Zufriedenheit ohne den Anspruch, zu handeln.

 Vergnügungssucht zeugt vom Mangel an Zufriedenheit. Wenn man mit nichts zufrieden ist, dann vermeidet man das Wesentliche des Moments.
Hat *Angst* vor Schmerz und Entbehrung und schafft sich jede Menge Alternativen.
Der fordernde Punkt ist die 1 durch die konsequent eingeforderte Moral.
Der fördernde Punkt ist die 5 mit ihrem informativen Reservoir an Struktur und Wissen.

Das Enneagramm als Wegweiser

Wir finden eine relativ stark verbreitete Verwertung des Enneagramms als Kompass für psychologische Klassifizierung von Verhaltensmustern. Die nachfolgende Tabelle fasst eine Reihe von Begriffen unter psychologischen Kategorien zusammen. Es ist interessant, dem Unterschied zwischen *Integration* und *Erlösung* nachzuspüren. Erstere hat sozialpsychologisches Gewicht, während letzteres die spirituelle Qualität aufzeigt.

Gruppe	Zahl	Trieb	Abwehr	Idealisierung	Integration	Erlösung
	8	exzessiv	leugnen	tatkräftig	führungsstark	vereinigend
Körper	9	träge	betäuben	ausgeglichen	friedfertig	liebend
	1	zornig	kontrollieren	ehrlich	wach	vollkommen
	2	stolz	manipulieren	hilfsbereit	fürsorglich	selbstlos
Gefühl	3	vortäuschend	identifizieren	kompetent	ehrlich	frei
	4	neidisch	sublimieren	originell	kreativ	ursprünglich
	5	geizig	zurückziehen	wissend	weise	allwissend
Verstand	6	feige	projizieren	loyal	treu	vertrauensvoll
	7	unersättlich	rationalisieren	optimistisch	fröhlich	gegenwärtig

Wir haben also neun Reaktionsmuster, die jeweils in einer Dreiergruppe zusammengefasst werden.

Typ	Energie wird überwiegend	Mechanische Reaktion:
8/9/1	im Körper gespürt	Zorn
2/3/4	als Gefühl erlebt	Scham
5/6/7	im Kopf manifestiert	Angst

Überprüfen Sie doch einmal, ob Sie in Ihrer eigenen Wahrnehmungsfolge ein „normales" Ablaufmuster erkennen können.

Reagieren Sie auf fordernde Eindrücke als erstes körperlich, z. B. die Haare stellen sich auf, das Blut pulsiert stärker, die Hautoberfläche zeigt heiß/kalt Symptome, Atemfrequenz, Herzschlag etc. verändern sich. Entweder es kommt zur Attacke oder Sie gehen in Deckung und als drittes wäre eine angespannte Konzentration möglich?

Oder sind Sie immer zuerst emotional angesprochen, d. h. Gefühlswellen sind sofort da und beeinflussen die gesamte weitere Abfolge von Reaktionen? Mit Begeisterung oder Scham reagieren Sie auf Anforderungen aus dem Umfeld. Es steht ein Arsenal von „Mitteln" oder „Gegenmitteln" zur Verfügung. Wie kann ich die Situation für mich gewinnen? Was muss ich tun? Wie mache ich es richtig? Der Moment muss irgendwie *erzeugt* werden, er kann nicht einfach nur sein.

Im Kopfbereich ist die erste Reaktion mental. Die Gedanken schießen durch den Kopf, mögliche Abwehrstrategien werden blitzschnell durchdacht, eine skeptisch reservierte Haltung wird beschlossen oder ein überraschendes Manöver in eine unerwartete Richtung wird geplant. Das Ergebnis als Folgeerscheinung der eigenen Reaktion steht im Zentrum der Ausrichtung dieser Gruppe.

Das Verlustgefühl ist eine tief verankerte Basiserfahrung, aus der die mechanische Ego-Strategie, den Mangel zu überspielen, entstanden ist.

Es gibt drei grundlegende emotionale Reaktionskategorien in dieser Situation. Sie können mit den Begriffen Zorn, Scham und Angst* definiert werden. Das Ego wird von diesen Emotionen genährt. Die Momente bewusst wahrzunehmen, in denen diese Mechanismen in uns Regie führen, heißt, die Ego-Lastigkeit zu reduzieren und die Entwicklung zur eigenen Mitte hin zu fördern. Dem gefürchteten Mangel ins Gesicht zu sehen und bereit zu sein, ihn zu ertragen, nimmt ihm die Macht über uns. Das bringt uns näher an die Quelle der Wahrheit, unserer Essenz. Es weist uns auf die Schönheit hinter allen Erscheinungen hin. Es zeigt uns den Weg zu unserem wahren Potenzial. Jeder Weg, der zur Essenz führt, ist ein spiritueller Weg. Und es ist ein Weg, der durch das Land der Selbsterkenntnis führt.

---

* Ref. Braham Hansen (Enneagramm-Lehrer)

Die Hohe Idee

Das Enneagramm der „Holy Ideas", wie es von A. H. Almaas, dem Begründer der Ridhwan Foundation, sehr anschaulich vor Augen geführt wird, nimmt nicht nur die fixierten Strukturen unter die Lupe, sondern zeigt die essenziellen Qualitäten an den neun Punkten auf, zu denen man den Kontakt verlieren kann. Den Begriff „Holy Idea" möchte ich frei als *Hohe Idee* übersetzen.

Die Hohe Idee hat einen Symbolcharakter, der geeignet ist, *wesentliche Information* zu übermitteln. Die neun Punkte des Enneagramms stehen für bestimmte Hohe Ideen. Aus dem inneren Kontakt mit einer Hohen Idee zu fallen, hat demnach zur Folge, dass eine unbewusste „Ersatzstruktur" (Ego) vom menschlichen Selbst aufgebaut wird, die mit der menschlichen Willenskraft wie das Kind mit dem Feuer spielt. Wir sprechen von einem Kind der Not, das von Zorn, Scham oder Angst genährt wird und in den Katakomben der Unwissenheit hausen muss.

Wir meinen im Hinblick auf das Ego natürlich nicht den gesunden Selbstbehauptungswillen oder starke Durchsetzungskraft, was als „egoistisch" empfunden werden könnte. Das ist oft ein wichtiger Faktor für Wandel auf der physischen Realitätsebene. Kritisch ist die Ego-Instanz, die automatisch die Knöpfe drückt, wenn eine *heimlich* gefürchtete Situation zu entstehen droht.

Es gilt zu erkennen, dass wir mit unserem „Normalverstehen" die Dinge auf der Ego-Ebene wahrnehmen, und dass die Sicht von dieser Ebene aus ziemlich eingeschränkt ist. Ego sieht nur das, was es sehen *will*, und ist sehr findig darin, die Dinge zu vermeiden, die es *nicht* sehen will.

Die verschiedenen Perspektiven, wie die Punkte des Enneagramms interpretiert werden können, sind Kategorien der Annäherung an die Wahrheit durch Erfahrung.

Jeder Punkt ist eine andere Perspektive der universellen Wahrheit

Auf diesem Weg der Erfahrung ist eine Landkarte von großem Nutzen. Wir sprechen jetzt über das Enneagramm als einem Weg des Geistes, der durch die Niederungen der Illusion und auf den Berg der Erleuchtung führt. Die Ego-Illusion kommt aus einem Bereich, der als *niederes intellektuelles Zentrum* bezeichnet wird, während die Hohe Idee im *höheren intellektuellen Zentrum* einen essenziellen Kontaktpunkt zum spirituellen Kern darstellt. Die „Illusion" ist ein Irrtum in dem Sinne, dass der Blickwinkel aus der fixierten Sicht nur einen sehr eingeschränkten Teil der Wirklichkeit erfasst und wie ein Filter wirkt, der das Bild in eine bestimmte Tönung taucht. Das niedere intellektuelle Zentrum funktioniert automatisch, indem die Gedanken bestimmten Mustern folgen, die durch vorherige Erfahrungen geprägt wurden, ohne dass der Mensch sich dieser Verkettung bewusst ist. Das niedere emotionale Zentrum liefert dazu die entsprechenden Gefühle. Umgekehrt sind es triebhafte Gefühle, die von mechanisierten Gedankenabläufen gefüttert werden. Alles wird unzweifelbar real und sehr konkret erlebt.

Die Rechtfertigungsmechanik in der isolierten Welt der Abtrennung ist verdammt stark und macht die Illusion zur „Wahrheit". Die Einheit und damit auch die Schönheit des SEINS wahrnehmen zu dürfen, erfordert fast immer harte Arbeit. Stellen Sie sich vor: Sie sitzen im Gefängnis, die Hohe Idee ist die Pforte in die Freiheit und die Fixierung kommt, um Ihnen weiszumachen, das Gefängnis wäre die Freiheit. Haben Sie aber diese Lüge erkannt und drücken gegen die Pforte, um in die Freiheit zu gelangen, bleibt sie dennoch verschlossen. Zuletzt treten Sie erschöpft zurück, um festzustellen: Die Tür geht nach innen auf!

Die nachfolgende Grafik zeigt auf, welche Leidenschaften im niederen emotionalen Zentrum für die einzelnen Enneatypen eine besondere Bedeutung haben, und welche Tugenden im höheren emotionalen Zentrum zu erschließen sind:

Auf der mentalen Ebene gibt es auch wieder das niedere und höhere Zentrum.

Im niederen intellektuellen Zentrum existieren unsere Fixierungen als Glaubenssätze, dass wir irgendetwas sein müssen oder nicht sein dürfen. Sei es, dass wir alles verbessern müssen, uns auf nichts verlassen können, die Dinge im Griff haben müssen, um Vollkommenheit ringen, alles genau wissen oder den Patriarchen spielen müssen, es hält uns alles davon ab, die Wirklichkeit objektiv zu sehen. Das ist nur im höheren intellektuellen Zentrum möglich.

In diesem Zentrum kann der Kontakt mit der *Hohen Idee* entstehen. Über allem steht die Überzeugung, dass die Natur aller Dinge wohlwollend, die fundamentale Grundlage des Seins von Natur aus positiv und perfekt ist und die Entfaltung des Universums der eigenen bewegenden Kraft des göttlichen Willens folgt. Das Gesetz heißt, alles folgt dem sich wandelnden Lebensprozess und nichts funktioniert separat von der Bewegung des Ganzen.

Wissen ist das eine, die Erfahrung ist alles

Unsere wahre Natur ist die Quelle allen Seins, mit der wir untrennbar verbunden sind. Alle Grenzen sind Illusion und durch die Erfahrung unserer essenziellen Natur gelangen wir zum Vertrauen in uns selbst. Alle Entwicklung folgt der inneren Logik einer fortschreitenden natürlichen Entfaltung der menschlichen Seele hin zu Selbsterkenntnis und Erfahrung der objektiven Wahrheit von der Einheit allen Seins.

Auch hier zeigt die nachfolgende Grafik die Fixierungen der einzelnen Enneatypen, wie sie im niederen intellektuellen Zentrum angesiedelt sind und ebenso die einzelnen Hohen Ideen im höheren intellektuellen Zentrum:

Leiden im niederen emotionalen Zentrum

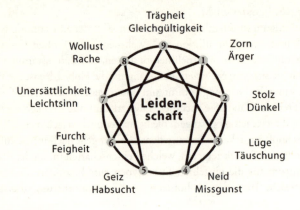

Tugenden im höheren emotionalen Zentrum

Fixierungen im niederen intellektuellen Zentrum

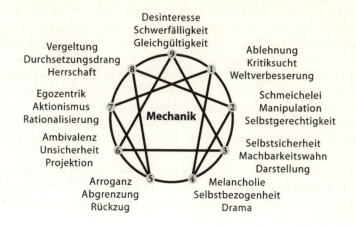

Desinteresse
Schwerfälligkeit
Gleichgültigkeit

Vergeltung
Durchsetzungsdrang
Herrschaft

Ablehnung
Kritiksucht
Weltverbesserung

Egozentrik
Aktionismus
Rationalisierung

Schmeichelei
Manipulation
Selbstgerechtigkeit

Mechanik

Ambivalenz
Unsicherheit
Projektion

Selbstsicherheit
Machbarkeitswahn
Darstellung

Arroganz
Abgrenzung
Rückzug

Melancholie
Selbstbezogenheit
Drama

Hohe Ideen im höheren intellektuellen Zentrum

Liebe
... die innerste Natur aller Dinge ist wohlwollend.
Wir sind alle Ausdruck dieser Liebe

Wahrheit
... Sein ist die ureigenste
Natur von allem was existiert.
Die Einheit von Gott/Welt
oder Geist/Materie

Perfektion
... die fundamentale Grundlage
des Seins einschließlich
unserer selbst ist von Natur aus
perfekt und positiv

Plan
... innere Logik
der fortschreitenden
natürlichen Entfaltung der
menschlichen Seele hin
zur Selbsterkenntnis

Bewusstsein

Wille
... die Entfaltung
des Universums folgt der
eigenen bewegenden Kraft
des göttlichen Willens

Glaube
... die Erfahrung
unserer essenziellen Natur
schafft absolute Sicherheit und
Vertrauen in das eigene Sein

Gesetz
... alles geschieht als Teil des
sich wandelnden Lebensprozesses.
Nichts funktioniert separat
von der Bewegung des Ganzen

Allwissenheit
... als unabtrennbarer Teil des Ganzen
ernährt man die Grenzenlosigkeit des Seins

Ursprung
... unsere wahre Natur
ist die Quelle allen Seins, mit der alles
untrennbar verbunden ist

Archetypen

Auch die Planeten, als die größten individuellen Einheiten unseres Sonnensystems, vermitteln Erfahrung im körperlichen, emotionalen und geistigen Bestand unserer Biosphäre. Sie gelten als Urtypen, die mit universellen Qualitäten in bestimmter Gewichtung innerhalb des menschlichen Wesens und dessen Persönlichkeit eine Rolle spielen. Es ergibt sich in ihrer Charakteristik eine durchaus stimmige Resonanz zu den einzelnen Enneatypen, wie wir in den folgenden Beschreibungen der neun Typen entdecken können.

Wer sich mit seinem Geburtshoroskop befasst hat, kann an dem Einflussbereich bestimmter Planeten auch eine Relation zum entsprechenden Enneatyp in Betracht ziehen.

Alles, was uns hilft, in Beziehung und Kontakt mit der uns umgebenden Welt treten zu können, trägt dazu bei, unserem geistigen Erbe gerecht zu werden. Ob eine Querverbindung sinnvoll ist, kann nur die individuelle Erfahrung zeigen.

Duft und Enneagramm

Wie steht nun die Pflanze in Beziehung zu dieser Situation? Jede Aromapflanze hat ein Artverhalten (Bio-Strategie), eine Auswirkung auf die menschliche Befindlichkeit und ein Erscheinungsbild (Signatur). Aus diesen Faktoren und der elementaren Zuordnung im archetypischen Duftkreis ergeben sich sehr deutliche Bezüge.

Über das Enneagramm ergibt sich also eine Entsprechungsebene zwischen Pflanze und Mensch. Diese Verbindung wird über die Pflanzenbotschaft definiert und lässt sich in Beziehung zu den Enneatypen über die Resonanz auf den Dufteindruck einsetzen, um tiefere Zustände zu spiegeln.

Im Folgenden werden Ihnen die Persönlichkeitsmuster kurz, aber so bildhaft wie möglich, geschildert, der spirituelle Kern kurz umrissen und dann einige Räucherstoffe aufgeführt, die in einem Entsprechungsbezug zu diesen Mustern stehen. Sollten Sie beim Lesen eine besondere Resonanz zu einem der Enneatypen verspüren, dann sind für Sie die zugeordneten Räucherstoffe durchaus interessant, um Ihre persönliche Erfahrung mit dieser Qualität zu machen. Das ENNEAROM-System hat das Ziel, die Dynamik des Enneagramms auf die Anwendung von Duftstoffen zu übertragen, um eine Information aus der Essenz zu bekommen, die in allen Bereichen, in denen es um Kontakt geht, Hilfestellung leistet. Probieren Sie es doch ganz einfach aus, und achten Sie immer auf Ihre persönliche innere Antwort, denn die gibt Ihnen Aufschluss darüber, wie Sie wirklich zu bestimmten Aroma-Qualitäten stehen.

– 146 –

Enneagramm	Ebene	Realität	Typologisierung
– 8 –	Körper	absolut	Platzhirsch
– 9 –	Körper	absolut	Friedensstifter
– 1 –	Körper	absolut	Kritiker
– 2 –	Gefühl	funktional	Helferseele
– 3 –	Gefühl	funktional	Darsteller
– 4 –	Gefühl	funktional	Melodramatiker
– 5 –	Verstand	menschlich	Philosoph
– 6 –	Verstand	menschlich	Zweifler
– 7 –	Verstand	menschlich	Optimist

Die unter „Typologisierung" aufgeführten Beschreibungen reichen natürlich bei weitem nicht aus, den Enneatypus zu umfassen. Betrachten Sie die jeweilige Bezeichnung wie ein Etikett, das helfen kann, bestimmte Grundzüge der Persönlichkeit zusammenzufassen. Sie sind wie der Reiter auf einem Ordner, in dem die vielen Facetten des Typus abgelegt werden können.

Enneagramm-Typ 8

– Platzhirsch –

Das ist der Machtmensch mit Führungsanspruch, dessen Gegenwart nicht zu übersehen ist, wenn er einen Raum betritt. Er liebt die Konfrontation und hat einen starken Durchsetzungsdrang. Unter der harten Schale befindet sich zumeist ein weicher Kern, der um jeden Preis versteckt wird.

Ein „Platzhirsch", der seine Herde beschützt. Er stellt die Regeln auf, hält sich jedoch selbst nicht daran. Ein souveräner Herrscher, der die Schuldthematik nach außen projiziert und bedingungslosen Gehorsam fordert, dafür aber auch ein mächtiges Schutzschild liefert. Schwäche wird unter allen Umständen vermieden. 8er-Menschen neigen dazu, den „Schuldigen" auszumachen und der gerechten Strafe zuzuführen, die eigene Schwäche jedoch kategorisch auszublenden.

Will man ein typisches Beispiel für das Verhaltensmuster dieser speziellen Persönlichkeitsenergie erleben, dann kann das in der Reaktion auf jegliche Art von Konfrontation oder Provokation geschehen. Da erlebt man bei 8er-Menschen eigentlich immer eine sehr eindeutige Resonanz. Sie lieben den Kampf!

Wenn eine 8 den Raum betritt, dann spürt das jeder. Die Schritte sind eher schwer als leicht, es wird eher lauter als leiser und der Raum füllt sich mit einer eindeutigen Präsenz, die sagt: „Ich bin da, habt ihr das alle gemerkt!"

Frauen mit dieser Fixierung entsprechen nicht gerade der gesellschaftlichen Norm des Frauenbildes und leben das Muster weniger radikal als man es bei Männern beobachten kann. Sie werden in jedem Falle auch offensiv versuchen, das Ruder in die Hand zu nehmen, und sind durch ihre massive Präsenz im Auftreten unschwer zu erkennen.

Der Körperaspekt auf der Körperebene

Im Tierreich ist dieser Typus mit seiner ziemlich unter Dampf stehenden Körperenergie am besten mit dem Nashorn zu vergleichen. Du kommst ihm am besten nicht in die Quere und darfst es um Gottes willen nicht reizen. Doch so wie den kleinen Putzvogel, der ihm die Schmarotzer aus den Hautfalten pickt, so beschützt das Nashorn die Schwachen. Kein Raubtier wagt sich in die Nähe eines Nashorns und der Vogel ist dort sicher.

Die „Hohe Idee" dieses Typus heißt **Wahrheit**. Die Wahrheit liegt in der Tatsache, dass EINHEIT das herrschende Prinzip hinter allen Erscheinungsformen ist. Der Verlust dieser Wahrheit lässt Dualität, Kampf und die Schuldfrage entstehen. Da bekommt das Thema Macht einen hohen Stellenwert. Einer muss die Einheit wieder herstellen. Das mechanisch festgefahrene Reaktionsmuster (Fixierung) entsteht somit an der Stelle, wo diese EINHEIT nicht gelebt werden kann, alles aber darangesetzt wird, es mit den nötigen Mitteln und notwendigem Druck dennoch zu erreichen. Almaas bezeichnet diesen Punkt als „Körper der Wahrheit", der als Fakt im Dasein, in der simplen Existenz zum Ausdruck kommt.

Den Kontakt mit der Wahrheit (= Einheit allen Seins) zu verlieren, hat zur Folge, dass die Wahrheit im Sinne von Einheit mit der *eigenen* Kraft (Ego) und in der letzten Konsequenz verkörpert werden muss. 8er-Menschen haben den Drang, die Gesetze für alle anderen zu verkörpern, wozu eine gehörige Portion Selbstherrlichkeit vonnöten ist. Sie leugnen auch beharrlich jeden Faktor, der die uneingeschränkte Macht mindern könnte.

Archetyp: ☉ Sonne

Der Kreis mit dem Punkt symbolisiert die Einheit, aus der das individuelle ICH geboren wird. Die Sonnenkraft ist entscheidend für unser Überleben. Sie ist die Urkraft, die Erscheinen und Entfaltung des Lebens möglich macht. Das Leben erschafft sich in jedem Augenblick neu durch Selbstbehauptung. Es ist eine eigenmächtige Selbstbestimmung, die verlangt, dass man von Wert und Wichtigkeit des eigenen Seins durchdrungen ist. „Ich und kein anderer" ist das Leitmotiv dieser Kraft und aufs engste mit dem Willen verbunden. Sonne verkörpert Lebenswillen und Durchsetzungsfähigkeit. Patriarchalische Attitüde, Ruhmsucht, Geltungsdrang und unbändiges Machtstreben sind als Schattenaspekte der Sonnenkraft zu sehen.

Räucherstoffe mit charakterlichem Bezug zum 8er-Typus:

Kampfer *Cinnamomum camphora*	feurig, körperlich aktivierend, durchdringend, Instinkt orientiert
Pflanzenbotschaft:	„tritt auf und sei stark"
Pfefferminze *Menta piperita*	anregend, durchsetzungsstark, initiativ für Prozessbeginn
Pflanzenbotschaft:	„auf in den Kampf"
Galgant *Alpinia officinarum*	wild und feurig, anregend und stärkend, Energiefluss fördernd
Pflanzenbotschaft:	„spüre die Kraft in deiner Mitte"
Beifuß *Artemisia vulgaris*	stärkt das Männliche und ICH-Kraft, Thema: Macht/Übergang
Pflanzenbotschaft:	„konzentriere dich und handle"
Präriebeifuß *Artemisia tridentata*	reinigt, kräftigt, schützt und zeigt Grenzen auf
Pflanzenbotschaft:	„nimm deine Kraft, hier ist dein Raum"
Olibanum somal. *Boswellia carteri*	reinigend, schützend, feurig, transformativ, männliches Prinzip
Pflanzenbotschaft:	„hör auf das Wort"
Muskatnuss *Myristica fragrans*	mobilisiert und stärkt die Willenskräfte und Handlungsfähigkeit
Pflanzenbotschaft:	„geh' deinen Weg"
Drachenblut *Daemenorops draco*	kraftvoll schützend und stärkend in der Durchsetzung, für Rituale
Pflanzenbotschaft:	„deine Kraft kommt von innen"

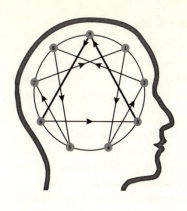

Enneagramm-Typ 9

– Friedensstifter –

Hier finden wir den etwas trägen Menschen, der am liebsten allen mühsamen, unangenehmen Anforderungen aus dem Weg geht. Es gibt für diesen Typus kaum etwas, das es wert wäre, besondere Anstrengungen dafür zu machen. Gewohnheiten wie rauchen, essen, trinken, fernsehen etc. sind die häufig zu findenden Mechanismen in dieser Fixierung, um sich abzulenken und die Zeit über die Runden zu bringen. „Wenigstens habe ich überlebt", ist die relativ anspruchslose Grundhaltung des 9er-Typs. Gleichzeitig ist hier ein ganz sensibles Verständnis für alle anderen Persönlichkeitspunkte zu finden, das die sich scheinbar widersprechendsten Standpunkte nachvollziehen kann. Sie können den anderen so sein lassen wie er ist und eine fast symbiotische emotionale Verbindung eingehen. Kontakt mit solchen Menschen ist in der Regel problemlos, aber leider oft auch etwas unverbindlich. Die Friedfertigkeit ist das Aushängeschild dieser Persönlichkeit. Der Anschein von Ausgeglichenheit geht von ihr aus, was aber nicht unbedingt der Entwicklung dient.

Das ausgeprägte Verständnis für die Belange aller anderen Menschen wird oft dazu eingesetzt, sich persönliche Anforderungen auf sanfte Weise vom Leib zu halten.

Der Gefühlsaspekt auf der Körperebene

Das Ignorieren jeglicher Aggression liegt der Fixierung zugrunde. Man findet dort auch die Tendenz zur passiven Aggression, indem der Partner veranlasst wird, die verdrängten Aggressionen auszuleben. Eine angenehme Stimmung zu schaffen hat hohe Priorität. Dazu passt die amüsante Geschichte von Mullah Nasrudin:

Mullah ist Richter in einer Kleinstadt. Er hat in einem Ehe-Konflikt Recht zu sprechen und hört dazu die Beteiligten an. Die Frau berichtet zuerst von den bedrohlichen Handgreiflichkeiten, die sie durch ihren Mann zu erdulden hätte, er schlüge sie regelmäßig und wäre ein Unmensch ganz besonderer Art.

Mullah hörte ihr nachdenklich zu, nickte dann mit dem Kopf und sagte: „Sie haben völlig Recht." Die Frau ging zufrieden aus dem Raum und der Mann trat ein und begann sofort, sich über die hinterhältige Art seiner Frau zu beklagen, sie würde ihn mit ihren bissigen Bemerkungen bis auf das Blut reizen, solange, bis er nicht mehr ein noch aus wüsste und in seiner Not sich schließlich nur noch körperlich zur Wehr setzen könne.

Mullah hörte wieder aufmerksam zu, saß noch einen Augenblick versunken da und sprach dann: „ Sie haben vollkommen Recht". Und der Mann verließ ebenso zufrieden den Raum.

Als Mullah abends nach Hause kam, empfing ihn seine Frau schon an der Tür mit den Worten: „Mullah, das kann doch nicht dein Ernst sein. Man sagt, du hättest in dem Konflikt zwischen den Eheleuten zu beiden gesagt, sie hätten vollkommen Recht, das kannst du doch so nicht machen!!!"

Mullah sinnierte einen Augenblick, dann sagte er: „Frau, du hast völlig Recht."

Diese Geschichte stellt die Persönlichkeitsstruktur des 9er-Menschen ganz bildlich dar. Die 9er-Energie ist, wie ihre zentrale Position zeigt, ganz stark mit allen anderen Punkten verbunden und kann dementsprechend deren Muster sehr gut verstehen. Dieser Typus ist mit allen Perspektiven irgendwie vertraut und es ist für ihn sehr schwer, eine eigene Position deutlich zu vertreten. Warum sich für eine entscheiden, wenn die anderen genauso möglich sind? Nichts kann wichtig genug sein, um sich wirklich zu engagieren. Der Druck der ausgeblendeten Aggression wird sich in gelegentlichen, unter Umständen sehr heftigen Eruptionen entladen. Problematisch ist die Tatsache, dass diese Menschen leicht in ihrer Lebenssituation stecken bleiben, nicht in Bewegung kommen, sich auf dem kleinsten Nenner mit den Gegebenheiten arrangieren und mit dem simplen Überleben zufriedengeben.

Die Hohe Idee dieses Typus ist allumfassende **Liebe**. Damit ist die Tatsache gemeint, dass alles, was existiert von Grund auf liebenswert ist. Den Erscheinungen des Lebens diese liebevolle Zuwendung geben zu können, ist die große

Aufgabe des 9er-Menschen. Er hat den Kontakt zu dieser Qualität in der Kindheit verloren. Das tief verankerte Gefühl der eigenen Wertlosigkeit lässt ihn nur schwer wirkliches Engagement entwickeln. Damit das niemand merkt und Ansprüche stellt, die man sowieso nicht erfüllen kann, gibt diese Person das, was von den anderen gewünscht wird, ohne wirklich selbst Anteil zu nehmen. Und gerade an diesem Punkt ist es, wo die Liebe für alles, was das Leben hervorbringt ihren Kulminationspunkt findet.

Als Herzpunkt der Körpergruppe nennt Almaas ihn das „Herz der Wahrheit" und meint den ästhetisch sinnlichen, auf Annehmlichkeit ausgerichteten Modus der Wahrheit.

Archetyp: ☽ Mond

Da der Mond sein Licht von der Sonne empfängt, gilt die Sonne als der zeugende Vater und der Mond als die gebärende Mutter. Fantasie und Gemüt, als das Kernthema des Mondhaften, machen etwas traumverloren. Das ist wie im Schlaf, wenn der Unterschied zwischen Traum und Wirklichkeit verschwimmt. Die Körpererfahrung und die sinnliche Reizaufnahme sind zentral bedeutsam, aber trügerisch. Wechsel, Übergang, Gestaltwandel, alle Zustände sind erreichbar. Die Grundhaltung ist zu allem bereit, überall vermittelnd und jeder Lage sich anpassend, mitgetrieben zu sein. Alle archetypischen Aspekte können sich auf die eine oder andere Art im Mondwesen spiegeln. Vor massiven Anforderungen zurückzuweichen, den täglichen Lebenskomfort und sinnliche Annehmlichkeit sicherzustellen und Kontakt mit Körperlichkeit herzustellen, ist mondartig und entspricht auch Enneatyp 9.

Räucherstoffe mit charakterlichem Bezug zum 9er-Typus:

Sandelholz weiß *Santalum album*	macht gelassen und ruhig, zentriert und verbindet
Pflanzenbotschaft:	„spüre den Boden, der dich trägt"
Eichenmoos *Evernia prunastri*	erdend, ausgleichend, entspannend, für Wandlungsphasen
Pflanzenbotschaft:	„folge mir zum Ursprung"
Nagarmotha *Cyperus scariosus*	sinnlich warm umhüllend, regt zum Wohlfühlen an
Pflanzenbotschaft:	„lebe und genieße das Leben"
Adlerholz *Evernia prunastri*	führt zur Mitte, seelisch ausgleichend, Transformationsbegleiter
Pflanzenbotschaft:	„ich trage dich durch den Fluss"
Zeder Himalaya *Cedrus deodara*	fördert Geistesruhe und Entspannung, warm, tiefgründig
Pflanzenbotschaft:	„hier ist Schutz und Stärke"
Zimtrinde *Cinnamomum cassia*	wärmt das Herz und stärkt die Nerven, aphrodisisch anregend
Pflanzenbotschaft:	„Nahrung für das innere Feuer"
Kalmuswurzel *Acorus calamus*	sinnlich, stärkend, aphrodisisch wärmend und geistig aufhellend
Pflanzenbotschaft:	„lass uns neu beginnen"
Olibanum 1a *Boswellia sacra*	reinigend, transformativ, aufhellend, geistig-seelisch öffnend
Pflanzenbotschaft:	„lass die Wahrheit herein"

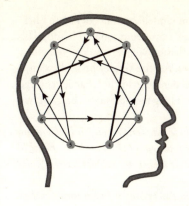

Enneagramm-Typ 1
– Kritiker –

Der Enneatyp 1 ist geprägt von dem Bedürfnis, die Welt zu verbessern. Er hat eine besonders ausgeprägte Wahrnehmung der Dinge, die nicht ganz in Ordnung sind und den Drang, diesen Zustand zu korrigieren. Die kritische Haltung der Umwelt gegenüber schafft ein erschwertes Ausleben der Gefühle, denn dieser Typus steht mindestens ebenso kritisch zum eigenen Verhalten, und kann sich nur sehr schwer emotional einlassen. Dabei würde die Kontrolle möglicherweise verloren gehen und das wäre fatal. Hinzu kommt, dass die Moral eine starke Kategorie für den Enneatyp 1 darstellt und das Triebhafte im Gefühlsbereich eher als eine Bedrohung empfunden wird. Spontaneität aus einem Gefühl der Lust könnte die Ordnung stören. Wird er allerdings auf eine überzeugende Weise mit etwas Geduld an die Sache herangeführt, dann ist er dankbar und offenherzig. Die Entwicklung dieses Typus führt aber über die Brücke, sich auf die Gefühlswelt einlassen zu müssen (4).

Die 1er-Persönlichkeit *weiß* aber ansonsten meist alles besser, weil die intellektuelle Kraft ganz konzentriert auf falsch und richtig ausgerichtet ist.

Der Mentalaspekt auf der Körperebene

Eine eher sparsame, berechnende Haltung, die das Übermaß ablehnt, ist ihm im normalen Leben zu Eigen. Da die fördernde Energie in der 7 liegt, wo der Überfluss herrscht, erlebt man den 1er-Typus häufig mit einem ausschweifenden Alter Ego. Dieser Mister Hyde tritt in fest abgegrenztem Rahmen von Zeit zu Zeit auf den Plan und lebt sich möglicherweise in prassendem Gelage und ausschweifender Sinneslust aus, um dann wieder brav in die abgegrenzte Ordnung der Hauptidentität zurückzukehren. Da der Normalzustand von Anspannung gekennzeichnet ist, sind diese Ausbrüche so etwas wie ein Entspannungsurlaub der Psyche. Die Stärke dieses Typus ist eine absolut exakte Wahrnehmung der faktischen Bedingungen in seinem Umfeld, was als „der klare Blick" bezeichnet werden kann. Die stocksteife bis starre emotionale Haltung lässt ihn jedoch leicht als peniblen und oberlehrerhaften Weltverbesserer erscheinen. Im Tierreich ist er prinzipiell der fleißigen Ameise vergleichbar, die sich in die strenge Ordnung ihres Volkes fügt. Nur ist der menschliche Charakter Spiegel eines Selbstbildes. Der 1er-Typus hat einen Hang zur Selbstgerechtigkeit, wie es die folgende Geschichte darstellt:

„Ein frommer Derwisch aus strenger Schule wanderte an einem Fluß entlang und war gedanklich vertieft in gelehrte und moralische Probleme. Er stellte die fromme Bewegtheit des Gemütes mit dem Suchen nach der letzten Wahrheit auf dieselbe Stufe.

Plötzlich wurden seine Gedanken von einem lauten Rufen unterbrochen. Jemand rief den Derwischruf. Der Derwisch aber dachte bei sich: „So hat das keinen Zweck, denn der Mann spricht die Silben falsch aus. Statt Ya Hu zu intonieren, sagt er U Ya Hu."

Dann wurde ihm klar, dass er als ein besserer Kenner dieser Übung die Pflicht habe, den unglücklichen Menschen zu korrigieren, da dieser nicht richtig angeleitet worden war und daher einfach nur versuchte, sein Bestes zu tun bei der Einstimmung auf das Wesentliche, das hinter den Lauten liegt. So mietete der Derwisch ein Boot und fuhr zu der Insel hinüber, die mitten im Strome lag, und von der Ruf zu kommen schien. Dort fand er einen mit dem Derwischgewand bekleideten Mann in einer Schilfhütte sitzen. Der wiegte sich im Takt des Derwischrufes, den er wieder und wieder ertönen ließ. „Mein Freund", sagte der erste Derwisch, „du sprichst die Worte falsch. Es ist meine Pflicht, dir das zu sagen, denn es ist verdienstlich, Rat zu geben und Rat zu empfangen. Du mußt die Worte auf die folgende Weise intonieren" — und er zeigte es ihm.

„Ich danke dir", sagte der andere Derwisch demütig. Der erste Derwisch stieg wieder in sein Boot, voller Zufriedenheit, weil er etwas Gutes getan hatte. Immerhin heißt es, dass der Mensch, der die heilige Formel korrekt wiederholt, sogar auf dem Wasser wandeln kann; er hatte das noch nie gesehen, hoffte jedoch noch immer – aus irgendeinem Grunde- es einmal zuwege bringen zu können. Nun hörte er nichts mehr aus der Schilfhütte, aber er war sicher, dass sein Unterricht gut aufgenommen worden war. Da plötzlich ertönte wieder ein gestammeltes U Ya Hu, denn der zweite Derwisch rief den Ruf wieder auf die alte Art ...

Während der erste Derwisch sich hierüber noch ärgerliche Gedanken machte und über die Verderbtheit der Menschen und die Hartnäckigkeit des Irrtums nachsann, bot sich ihm plötzlich ein merkwürdiger Anblick: Der andere Derwisch kam von der Insel zu ihm herüber gelaufen – ja, er wandelte auf dem Wasser ...

Verblüfft ließ er die Ruder sinken. Der zweite Derwisch kam zu ihm heran und rief: „Bruder, es tut mir leid, dir Mühe zu bereiten, aber ich mußte herkommen, um dich noch einmal nach dieser Methode zu fragen, damit ich die Worte auf die richtige Weise wiederhole. Habe ich doch Schwierigkeiten, es zu behalten."

Die Hohe Idee dieses Typus ist die **Perfektion**. Dieser Begriff soll uns vermitteln, dass eine klare Wahrnehmung der Dinge wie sie sind die Vollkommenheit der Schöpfung erfassen kann. Demgegenüber steht die beurteilende Haltung, die in falsch und richtig einteilt und von subjektiv begründeten mentalen Regelwerken untermauert wird.

Die Dinge wie sie sind als *genau richtig* zu erfassen und vor allem annehmen zu können, führt in die unmittelbare Gegenwart. Den Kontakt mit dieser Hohen Idee zu verlieren hat zur Folge, dass Perfektion wie ein unerreichbares Ziel in der Zukunft liegt. Das Ego wird sich daran messen, wie nahe es diesem Ziel kommen kann und ganz auf dieses Bestreben ausgerichtet sein. Die kritische Analyse steht als Werkzeug im Vordergrund. Das ist der Kopf der Wahrheit aus der Sicht absoluter Realität.

Archetyp: ♄ Saturn

Der von der Erdkraft Empfangende steht unter dem Kreuz der Materie. Innerhalb der konkreten Realität und ihrer Grenzen verwirklicht sich das Leben sehr deutlich und in klar strukturierter Form. Alles wird gefiltert und in konzentrierter Form präsentiert. Dies ist die Grenzen setzende Kraft, die der Schöpfung kristallisiertes DASEIN verleiht. Hier ist auch der Widerstand gegen das ausufernde Wollen hilfreich zu Hause. Saturnisch erscheint der Instinkt zur Selbsterhaltung der Art als *Gewissen* im Menschen, als *Neinsager,* dessen mahnende Stimme davon abrät, etwas zu tun, was wir nicht tun sollten. Saturn führt im negativen Fall zu komplexhaften Hemmungen, Autoritätszwang, Strenge, Pedanterie und Starrsinn, was als Auslöser von Schuldgefühlen zwar beschränkend wirkt, aber so etwas wie Sozialtauglichkeit erzeugt. Im positiven Falle sind es Tugenden wie Nachdenklichkeit, Verlässlichkeit, Pünktlichkeit, Pflichtgefühl, erfahrenes Wissen und Konzentration auf das Wesentliche. Naives Erleben dieser Kraft lässt den Betroffenen tief in materielle Zusammenhänge versinken. Bewusstes Versenken in das Wesentliche jedoch wird sie zu höchsten Höhen tragen. Das kennzeichnet der Januskopf des Saturn.*

---

* Thomas Ring

Räucherstoffe mit charakterlichem Bezug zum 1er-Typus:

Lebensbaum *Thuja occidentalis*	*Konzentration auf den Sinn des Lebens, Sammlung innerer Kraft*
Pflanzenbotschaft:	„erkenne die Realität"
Patchouli *Pogostemon patchouli*	*warm und erdend, gegen Angst und Unsicherheit*
Pflanzenbotschaft:	„lass dich in die Tiefe fallen"
Weißer Salbei *Salvia apiana*	*gegen negative Einflüsse, klärend, stark atmosphärisch reinigend*
Pflanzenbotschaft:	„schau auf das Wesentliche"
Gewürznelke *Eugenia caryophyllata*	*erwärmend und stimulierend, erleichtert das Loslassen*
Pflanzenbotschaft:	„nimm es an und gib es weiter"
Sandarak *Tetraclinis articulata*	*stärkend und entkrampfend für vegetatives Nervensystem*
Pflanzenbotschaft:	„lass dich in die Klarheit tragen"
Ingwer *Zingiber officinale*	*stimuliert physische Prozesse, nervenstärkend, anregend, wärmend*
Pflanzenbotschaft:	„komm aus der Enge und entscheide frei"
Vetiver *Vetiveria zizianoides*	*erdend, strukturierend für Realitätssinn und Körperbewusstsein*
Pflanzenbotschaft:	„spüre deine Wurzeln"
Galbanum *Salvia apiana*	*reinigend, erdend, befreit von ungeklärten Gefühlen und Zwängen*
Pflanzenbotschaft:	„erkenne, dass du im Fluss bist"

Enneagramm-Typ 2
– Helferseele –

Der Typus 2 hat außerordentlich sensible Antennen, mit denen er die Befindlichkeit von bestimmten Mitmenschen schneller aufnimmt als diese es selbst können. Das *Umsorgen* steht im Zentrum seiner Aufmerksamkeit, die von ihm selbst als hohe Qualität empfunden wird. Somit besteht eine ausgeprägte Identifikation damit, dass man durch und durch *gut* sei. Das Selbstbildnis des 2er-Typus besagt: Ich bin ein guter Mensch. Wer dies anzweifelt, der wird sein blaues Wunder erleben. An diesem Punkt finden wir die Fähigkeit, die Fäden hinter den Kulissen zu ziehen und die „Knöpfe zu drücken". Kraft und Kreativität sind beides Themen, die über die Korrespondenzpunkte energetisch wirken. In Bezug auf Kraft bedeutet es, dass so manche 2 an ihrem Kraftakt (8) in der Wildnis der realen Wirklichkeit verzweifelt, während sie in ihrer Kreativität (4) zu Hause ist, sich dort wohl fühlt und neue Energie tankt.

Es gibt zwei Kreaturen aus dem Tierreich, die Typus 2 zugeordnet werden. Es sind Esel und Katze. Da ist einmal das Arbeits- und Lastentier, dessen Größe und optische Beschaffenheit in keinem Verhältnis zu Leistung und Durchhaltevermögen steht. Andererseits ist dort das elegante Geschöpf mit dem seidenweichen Fell und den großen und durchdringenden Augen, die dem Jäger der Nacht eigen sind. Schnurrige Behaglichkeit kann sich relativ plötzlich in messerscharfe Waffenstarre verwandeln. Beide Kreaturen entsprechen sich jedoch in einem Punkt in signifikanter Weise: Sie wissen, wie der eigene Wille durchgesetzt wird.

Der Körperaspekt auf der Gefühlsebene

Der Körper kann wunderbar manipuliert werden, wenn seine Bedürfnisse rundum erfüllt werden. Das ist eine raffinierte Methode, um Abhängigkeiten zu erzeugen. Der 2er-Typus ist sehr stark auf Beziehung ausgerichtet und möchte vom Partner als etwas ganz Besonderes gesehen und keinesfalls verlassen werden.

Wir befinden uns jetzt beim Übergang von der Körper- zur Gefühlsebene. Die 2 ist auch Teil des Körpertrigons (5-8-2). Die Sinnlichkeit des 2er-Typus ist dementsprechend sehr physisch ausgerichtet. Der Körper ist das Werkzeug dieser Persönlichkeit, und sie schmückt ihn gern sehr kreativ. Dies kann auch auf den körperlichen Raum, das Zuhause, übertragen werden.

Die *Scham* als mechanische Zentralemotion der Gefühlsebene wird beim 2er-Typus im Falle *eigener* Bedürftigkeit ausgelöst. Diese wird mit Stolz abgewehrt. Da der Wunsch nach seelischer Vervollkommnung eine gewisse Bedürftigkeit voraussetzt, ist das wirkliche Erkennen der eigenen Muster in dieser Fixierung besonders schwer.

Die Hohe Idee des 2er-Typus heißt nach Almaas **Wille**. Diese Idee ist mit Wandel eng verbunden. Was gilt es zu tun, um der Wahrheit näher zu kommen? Mit der Kraft des Wandels zu fließen ist die beste Form, damit umzugehen. Und ein Teil dieser Kraft zu sein bedeutet ultimative **Freiheit**. Deshalb ordnet Almaas diese zweite Hohe Idee dem Punkt 2 ebenso zu. Alles, was geschieht, steht in einem großen Zusammenspiel, wo alles sich gegenseitig bedingt. Hinter all dem steht der göttliche Wille. Er kann als die heilige Wahrheit des 8er-Typus aus der Sicht des Handelns bezeichnet werden. Durch den Willen geht die Einheit in Aktion. Hinter allem was ist, steht der heilige Wille. Das Wissen um die untrennbare Verbindung mit dem Ganzen (Typus 5, Transparenz) legt die Verbundenheit aller Abläufe ebenso nahe. Ein Teil des heiligen Willens zu sein, lässt die Erfahrung heiliger Freiheit möglich werden. Es ist die Freiheit der Hingabe.

Den Kontakt mit der Hohen Idee des Willens zu verlieren bedeutet, den persönlichen Willen als zentrale Kraft etablieren zu müssen. Das äußert sich in Abneigung gegen dieses und jenes und einer hoher Bewertung des eigenen Handelns. Mit Stolz wird der eigene Weg verfolgt, um damit den eigenen Willen zu leben. Das eigene *Gut-sein-Wollen* wird zum Zentralimpuls des Handelns und führt in die Unfreiheit. Es ist dann tief im Innern das Vertrauen abhanden gekommen, dass der Lauf der Dinge gut ist wie er ist.

Archetyp: ♀ Venus

Das Kreuz unter dem Kreis steht für Erdverbundenheit. Der Kreis als Symbol der Vereinigung ist also in den Sinnen und der Körperlichkeit verwurzelt. Wir entdecken in dieser Qualität auch den Schritt von der starren Form in die lebende Funktion. Das Schöne und Vereinigende steht oft im Kontrast zur Realität. Diese Kraft ist auch das Streben nach einer Ästhetik, die Wohlklang erzwingt und das Grausame mit dem Schönen verbindet. Sie entspannt sich im künstlerischen Ausdruck und berichtet von dort über die Rastlosigkeit ihres Wirkens in der Welt der Gegensätze. Ihre Botschaft ist das sinnliche Erleben der Gegenwart. Kontakt wird geschaffen und das Genießen ist zentrales Element, aber es regiert auch die Polarität von Lust und Unlust. Erfüllung und Bedürftigkeit sind die Themen der Venus. Das spiegelt sich in der Liebesvereinigung, wenn in der vollkommenen Harmonie der Moment stillsteht und dann wieder in die Zeit und ihre Gegensätze zurückfällt.

Im negativen Fall wird ständige Reizsteigerung im Äußeren gesucht, ohne dass sich Befriedigung einstellen kann. Der weibliche Bezug der Venus-Thematik kommt in der Polarität zwischen reiner Schönheit und ästhetischer Bestechlichkeit ebenso zum Ausdruck, wie in der Haltung, die bewirkt, ohne zu handeln. In der Dynamik des Männlichen ist die nächste Phase der Entwicklung zu suchen.

Räucherstoffe mit charakterlichem Bezug zum 2er-Typus:

Sandelholz rot *Pterocarpus santalinus* Pflanzenbotschaft:	*aphrodisierend, entspannend, sehr gut als Trägermaterial für Öle* „sich der Sache ganz hingeben"
Fenchel *Foeniculum vulgare* Pflanzenbotschaft:	*entspannend, stressabbauend, tröstend, schenkt Klarheit* „schütte dein Herz aus"
Sternanis *Illicum verum* Pflanzenbotschaft:	*warm und tröstend, entspannend, vertrauensbildend, schützend* „lass dich fallen, du wirst aufgefangen"
Damiana *Turnera diffusa* Pflanzenbotschaft:	*aphrodisierend, kräftigend, euphorisierend für Liebesräucherung* „lass dich entzünden"
Western Red Cedar *Thuja plicata* Pflanzenbotschaft:	*verbreitet heilige Erhabenheit, kraftvolle Präsenz, Schutz und Harmonie* „hier darfst du sein"
Sugandha kokila *Cinnamomum cedidodaphne* Pflanzenbotschaft:	*wärmend, dunkel aromatisch, schafft festliche Stimmung* „komm zur Ruhe und genieße"
Myrrhe *Commiphora abyssinica* Pflanzenbotschaft:	*schützend, erdend, regenerierend, hilft unterdrückte Gefühle zu lösen* „erhebe dich aus dem Gebundensein"
Benzoe sumatra *Styrax benzoin* Pflanzenbotschaft:	*Geborgenheit und Frieden nach der Schärfe des ersten Eindrucks* „gib dich der Verwandlung hin"

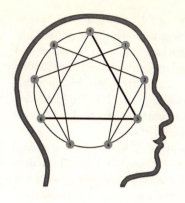

Enneagramm-Typ 3

– Darsteller –

Der Enneatyp 3 ist ein Darsteller, weil die Notwendigkeit, etwas darzustellen, in seiner Wahrnehmung sehr viel mit Daseinsberechtigung zu tun hat. Ohne eine aktive Leistung zu bringen, kann man kaum erwarten, vom Umfeld akzeptiert zu werden. Da sitzt die Vorstellung ganz tief, nur durch das eigene Handeln liebenswert sein zu können. Dementsprechend entsteht an diesem Punkt der quälende Drang immer noch besser werden zu müssen, hält den Typus in Bewegung und gönnt ihm keine Pause. Da ist natürlich auch die Qualität der perfekten Performance. Die 3 weiß, wie Erfolg *gemacht* wird. Das ist ihr Terrain.

Gesellschaftlich ist diese Qualität äußerst anerkannt, deshalb fällt es diesem Typus auch nicht leicht, ein Problem in seiner Fixierung zu erkennen. Es ist doch alles im Griff.

Man muss sich vorstellen, wie es ist, zwischen ständig rotierenden Rädern steckenzubleiben, dann spürt man ein wenig von diesem Dilemma. Das Gefühl der Hilflosigkeit wird mit dem unablässigen Tun zugedeckt. Von alleine passiert nichts. Das ist die Vorstellung. Die Hilflosigkeit ist in der Kindheit entstanden. Da ist man irgendwo aus dem Vertrauen gefallen, dass alles so, wie es ist, in Ordnung geht. Dies wird der eigenen Mangelhaftigkeit zugeschrieben. Man hat irgendwie versagt. Das erzeugt ein Gefühl von Hilflosigkeit, dem von da an mit allen Mitteln entgegengearbeitet wird.

Der Gefühlsaspekt auf der Gefühlsebene

Die eigene Leistung ist das, was zählt. Das Ziel ist die Gewinnerseite, und die muss erarbeitet werden. Es zeigt sich deutlich das zwanghafte Bestreben, durch Aktivität, welcher Art auch immer, das eigene Dasein rechtfertigen zu müssen. Mit Scham reagiert dieser Typus, wenn er von seiner Hilflosigkeit aus dem

Hinterhalt attackiert wird. Dieses ungeliebte Gefühl löst mechanische Abwehr durch aktive Identifikation mit der nächstgelegenen Möglichkeit aus. Wir finden hier große Flexibilität. Mit Möglichkeiten kann Enneatyp 3 hervorragend jonglieren. Wir finden an dieser Stelle Erfindungsreichtum und Entwicklung ohne Ende, aber das Handeln dieses Typus kann oft flach, glatt bis stromlinienförmig und etwas konturenlos wirken. Ein ausgeprägter Hang zu Identifikation und das Imitieren dessen, was opportun erscheint, macht deutlich, wie sehr die Wahrnehmung auf das Äußere ausgerichtet ist.

Analoge Signaturen aus dem Tierreich sind der Pfau, der sein Rad schlägt und eine höchst eindrucksvolle Illusion erzeugt. Ebenso das Chamäleon, dem es gelingt, sich in kürzester Zeit ganz seiner Umgebung anzupassen. So können 3er-Menschen auch außerordentlich unterhaltsam sein. Sie bereichern jede Party mit einem Feuerwerk an kreativen Ideen, haben zu allem etwas zu sagen und bringen oft den zündenden Funken in einen Prozess hinein.

Für diesen Typus ist weniger das Ziel als ein funktionierender Weg von Bedeutung, deshalb ist er leicht der Selbsttäuschung verfallen und muss sich die Wahrhaftigkeit hart erarbeiten.

Die Hohe Idee des Typus 3 nennt Almaas **Harmonie, Gesetz** und **Hoffnung**.

Man hat die Wahl mit den Gegebenheiten der persönlichen Realität zu harmonieren oder sich dagegen zu sträuben, mit dem Ergebnis, dass es im ersteren Falle friedlich zugeht und im letzteren Missklänge die Folge sind. Die Naturgesetze sind allumfassend und gelten ohne Ausnahme. Alles, was geschieht, passiert in kosmisch objektivem Zusammenhang. Einmal die große innere Dynamik im Ablauf der Lebensprozesse zu erkennen und Vertrauen in diese lebendige Ganzheit zu bilden, schafft wahre Hoffnung. Es ist eine aktive Energie, die von diesem Punkt ausgeht. Sie ist auf das Funktionieren ausgerichtet und transportiert Wandel und Bewegung. *Hoffnung* korrespondiert mit Liebe (9) und Glaube (6). Das „Heilige Gesetz" ist mit dem Begriff der *dynamischen Gegenwart* (= alles entfaltet sich im Moment) zu erklären. Die Schöpfung passiert in jedem Moment immer wieder neu. Jeder Moment ist ein neuer Ausdruck des SEINS. Er wird sichtbare Form und wir sind ein Teil von ihm. Mit der objektiven Realität in affirmativem Kontakt zu sein, lässt die *Harmonie* in der sich permanent neu entfaltenden Schöpfung erkennen. Hier ist der Optimismus zu Hause.

Den Kontakt mit diesen Hohen Ideen zu verlieren heißt nicht pessimistisch, sondern zweckoptimistisch im Sinne des eigenen Handelns zu sein. Wenn das Vertrauen in die sich im besten Sinne von selbst entfaltende Schöpfung fehlt, dann ist der „Macher" gefragt. Die Eitelkeit füttert die zwanghafte Illusion, für die Entfaltung des Lebens zuständig zu sein. Das Ego konzentriert sich auf totale Identifikation mit dem eigenen, vom Ganzen abgetrennten Tun und getan wird, was funktioniert. Es ist aber ein etwas krampfhaftes Tun, weil sich dahinter das panisch vermiedene Gefühl von Hilflosigkeit verbirgt. Die Eitelkeit steht für ein künstlich überhöhtes Selbstbild, das krampfhaft aufrechterhalten werden muss.

Sinn und Absicht des eigenen Handelns ist für diesen Typus eine ganz zentral zu stellende Frage.

Archetyp: ♃ Jupiter

Kreuz und Halbkreis stehen auf gleicher Ebene. Erdkraft und Entfaltung sind partnerschaftlich verbunden. Aufnahmefähigkeit ist Garant für Wachstum. Dies ist die archetypische Kraft des Sinngebenden. Was ist der Wert des einzelnen Lebensprozesses?

Wettbewerb bewirkt als Triebfeder des Handelns, dass danach getrachtet wird, das Bestmögliche zu erreichen. Der aktive Impuls kommt von außen, um den Prozess neu zu energetisieren.

Wir stehen in der physisch erfahrbaren Welt und stoßen an die Sinnfrage. Die Frage nach der Wertigkeit des zu schaffenden Werkes muss hier die Idee der höchsten Möglichkeit gewinnen. Das Ideal wird hier als Seelenbild empfangen. Unproduktiv zu sein würde die Schöpfungsentwicklung begrenzen und findet hier keine Akzeptanz. Alles, was Spannung auch aus gegenläufigen Wertvorstellungen erzeugt, wird auf immer neue Art in Einklang gebracht. Dazu ein Zitat von Thomas Ring:

> *„Sinn ist etwas, was mitten zwischen Vergangenem und Künftigem dem Augenblick sein Provisorium abnimmt, worin er im Zweck gespiegelt erscheint, um ihn über sich selbst hinauszuheben in eine Bedeutung, durch die er gerade so und nicht anders lebenswert wird." (aus: Thomas Ring, „Astrologische Menschenkunde")*

Das Streben nach Erfolg und Glück steht hier für die absolute Ausrichtung auf die Fülle und Vielfalt der Möglichkeiten im Dasein. Der totale Optimismus lebt in dieser Kraft als Glaube an das Bessere. Zum Ausdruck kommt die Jupiter-Kraft im Individuum dann, wenn es seine Werte generiert und als geistiges Wesen tieferen Sinn im Handeln findet.

Wird die Forderung der Jupiter-Kraft ausschließlich auf der Außenseite gelebt und erfolgreich vermarktet, so haben wir ein glattes Bild mit wenig Tiefenschärfe.

Der Erfahrungshorizont will überschritten sein. In diesem Archetyp ist die selbstregulative Sinnhaftigkeit der ineinandergreifenden Lebensprozesse zu Hause. Bei exzessiver Entfaltung kennt Jupiter die Obergrenze des Optimalen. Vom mechanisch sinnvollen Vorgang bis zu seelischen Urbildern, die sich nur noch erfahren und nicht mehr beschreiben lassen, führt uns Jupiter mit seinem Licht.

Der Schatten, den Jupiter wirft, heißt *vorgetäuschter Sinn*.

Räucherstoffe mit charakterlichem Bezug zum 3er-Typus:

Opoponax *Commiphora erythraea*	aktivierend, Fantasie anregend, sensibilisierend und ausgleichend
Pflanzenbotschaft:	„sei hier und jetzt"
Tonkabohne *Dipteryx odorata*	stimmungsaufhellend, ausgleichend, verbreitet Heiterkeit
Pflanzenbotschaft:	„genieße und entspanne"
Benzoe siam *Styrax tonkinensis*	sinnesbetont, aphrodisierend, euphorisierend, stärkt Fantasie
Pflanzenbotschaft:	„spüre die heilende Kraft in dir"
Syr. Steppenraute *Peganum harmala*	geistaufklärend, entspannend, aphrodisisch, stimmungsaufhellend
Pflanzenbotschaft:	„folge mir in das Licht"
Tolubalsam *Myroxylon balsamum*	lösend, entspannend, öffnend, aufbauend und kräftigend
Pflanzenbotschaft:	„ich heile deine Wunden"
Gummi arabicum *Acacia arabica*	schützt, steigert die Sensibilität, schafft verbindliche Atmosphäre
Pflanzenbotschaft:	„Harmonie ist möglich"
Kardamom *Elettaria cardamomum*	vitalenergetischer Impuls, erwärmend, belebend, aufhellend
Pflanzenbotschaft:	„Freude macht zuversichtlich"
Süßgras *Hierochloe odorata*	aktiviert positive Kräfte, schafft Verbindung und Einklang
Pflanzenbotschaft:	„suche deine Vision"

Enneagramm-Typ 4

— Melodramatiker —

An diesem Punkt finden wir den unverstandenen Künstler. Die Tiefe der Erfahrung wird gesucht, und das banale Treiben der Welt ist dem Enneatyp 4 höchst zuwider. Er hält sich für etwas ganz Besonderes und leidet in der Regel unter dem Unverständnis seines persönlichen Umfelds. Ganz besonders wichtig ist diesem Typus die Authentizität seines Auftritts, und er wird unter Umständen sehr viel Zeit aufwenden, diesem Anspruch gerecht zu werden.

4er-Menschen lehnen plakative Schönheit ab. So kann viel Zeit darauf verwendet werden, einen Eindruck zu erzeugen, als hätte man überhaupt keine Zeit für den authentischen Auftritt aufgewendet, denn die *Natürlichkeit* ist Authentizität schlechthin.

Der Mentalaspekt auf der Gefühlsebene

Ihn beschäftigt die Frage, was die Umwelt über ihn *denkt*. Ein negatives Selbstbild lässt ihn zwischen ausgeprägter Egozentrik und tiefer Melancholie hin und her treiben. Die tiefe Sehnsucht nach dem Wahren und Echten muss ihn immer wieder an der Realität verzweifeln lassen. Stets wird dieser Typus die Gegebenheiten daraufhin kontrollieren, ob die Authentizität tatsächlich gegeben ist.

Neid und Missgunst stehen als Leidenschaften dahinter und wollen prüfen, ob möglicherweise jemand anders den Kontakt zur Gefühlstiefe oder sonstiger essenzieller Attribute besitzt. Diese Suche nach der unerfüllbaren Vollkommenheit ist das Terrain des Enneatyp 4. Wir erkennen hier die unterstützende Kraft der 1er-Energie. Das Verbotene und Dunkle, dessen emotionaler und unkontrollierbarer Einfluss von der 1 gefürchtet wird, hat für ihn eine besondere Anziehungskraft. Gleichzeitig verwirklicht der 4er-Typus durch diszipliniertes Arbeiten im Schöpferischen sein Potenzial.

Die Perspektive des Typus 2 fordert Hingabe an die Qualität des Dienens. Kritik oder womöglich auch noch Hilfestellung ist der 4 zuwider. Das Selbstbild des Besonderen erfordert, dass eigene Normen geschaffen werden.

Im künstlerischen Ausdruck findet sie das geeignete Mittel, die tiefe Sehnsucht auszuleben. So treibt dieser Typus oft als tragisch-romantische Figur mit manisch-depressiven Anwandlungen durch ein Lebens-Epos, das in eindringliche Farben von Liebe, Schönheit und Tod getaucht ist. Die 4er-Frau träumt vom Prinzen, der sie auf sein weißes Ross hebt und in die Glückseligkeit entführt. Aus der Ferne winkt immer wieder dieses Ideal. Wenn der Prinz näher kommt, dann sieht sie nur noch seine Mängel und er muss verstoßen werden, um wieder zum Ideal zu werden.

Im Tierreich ist das schwarze Rassepferd das Symbol. Ein Bild der Schönheit, voll Anmut und Kraft, das aber von extremer Empfindlichkeit ist und im nächsten Moment schreckhaft und nervös den Reiter abwirft. Auch die Auster ist ein passendes Bild. Unter ihrer unansehnlichen Schale formt diese Muschel aus einem Sandkorn eine Perle.

Die Hohe Idee des Typus 4 ist **Ursprung.** Jedes Stadium der Lebensentfaltung ist Ausdruck des absoluten Seins und untrennbar mit der essenziellen Quelle verbunden. Essenz ist die Natur der Seele und jede Erfahrung des Lebens ist in diesem Sinne essenziell. Zu glauben, dass dieser Kontakt einmal da ist und im nächsten Augenblick nicht zeigt, dass die Hohe Idee des Ursprungs nicht verstanden wird. Nehmen wir das Bild des Ozeans zu Hilfe. Die Welle steigt auf und fällt wieder zurück, dennoch bleibt sie in jeder Phase ein Teil des Ozeans. Die Hohe Idee Ursprung in der tiefsten Form zu verstehen heißt, sich als ein Teil von Gottes Traum zu erfahren. Man ist nicht mit der Quelle *verbunden,* sondern *ist* die Quelle. Form existiert als kreativer Ausdruck des Seins. Darin liegt die funktionale Orientierung aus der Perspektive dieses Punktes. Den Kontakt mit dieser Idee zu verlieren erzeugt zynische, selbstzerstörerische Tendenzen. Das Gefühl des Abgetrenntseins von der eigenen Essenz erfordert den Kraftakt des Egos, die Illusion der eigenen Besonderheit künstlich zu erzeugen und dabei authentisch zu erscheinen. Es ist wie der verzweifelte Versuch, sich selbst zu erschaffen. Es erfordert sehr viel Kreativität und reicht doch nie aus. Almaas bringt die Haltung des Enneatyp 4 mit dem folgenden Bild zum Ausdruck:

„Es ist, als stündest du in einer Vollmondnacht mit einer Tasse Wasser, starrst auf das Spiegelbild des Mondes in deiner Tasse und glaubst, du hättest deinen eigenen Mond."

Archetyp: ♆ Neptun

Das von oben Empfangende und das Kreuz des Irdischen haben bei diesem Symbol die gleiche Mitte. Die irdische Existenz dürstet nach himmlischer Inspiration. Beides ist im Inneren eins und das instinktive erdgebundene Spüren verschmilzt mit einem nebulös verschleierten Jenseits. Neptun lebt auf der Entsprechungsebene. In der Kunst werden die Dinge mit Neptuneinfluss chiffriert, um Transparenz zu schaffen. Die menschliche Psyche bekleidet sich mit diesem nebulösen Material, um die Quelle des Seins zu erreichen. Dem Ursprung allen Seins im Mantel des Geheimnisvollen zu begegnen, darin liegt die Lyrik des Neptun. Sie berichtet von einer Wahrheit, die so märchenhaft, mystisch und überirdisch ist, dass man sie nur noch allegorisch ausdrücken kann. Bei Venus ist das schöne, wohlproportionierte und gefällige Moment im Spiel. Neptun hingegen strebt zum dramatischen, großartigen und tiefgründigen Ausdruck. Wenn seine Kraft im Wollen der Venuskraft verfangen ist, dann kann der Ausdruck auch zu Stimmungskitsch oder bizarrer Form degenerieren. Im Visionären, als dem Bereich wo Genie und Irrsinn sich begegnen, findet man die schöpferische Domäne von Neptun. Entzücken und Grauen liegen bei keiner anderen Kraft so dicht beieinander. Dennoch treten sie nicht plakativ zutage, sondern bleiben hinter einem Schleier verborgen. Auf der Seelenebene herrscht so etwas wie ein *Fernweh nach nie Erlebtem und doch wie aus Urzeiten Bekanntem.**

Bei negativer Ausprägung im Ausdruck dieser Kraft, rufen die schnell wechselnden Stimmungszustände mystifizierende Wahrnehmungen hervor, die im Gefühlsleben unbegründete und unerfüllbare Erwartungen wecken. Die Frage nach *echt oder unecht* wird als Charakterprobe angewendet und Dissonanzen dafür eingesetzt, um vom Mittelmaß wegzukommen. *Es besteht der Hang, eine erdichtete Atmosphäre um sich herum zu verbreiten, die über die Banalität des Alltags hinaushebt in eine „Wunderwelt" mit einer Quelle, an deren Rand ein wahrer Dichter seltsame Blüten von morbidem, weltschmerzlichem Reiz pflückt.***

---

* Ring, „Astrologische Menschenkunde", Hermann Bauer, Freiburg 1981
** Enneagramm-Tierfabeln

Räucherstoffe mit charakterlichem Bezug zum 4er-Typus:

Guajakholz *Guajacum officinale*	*öffnend und befreiend, euphorisierendes Aphrodisiakum*
Pflanzenbotschaft:	„hier sind Feinsinn und Kraft vereint"
Guggul *Commiphora mukul*	*vertreibt negative Energien und Phantome, psychisch stark erdend*
Pflanzenbotschaft:	„komm in deine Mitte"
Koriander *Coriandrum sativum*	*umstimmend, erweiternd, ausgleichend, für Liebesräucherung*
Pflanzenbotschaft:	„schaffe dir neue Räume"
Moschuskörner *Hibiscus abelmoschus*	*aphrodisierend, bringt in Kontakt mit unbewussten Gefühlen*
Pflanzenbotschaft:	„spüre, wer du bist"
Angelika *Angelica archangelica*	*stärkt Abwehrkräfte, schafft Vertrauen in das eigene Selbst*
Pflanzenbotschaft:	„komm zu deinen Wurzeln"
Iriswurzel *Iris germanica*	*sinnlich, wärmend, harmonisierend, löst seelische Blockaden*
Pflanzenbotschaft:	„lebe deine Träume"
Gewürzlilie *Kaempferia galanga*	*reinigend, feurig, anregend für den Energiefluss im Bauchbereich*
Pflanzenbotschaft:	„lass dich nicht unterkriegen"
Labdanum *Cistus ladaniferus*	*berührt das Verborgene und stärkt das Körperbewusstsein*
Pflanzenbotschaft:	„Balsam für deine Wunden", „spüre dich selbst"

Enneagramm-Typ 5

– Philosoph –

Der 5er-Mensch bleibt gerne auf Distanz. Ihm ist sehr daran gelegen, die Welt aus einer objektiv allgemeingültigen Perspektive zu analysieren, ohne selbst an ihr teilzunehmen. Die Emotionalität wird stark zurückgenommen und hinter einer trockenen und hölzern wirkenden Fassade versteckt. Der Humor ist oft einfallsreich, obwohl weniger riskiert und eher, abgesichert durch Erfahrung, die lebendige Komik des Augenblicks zu erhaschen gesucht wird. Der Typus 5 lebt stark isoliert in der Gedankenwelt. Die Körperlichkeit beschäftigt ihn dabei sehr. Seine Sorge gilt voll und ganz dem Erhalt des eigenen Bestands.

Der Körperaspekt auf der Kopfebene

Er ist ein Sammler vieler Dinge und kann sich nur sehr schwer von etwas trennen, wobei ihm eine ausgeprägte Anspruchslosigkeit in materiellen Dingen zu Eigen ist. Eine asketische Haltung bringt zum Ausdruck, dass hier auch die Körperenergie der Mentalgruppe zu finden ist. Es wird hingegen die Leere gefürchtet und insbesondere die Zeit für andere Menschen oder Situationen sehr eng bemessen. Meistens haben diese Menschen wenig Zeit, einfach nur da zu sein. Jeder Ablauf wird geplant und jeder Phase nur der für unbedingt notwendig gehaltene Zeitrahmen eingeräumt. Da die 5er über die Wertigkeit der Dinge urteilen und sich gleichzeitig persönlich raushalten, entsteht leicht der Eindruck von Arroganz.

Man bezeichnet den 5er-Typ als konsequenten Nehmer, dem das Geben vielleicht theoretisch, selten jedoch praktisch leicht von der Hand geht.

Der *Rückzug* in den Elfenbeinturm ist charakteristisch für diesen Punkt. Diese Menschen wollen sich alle Zusammenhänge des Lebens auf der Erkenntnisebene einverleiben, wissen wie die Dinge einzuordnen sind, ohne sich selbst einlassen zu müssen. Dabei geht es ihnen insbesondere um die emotionalen

Verwicklungen. Distanzlosigkeit auf dieser Ebene ist ihnen zuwider und sie versuchen, sich um jeden Preis solchen Situationen zu entziehen. Wir finden hier den zerstreuten Professor mit skurrilen Gewohnheiten, den weltfremden Bücherwurm und auch den anspruchslosen Eremiten. Die Lebensumstände dieses Typus sind meistens eher karg, aber das, was er besitzt, wird um keinen Preis aufgegeben. Dabei spielen Bücher eine große Rolle. Auch in Beziehungen schätzt die 5 eine unabhängige Form des Zusammenseins.

Die Hohe Idee dieses Punktes heißt **Allwissenheit** und umfasst die Vielheit in der Erscheinungswelt als Ausdruck des Einen. Aus der Sicht des Menschen ist es auch die Hohe Idee der **Transparenz,** weil die äußeren Grenzen zwischen den Erscheinungen für den Betrachter transparent werden und erkennbar wird, dass es in Wahrheit keine vom Ganzen getrennte Existenz gibt. Die daraus resultierende Aufgabe ist, sich als „Auge des Universums" zu begreifen, durch die der Kosmos sich selbst in seiner Mannigfaltigkeit wahrnehmen kann. Das bedeutet, in seiner menschlichen Wirklichkeit zu verbleiben, und sich dabei als unabtrennbarer Teil des großen Einen zu empfinden. Diese Tatsache abzulehnen und sich dabei als so etwas wie ein abhängiges Anhängsel vorzukommen, lässt darauf schließen, dass der Kontakt zu der Hohen Idee der Transparenz abhanden gekommen ist. Man möchte unbedingt eigenständig und unabhängig sein und nicht so etwas wie eine Ausbuchtung von etwas anderem, zum Beispiel dem Vater, der Mutter oder dem Bruder. So entsteht das Konzept der *separaten* Existenz. Damit wird dann auch der Kontakt zur Hohen Idee der Allwissenheit unterbrochen, denn die besagt, dass alles in der Erscheinungswelt Ausdruck des Einen ist.

Archetyp: ☿ Merkur

Das ICH ist jetzt geschlossen in der Mitte und hat die geöffnete Schale oben sowie das Kreuz der Erde als Verwurzelung nach unten. Es ist das Zeichen des Vermittlers und des Verstehenden. Es signalisiert Allwissenheit. Ein besonderer Aspekt dieser Kraft liegt in ihrem Bezug zur Ökonomie: Sparsamkeit der Mittel und Wege, um Höchstergebnisse mit einem Mindestaufwand zu erzielen.

Zweck- und situationsangepasst zu handeln steht im Vordergrund des Interesses. Instinkt ist jetzt abgemeldet bzw. auf die Ebene der intellektuellen Intelligenz transformiert und kühle, betrachtende Distanz wird zu den Eindrücken eingenommen. Der Abstand zu den Eindrücken ermöglicht, die Sinneserfahrung aus dem Ganzen herauszulösen, isoliert zu betrachten und zweckorientiert einzuordnen. Bei dramatischen inneren Konflikten steht Merkur als interessierter Kommentator zur Seite, ohne selbst in den Prozess einzusteigen. Es kommen praktische Kommentare, die etwas mechanisch aus der Sicht des tak-

– 172 –

tisch Klugen oder Unklugen erfolgen. Wenn die allgemeingültigen und objektiven Entäußerungen mehr auf die Wirkung als auf das Ziel ausgerichtet sind und die Prozesse ausschließlich von außen behandelt werden, dann erleben wir den Schatten dieser Kraft. Die Wurzeln sterben ab und der Kontakt zum Urvertrauen geht verloren.

Merkur hat keinen Bezug zu ethischem Pathos. Hingegen kann eine skeptische Wahrnehmung der *verbesserungswürdigen* persönlichen Anteile unter dem Gesichtspunkt ökonomischer Optimierung der eigenen Lebensgrundlage als *intelligenter Umgang mit sich selbst* zu einer inneren Entwicklung führen. Im sozialen Leben erkennt diese Kraft alle Möglichkeiten der Weiterbildung in rastlosem Erwerb von Kenntnissen, um Kenner und Praktiker sein zu können. Es ist der Typus des nüchternen Routiniers, der den Dingen nur genau die Zeit einräumt, die sie im optimalen Fall brauchen dürften.

Räucherstoffe mit charakterlichem Bezug zum 5er-Typus:

Dammar *Canarium strictum*	lichtvoll, frisch und klärend, erheiternd und aufmunternd
Pflanzenbotschaft:	„Helligkeit durchströmt dich"
Lavendel *Lavandula angustifolia*	schafft Klarheit und Reinheit, Frieden und Sanftmut
Pflanzenbotschaft:	„das Schwere weicht vor dem Licht"
Wacholderbeeren *Juniperus communis*	reinigt, erhöht die Aufmerksamkeit und macht Mut
Pflanzenbotschaft:	„fühle dich stark und sicher"
Kopal *Protium copal*	herzöffnend, geistklärend, frisch und beruhigend, „Gehirn des Himmels"
Pflanzenbotschaft:	„Du bist Teil des Ganzen"
Myrte *Myrtus communis*	macht den Geist klar und empfindsam und öffnet die Augen
Pflanzenbotschaft:	„schau durch die Dinge hindurch"
Ysop *Hyssopus officinalis*	wirkt klärend auf die Gefühle, für Erkenntnis und Weisheit
Pflanzenbotschaft:	„hör auf die Stimme des Herzens"
Wacholderspitzen *Juniperus monosperma*	schafft inneren Raum, Klarheit und Weite für die Vision
Pflanzenbotschaft:	„finde deinen Weg"
Alant *Inula helenium*	„Gottesauge/Schlangenwurz", stark beruhigend, schützend, antidepressiv
Pflanzenbotschaft:	„Licht in deine Wurzel"

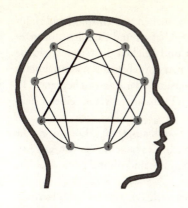

Enneagramm-Typ 6
– Zweifler –

An diesem Punkt finden wir eine tendenziell angespannte Haltung gegenüber der Umwelt. Sie ist geprägt von Misstrauen und Skepsis. Es wird in der Regel eine vorsichtige und zögerliche Verhaltensweise zum Ausdruck kommen, die nach Möglichkeit alle Risiken vermeidet, um potenziellen Gefahren aus dem Wege zu gehen. Wenn dieser Typus einen Raum betritt, dann wird er in Sekundenschnelle die Lage der Dinge mit einem Blick überprüfen, um mögliche Gefahren abzuschätzen und seine Verhaltensweise darauf einzurichten. Demgemäß ist die Projektion von möglichen Entwicklungen die Problematik der 6, weil sie die Vermeidungsschiene darstellt und bis in vollkommen irreale Gefilde führen kann. Dies wird von der folgenden Geschichte verdeutlicht:

> *Mulla Nasrudin rannte eines Nachts aufgeregt durch die Straßen der Stadt und brüllte: „Diebe, Diebe in meinem Haus!!!"*
> *Als er sich beruhigt hatte, fragten ihn die Leute:*
> *„Hast du die Diebe gesehen?"*
> *„Nein"*
> *„Und woher weißt du dann, dass bei dir ein Dieb im Haus ist?"*
> *„Weil ich denken kann, ihr Idioten! Ich wachte auf und dachte gerade über einen Traum nach, als mir einfiel, dass Diebe geräuschlos in Häuser einbrechen und auf leisen Sohlen umherschleichen. Da ich nichts hören konnte, schloß ich messerscharf, dass ein Dieb im Haus war!"*

Der Gefühlsaspekt auf der Kopfebene

Für diese Menschen steht die Frage der Autorität und Hierarchie stark im Vordergrund und es wird immer die eigene Position im hierarchischen Aufbau einer Organisation gesucht, und die Vernunft streng kategorisch im Rahmen dieser Position angewendet, um Probleme zu suchen und entsprechend zu lösen. Loyalität zu Organisationen, in Partnerschaften und Familie ist oberster Grundsatz des 6er-Typus. Obwohl Furcht und Feigheit die Grundschwäche (Phobie) dieses Enneatyps darstellt, findet man dort ebenso den kontraphobischen Typ, der mit einer Art Tollkühnheit versucht, der Angst zu begegnen. Es passt dort das Bild vom Hasenvater, der den Fuchs angreift, um seinen Nachwuchs zu schützen.

Die Ambivalenz des Enneatyps 6 ist sehr stark ausgeprägt. Ebenso wie die Autorität gefürchtet wird, bekämpft er sie auch. Er versucht, sich vor Aggression zu schützen und ist oft selbst höchst aggressiv und nimmt gerne auch die Rolle des „Advokats des Teufels" ein.

Das Selbstbild gleicht oft dem notorischen Verlierer, weil das Grundvertrauen fehlt. Alles was erfolgreich und rundweg positiv anmutet, wird äußerst kritisch betrachtet.

Die große Gabe dieses Typus ist die Wahrnehmung dessen „was in der Luft liegt". Sie können eine fast hellseherische Fähigkeit für das Kommende entwickeln und innere Zusammenhänge intuitiv erfassen.

Die Hohe Idee dieses Typus heißt **Glaube** und bezeichnet das innere Wissen darum, dass man ein Teil des großen Ganzen ist und sich als solcher auf dem Wege der Erfüllung befindet. Damit ist nicht der Glaube gemeint, den wir uns mental zurechtlegen, sondern das Vertrauen, das entsteht, wenn die Realität der eigenen Seele persönliche *Erfahrung* geworden ist. Dieses Vertrauen ist wiederum Grundlage für die Hohe Idee der **Kraft**. Wenn wir also unsere Erfahrung mit der Tatsache machen, dass wir auf eine wunderbare Weise auf der Seelenebene mit dieser Welt der Erscheinungen verbunden sind und uns dadurch als ein Teil der Schöpfung empfinden können, dann manifestiert sich das als essenzielle Kraft. Wir spüren einen Teil der ewigen Natur in uns und können dem Lauf der Dinge Vertrauen schenken. Wir wissen um die Wahrheit, dass wir uns im Sinne der Schöpfung vollenden werden.

Den Kontakt mit dieser Wahrheit zu verlieren bedeutet, das Gute im Menschen nicht erkennen zu können. Da bleibt dann nur der Überlebenskampf übrig und die Notwendigkeit, eine misstrauische bis zynische Haltung zu den Situationen einzunehmen. Jede Begegnung muss auf ihre mögliche Gefahr hin überprüft werden. Der Zweifel an der Qualität des Erlebten lässt auch die Zukunft unsicher und wenig zuverlässig erscheinen. Neben der zweifelnden und unentschlossenen Reaktion gibt es dann auch die tollkühne Methode, sich den *Beweis* der Sicherheit zu liefern, indem man das tut, was man fürchtet.

Archetyp: ⛢ Uranus

Aus der Tiefe des Individuums schießt die Intuition nach oben. Es ist der Durchbruch essenzieller Energie, um die Macht des Intellekts zu brechen. Hier ist auch das Prinzip der Revolution zu Hause. Aus dem geistig-seelischen Potenzial des Individuums heraus kommt der Energiestoß, der den zyklischen Prozess zur Vollendung treibt. Der Begriff des *Höheren Zwecksinns* bezeichnet die Tatsache, dass im Moment des Geschehens die Zusammenhänge scheinbar keiner zweckdienlichen Logik mehr folgen. Der Sinn offenbart sich viel später in der nur nachträglich zu erkennenden Gesamtperspektive. Die Lösung ist unerwartet und entgegen den gängigen Vorstellungen. Es ist das Prinzip der Mutation infolge einer Krise. Diese Kraft schwimmt oft gegen den Strom. Der Motor ist die Intuition.

Dies steht Merkur als dem Erschließer auf logischem Wege entgegen. Die Logik ist objektivierbar, ablösbar vom Ganzen, aber die Intuition ist an die Essenz gebunden und setzt die Verstandesarbeit als Vorbereitung voraus. Letztlich ist es aber die Stille, sich von bewussten Absichten zu entleeren, was die intuitive Gewissheit kommen lässt.

An dieser Stelle entsteht auch das urplötzlich ahnende Wissen über mögliche Gefahrenmomente, die es zu vermeiden gilt. Empfindung und Bewegung werden zu einem Prozess, den wir als Geistesgegenwart bezeichnen können. In kollektiven Katastrophen tritt die Uranuskraft manchmal als Tollkühnheit in Verbindung mit Mars zutage, während sie ebenso völlig ungerührt bleibend, in Verbindung mit der Mondkraft, als Katalysator auftritt.

Wie bei Jupiter finden wir den direkten Bezug zu einem obersten Wert in der All-Einheit. Auf diese gilt es sich auszurichten, um den Prozess auf der geistig-seelischen Ebene zu vollenden.

Räucherstoffe mit charakterlichem Bezug zum 6er-Typus:

Mastix *Pistacia lenticus*	*führt Licht in das Herz, öffnend, klärend, ausgleichend*
Pflanzenbotschaft:	„spüre den Kontakt mit dir selbst"
Eisenkraut *Verbena officinalis*	*stärkend, zentrierend für Problemlösung, fördert Hellsichtigkeit*
Pflanzenbotschaft:	„geh' getrost voran"
Bernstein *Succinum*	*bewahrend vor Angst und gegen Vergesslichkeit und Nervosität*
Pflanzenbotschaft:	„steh' zu deiner Kraft"
Burgunderharz *Picea abies*	*wärmend und stärkend, für Schutz und innere Gelassenheit*
Pflanzenbotschaft:	„du wirst durchkommen"
Tulsi *Ocimum sanctum*	*Schutzkraft, reinigend, stimulierend, „Dämonentöter", öffnet das Herz*
Pflanzenbotschaft:	„du darfst vertrauen"
Lupulin *Humulus lupulus*	*nervenberuhigend, schlaffördernd, verbindet mit dem Feinstofflichen*
Pflanzenbotschaft:	„lass dich fallen, du wirst aufgefangen"
Himalaya Wacholder *Juniperus macropoda*	*aus der Wohnstatt der Götter, Aura reinigend und schützend*
Pflanzenbotschaft:	„geh' in die innere Verbindung"
Asant *Ferula asa foetida*	*„Teufelsdreck/Götterspeise", Abwehr negativer Einflüsse, Feuerkraft*
Pflanzenbotschaft:	„triff deine Entscheidung"

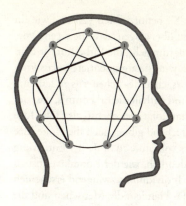

Enneagramm-Typ 7
– Optimist –

Der 7er-Typus ist auf Lebensfreude ausgerichtet. Er hat etwas Kindliches, Naives in seiner Offenheit für alles Schöne und nimmt davon mit, soviel er nur kann. Es sind heitere Zeitgenossen, die ständig neue Pläne und Ideen entwickeln und begeistert jede Anregung aufnehmen, etwas Neues anzufangen, ganz so, als gäbe es überhaupt nichts Überflüssiges. Ihr ansteckender Humor, Idealismus und schier unerschöpfliche Fantasie sind höchst unterhaltsam. Mit dieser Verhaltensweise sind sie zunächst immer gern gesehene Gäste bis die Schattenseiten sich offenbaren. Oft sind sie nicht besonders feinfühlig mit den Intimsphären oder tieferen Empfindungen anderer Menschen, weil sie ihre eigene Fröhlichkeit wie einen fiktiven Panzer nach außen tragen, um sich vor eigenem Schmerz zu schützen. Sie weigern sich hartnäckig, emotionale Schwierigkeiten als solche zu akzeptieren und flüchten permanent in die mentale Welt der unbegrenzten Möglichkeiten.

Der Mentalaspekt auf der Kopfebene

Mit verbalen Superlativen werden schnell jede Menge Alternativen auf den Plan gebracht, und schon ist für sie das Problem gelöst.

Der Enneatyp 7 steht unter einem Maximierungszwang an Stimulation, Abwechslung aufregender Erlebnisse, um das Seelental um jeden Preis zu vermeiden. Dafür müssen alle Optionen offengehalten werden. Sie gehen nie in die Tiefe und gelten als Generalisten, denen wenige Fakten genügen, um ein umfassendes Bild zu suggerieren.

Aus dem Tierreich liefert der Schmetterling die beste Symbolik für diesen Typus. Er liebt die Sonne, entfaltet seine Farbenpracht und gaukelt von Blüte zu Blüte, um den süßen Nektar zu saugen.

Die Abwehr der 7 heißt *Rationalisierung*. Sie benutzt ihren Verstand wie ein Schwert, um sich und die Umwelt davon zu überzeugen, dass die eigene Vorstellung allgemeingültig ist, selbst wenn es darum geht, die Farbe Rot für Blau zu erklären. Wenn eine Beziehung scheitert, wird sie argumentieren, dass Freiheit auch etwas Schönes ist, statt aus den Ursachen des Scheiterns zu lernen.

Die Hohe Idee des Typus 7 ist **Weisheit** und enthält die Erkenntnis, dass der Ablauf der Dinge einem großen inneren **Plan** folgt, der ebenso als Hohe Idee diesem Punkt zugeordnet wird. Dementsprechend gibt es auch die Hohe Idee der **Arbeit**, die einen zielgerichteten Prozess von Stufe zu Stufe der Entfaltung aus sich selbst heraus bezeichnet. Es wird deutlich, wie der Kontaktverlust zu diesen Ideen das Planen und Handeln des Individuums zwingend erscheinen lässt. Der universelle Plan jedoch enthält das Handeln des Menschen und die Entfaltung seines Potenzials aus dem Moment heraus, als Teil der evolutionären Entwicklung. Es geht nicht darum, diesen Plan insgesamt zu verstehen, sondern die kosmische Intelligenz dahinter am Werke zu sehen und dem großen Plan auf der Grundlage der Naturgesetze zu vertrauen. Wenn man bei dem, was man tut, ganz in der Gegenwart ist, dann folgt man der Hohen Arbeit. Mit dem Prozess zu fließen heißt, dem Hohen Plan zu folgen. Die rationale Tendenz einer eigenen Vorstellung, einem eigenen Plan zu folgen, lässt den Winkel der Wahrnehmung dessen, was ist, oft sehr starr werden und verschließt den Blick auf die große Wirklichkeit.

Archetyp: ♂ Mars

Der Kreis lebendiger Ganzheit bringt eine drängende Kraft hervor, die zunächst ziellos in den Raum strebt. Aktivität und Impuls sind am Werk. Mehr, schneller, besser und den Ablauf entsprechend zu optimieren ist die zentrale Ausrichtung dieser Energie. Eine suchende Unruhe ist das beherrschende Element. Impulsives Verhalten und geistige Initiative zielt vorwärts und aufwärts. Sie ist aber eher Anschubkraft, als dass sie im Sinne ökonomischer Differenzierung der Entwicklungsmöglichkeiten wirkt, wie wir es bei Merkur finden.

Sie schafft Bewegung um ihrer selbst willen, um den Drang auszuleben und die Anspannung zu lösen. Daraus resultiert die Bereitschaft, sich durch unterschiedlichste Anreize aus dem Umfeld ablenken zu lassen.

Durch die hohe Flexibilität entsteht die besondere Leistungsfähigkeit bei der Arbeit. Der stärkste Reiz in einem gegebenen Moment lässt die Marskraft selektiv reagieren. Der Drang als solcher ist der Handlungsbedarf aus dem Spannungsfeld zwischen „nicht mehr" und „noch nicht". Die Verwandtschaft zur Sonne liegt im aktiven Prinzip. Während dort aber die authentische Willensentscheidung herrscht, ist es bei Mars eben das selektive Prinzip. Beiden ge-

– 180 –

meinsam ist die Antriebskraft. Saturn steht in deutlicher Dissonanz zu der Marskraft, da er deren Entfaltungsdrang durch Begrenzung verhindert. Durch Merkur erhält Mars hingegen eine niveausteigernde Unterstützung der Denkenergie.

Räucherstoffe mit charakterlichem Bezug zum 7er-Typus:

Rosmarin *Rosmarinus officinalis*	*erfrischt, muntert auf und stärkt den Willen, regt den Geist an*
Pflanzenbotschaft:	„schreite zur Tat"
Lemongras *Cymbopogon citratus*	*ein kraftspendender Sonnenstrahl, heiter und inspirierend*
Pflanzenbotschaft:	„Aktivität unterstützt das Leben"
Kiefernharz *Pinus sylvestris*	*energetisierend, reinigend, lösend und öffnend, schafft Ausdauer*
Pflanzenbotschaft:	„bleibe im Spiel"
Elemi *Canarium luzonicum*	*energetisch klärend und stimmungsaufhellend, erfrischend*
Pflanzenbotschaft:	„das Leben ist Neubeginn in guter Hoffnung"
Hanfsaat *Cannabis sativa*	*anregend, euphorisierend, fördert Kontakt zum höheren Selbst*
Pflanzenbotschaft:	„schau hin und erkenne"
Raal Weihrauch *Shorea robusta*	*schützend, harmonisierend, inspirierend und öffnend*
Pflanzenbotschaft:	„gib dich hin"
Lorbeer *Laurus nobilis*	*klärend, belebend, vertreibt negative Vorstellungen, wahrnehmungsfördernd*
Pflanzenbotschaft:	„blicke positiv voraus"
Fichtennadeln *Picea abies*	*kräftig, stärkt, hilft Halt zu finden in stürmischen Zeiten*
Pflanzenbotschaft:	„die Gruppe ist der Weg"

Die dynamisierende Bewegung

Wenn Sie zu Beginn jeder Beschreibung die Grafik im Kopf dieses Typus betrachten, dann lassen sich immer zwei Bezugspunkte feststellen, die durch verstärkte Linien zu erkennen sind. In der Bewegung dieser Verbindungslinien ist eine Richtung zu erkennen. Diese Bewegung ist wie ein Energiefluss. Die Kraft fließt dem Typus aus einer Richtung zu und führt zu einem nächsten Punkt hin, der wie die nächste Hürde betrachtet werden sollte. Man könnte sagen: Die fördernde Kraft fließt zu, um an der Erschließung des fordernden Punktes arbeiten zu können. Nehmen Sie als Beispiel den Typ 1. Ihm fließt unterstützende, fördernde Energie vom Punkt 7 zu und die Herausforderung, die nächste Hürde, das Widerstrebende wäre am Punkt 4 zu finden.

Die Dynamik in dieser Bewegung dient der Seele, sich mit Erfahrung zu bekleiden

So verläuft der Lebensprozess in der physischen Realität kontinuierlich mit dem alleinigen Ziel, sich selbst zu erfahren. In diesem Sinne sind unsere Augen die Augen Gottes, durch die er seine Schöpfung wahrnimmt. Indem die Seele als ein Funke des großen Feuers sich in der körperlichen Wirklichkeit bekleidet, nimmt die Schöpfung Form an. Persönlichkeit entsteht als eine Folge von Fixierungspunkten, an denen der Kontakt zum inneren Feuer (Essenz) verloren geht, und das Ego blickt durch unsere Augen.

Der objektiven Tatsache unnötiger Begrenzung müssen wir uns bewusst werden, denn wir sprechen über unsere ureigene Aufgabe als Mensch, in der wir auch ein Teil Gottes sind.

Stellen Sie es sich einmal folgendermaßen vor:
Der Erfahrungsweg der Seele verläuft energetisch über alle Punkte, um an jeder Station, einem Konzentrationspunkt, einer festen Ausformung bestimmte archetypische Qualitäten zu integrieren und dem göttlichen Werk einen Baustein hinzuzufügen. Geht der Kontakt verloren, so fällt man in die Ego-Persönlichkeit und genau an dieser Stelle wird auch das Problem des Folgepunktes im ewigen Kreislauf erzeugt[*]: Das gilt für das Basisdreieck ebenso wie für die periodische Figur.

Das Basisdreieck

Hier ist der Prozess aufgezeigt, wie der Verlust der tragenden inneren Einheit zur Schaffung einer egogesteuerten Persönlichkeit führt, anstatt die Herausforderung im Sinne der geistigen Kraft zu meistern:

---

[*] Maitri, „The Spiritual Dimension of the Enneagram", Penguin Books, New York 2000

– 182 –

- 9 ... der Kontakt zur Essenz geht verloren und führt zur existenziellen Angst und Unsicherheit mangels Vertrauen in die tragende Kraft des Lebens (6).
- 6 ... ohne innere Grundlage des Seins verbleibt die Seele unsicher und ängstlich, was zu der Bildung einer falschen Persönlichkeit führt (3).
- 3 ... um überleben und funktionieren zu können, meinst du, dich an den eigenen Haaren aus dem Sumpf ziehen zu müssen, dein Leben *machen* zu können wie eine Art Halbgott. Und je mehr du dich mit der Oberfläche deiner selbst identifizierst, mit dem, was du tust und leistest, geht der Kontakt mit der Tiefe weiter verloren. Es bleibt nichts weiter übrig, als es sich bequem einzurichten, sich abzulenken, mechanisch mit den Gegebenheiten umzugehen und sich abzufinden (9).

Die periodische Figur

Die Dynamik der ewigen Wiederholung im Gesetz der Sieben, sinnbildlich das *Rad des Lebens*, kommt in der Folge der sechs anderen Punkte zum Ausdruck. Wenn die geistige Kraft nicht gelebt und erfahren, also von der Seele integriert werden kann, setzt sich die Folge unendlich fort:

- 1 ... als Reaktion auf die Empfindung der Unvollkommenheit und Fehlerhaftigkeit folgt das natürliche Verlangen nach einer perfekten Quelle. Der Versuch, sich und andere perfekt zu machen, muss fehlschlagen und führt zu hoffnungsloser Sehnsucht (4).
- 4 ... Unfähig, sich mit dem inneren Quell an diesem Punkt zu verbinden, muss die Seele den Kontakt beim anderen suchen. Für die eigene Erfüllung von der Liebe eines anderen abhängig zu sein, der das verkörpert, wonach man sich sehnt, ist die Konsequenz (2).
- 2 ... Nachdem alle Ausrichtung auf andere und alle Selbstaufopferung bis zur Demütigung keine Erfüllung durch Beziehung gebracht hat, folgt die Hinwendung zu Herrschaft und Vergeltung für all die Erniedrigung, die man erfahren hat (8).
- 8 ... Der Schwerpunkt liegt jetzt auf Vergeltung, Führung und Kontrolle. Anstatt schwach und liebebedürftig zu sein, andere manipulieren zu müssen, um dann doch nicht das zu bekommen, was man will, heißt es jetzt, sich das Gewollte rücksichtslos zu nehmen. Wenn das auch nicht fruchtet, dann bleibt nur der Rückzug, um die Widrigkeiten abzustrafen (5).
- 5 ... Leidenschaftliches Engagement hat nur Leere hinterlassen und der Schwerpunkt liegt jetzt auf einer distanzierten Beobachtung. Das objektive Sammeln und Ordnen von Fakten aus sicherer Entfernung macht mehr Sinn. Wissen scheint die Erfüllung zu bringen und führt zur Flucht in abstrakte und schematische Gefilde (7).

• 7 ... Die Suche nach stimulierender mentaler Betätigung ist bedeutend attraktiver als die trockene Leere und Isolierung des 5er Punktes. Fantasievolle Planung und vielfältige Perspektiven führen zu der Vorstellung, wie die Dinge sein könnten; wie sie sein sollten und die Forderung einer positiven Haltung zu einem idealisierten Plan sowie der Kritik an jenen, die das absolut Gute darin nicht sehen, führt wieder zu Punkt 1.

Diese Ausführung ist aus dem nachfolgend angegebenen Werk frei übernommen, weil sie eine interessante Brücke zu der ENNEAROM-Systematik des Forderpunktes bildet.

Für diejenigen, die in diese Betrachtung der inneren Zusammenhänge tiefer einsteigen wollen, ist das Buch von Sandra Maitri „The Spiritual Dimension of the Enneagram" sehr zu empfehlen.

KAPITEL 7

Erfahrung mit ENNEAROM

Mars ... der Prozess in seinem Ablauf.
Die Wahrnehmung des inneren Plans weist den Weg zur Erfüllung.

•

„Spend some time alone every day"
(dt.: *Nimm dir jeden Tag etwas Zeit für dich selbst)*

(Dalai Lama)

•

Variationen, Ideen, Möglichkeiten

Jede Form, mit Duft zu spielen und ihn als ein Medium einzusetzen, wodurch das Empfinden seiner selbst sowie die Atmosphäre in einer Gemeinschaft von Menschen wesentlich berührt wird, ist ein tiefgehendes Unterfangen.

Das Anliegen in dem nun folgenden Kapitel ist, unterschiedliche Variationen, Ideen und Möglichkeiten vorzustellen, die dazu dienen sollen, sich mit Spaß auf eine interessante Erfahrungsreise einzulassen.

Über die spielerische Beschäftigung mit Räucherstoffen erhalten wir ein Echo aus dem Inneren, und eine Vertiefung des Kontakts zu uns selbst oder mit Freunden entsteht. Es ist ein vielversprechender und höchst amüsanter Zeitvertreib. Das kann durchaus wortwörtlich genommen werden, denn die Zeit wird tatsächlich *vertrieben*, wenn die Unmittelbarkeit der Gegenwart erschaffen wird.

Der westliche Kulturmensch ist im Normalfall eher psychologisch ausgerichtet und versucht, die Darstellerrolle zu begreifen, in der er sich befindet, und eher als urteilende, bewertende Instanz aufzutreten, als sich einfach dem Moment in kontemplativer Betrachtung oder hauchzarter Leichtigkeit hinzugeben nach dem Grundsatz:

Alles ist gut, weil es so ist, wie es ist

In dieser Aussage liegt ein zentraler geistiger Aspekt der östlichen Weisheitslehren. Die japanische Kultur zum Beispiel geht den Weg der imaginären Eindrücke und Empfindungen in der Räucherzeremonie sehr konsequent als eine geistige Übung der Wahrnehmung. Dies gilt für spirituelle ebenso wie für profane Anlässe. Auch bei gesellschaftlichen Anlässen veranstaltete *Koh-do* Zeremonien haben einen unvergleichlichen Zauber. Geschichten entstehen spontan und werden mit allen Anwesenden in achtsamer und respektvoller Weise geteilt. Eine ganz besondere Atmosphäre der Ruhe und Tiefe kann sich ebenso entfalten wie heiterer Frohsinn. In jedem Falle ist immer ein untrügliches Gespür für die Schönheit der Natur zugegen. Sich als ein Teil dieser Natur zu empfinden, das wissen die Meister dieser Tradition, öffnet den Weg zum wahren Wesen: der eigenen Mitte.

Alleine räuchern

Als ein System, das in erster Linie für den Menschen aus dem westlichen Kulturkreis gedacht ist, bietet ENNEAROM die Möglichkeit, analytisch den Kern, die Essenz oder das Wesen seiner selbst auf aromatischem Wege zu erforschen. Da in unseren Breitengraden die zunehmende Isolierung bewirkt, dass viele

Menschen mit sich allein und nicht eingebunden in eine Gemeinschaft, sei es Ehe, Familie oder Wohngemeinschaft, leben, ist es umso wichtiger, dass man in gesundem Kontakt zu sich selbst bleibt.

Aber auch für den Gemeinschaftsmenschen ist eine Zeit für sich allein oft sehr wichtig. Mit sich selbst allein zu sein, sollte man als gute Gelegenheit nutzen, in kontemplativer Weise die Innenschau zu betreiben. Das kann eine sehr angenehme Erfahrung sein, weil wir dabei zur Ruhe kommen. Wir gehen auf eine Entdeckungsreise, die uns zu einem Hort führt, wo eine tiefe Kraft darauf wartet, von uns entdeckt zu werden. Der Einstieg erfolgt über ein objektives Betrachten der äußeren Erscheinungen (persönliche Verhaltensweisen, eingefahrene Gefühlsabläufe, immer gleich verlaufende Gedankengänge und dergleichen).

Es ist nicht gerade einfach, diese Muster als solche bei sich selbst zu identifizieren.

Das Korsett der eigenen Persönlichkeit spüren, in Kontakt zu sich selbst kommen

Es kann sehr nützlich sein, mit Signalen aus dem Pflanzenreich zu spielen. Ein bestimmter Duft nimmt nicht von ungefähr Einfluss auf unsere Verfassung. Innere Bilder werden von diesen Signalen ausgelöst. Sie haben eine besondere Bedeutung für den Einzelnen und können dazu anregen, die Suche nach sich selbst anzustoßen.

Gehen wir also von der Erkundung unserer Persönlichkeit aus und versuchen wir zuerst einmal festzustellen, welche Räucherstoffe in einem persönlichen Bezug zu uns stehen.

Das ENNEAROM-Duftprofil Ihrer Persönlichkeit

Im Kapitel 1 haben Sie vielleicht den Testbogen ausgefüllt oder sich im Kapitel 6 an einer der Typenbeschreibungen besonders angesprochen gefühlt. Nehmen Sie also den Testbogen und die Antwort, die Ihnen am leichtesten gefallen ist oder den Typus, zu dem Sie den stärksten Bezug feststellen können, als zentralen Resonanzpunkt. Wir gehen bei diesem Profil davon aus, dass Sie mit dem Typus dieser Zahl eine besondere Verbindung haben, denn die Antwort Ihrer Wahl wäre *typisch* für ihn. Hier ist der Schlüssel zu dem Fragebogen von Seite 41:

– 187 –

Frage zur *Körperebene:*
Wie stehen Sie zu den Anforderungen des täglichen Lebens?

Erste Antwort = der Kritiker

Zweite Antwort = der Friedensstifter

Dritte Antwort = der Platzhirsch

Frage zur *Gefühlsebene:*
Wie fühlen Sie sich in der Gemeinschaft mit anderen Menschen?

Erste Antwort = der Melodramatiker

Zweite Antwort = der Darsteller

Dritte Antwort = die Helferseele

Frage zur *Geistebene:*
Was möchten Sie in Ihrem Leben verwirklichen?

Erste Antwort = der Optimist

Zweite Antwort = der Zweifler

Dritte Antwort = der Philosoph

Sie sollten jedoch auch die Antworten der anderen zwei Fragen in Betracht ziehen, die Sie angekreuzt haben, um herauszufinden, *welche* der drei Antworten am grundlegendsten Ihre Persönlichkeit zum Ausdruck bringt. Zu jeder Ihrer Antworten sollten Sie auch die Beschreibung im Kapitel 6 lesen, um sich für den Typus zu entscheiden, der Ihnen persönlich am nächsten liegt. Es gilt herauszufinden, welchen Punkt Sie als *Ihren* Zentralpunkt mit Überzeugung einnehmen können. Lassen Sie sich nicht irritieren, wenn das nicht sofort so eindeutig gelingt. Forschen Sie ein wenig nach und lassen Sie sich dann einfach auf den Punkt ein, der Ihnen am nächsten zu kommen scheint und machen Sie Ihre Erfahrungen damit. Dieses System hat die Eigenschaft, der Suche ihre eigene Dynamik zu verleihen. Die Wahrheit manifestiert sich von selbst. Entscheidend ist die Absicht, sie wirklich sehen zu wollen.

Die Düfte helfen Ihnen, sich selbst deutlicher zu spüren

Im Kapitel 6 finden Sie unter der Typenbeschreibung eine ganze Reihe von Räucherstoffen, die in Ihrer Charakteristik einen Bezug zu diesem Typus haben und ihm in mehrerlei Hinsicht entsprechen. Damit haben Sie eine Auswahl von Stoffen, die für Sie von Bedeutung sein können und die es Ihnen möglich machen, sich mit sensibilisierenden Mitteln auf Ihre Persönlichkeit einzustimmen. Wenn Sie unter dieser Auflistung nicht sofort eine deutliche Präferenz oder besondere Anziehungskraft eines oder mehrerer Stoffe *spüren*, dann gehen Sie in das Kapitel 9 und suchen Sie sich die drei Monographien heraus, die bestimmte Pflanzen tiefergehend beschreiben und auch in ihren besonderen Bezügen zu diesem Typus definieren.

Die dynamische Bewegung

Wenn Sie mit Hilfe des Fragebogens und Lektüre der Typenbeschreibungen im Kapitel 6 Ihren persönlichen Zentralpunkt gefunden haben, dann können Sie in der Grafik zu Beginn des entsprechenden Abschnitts (Kopf mit Enneagrammsymbol) zwei Bezugspunkte erkennen, die durch fett gedruckte Verbindungslinien hervorgehoben werden. In der Bewegung dieser Verbindungslinien (Pfeile) ist eine Richtung zu erkennen. Diese Bewegung ist wie ein Energiefluss zu betrachten. Die Kraft fließt dem Typus aus einer Richtung zu und führt zu einem weiteren Punkt hin, der wie die nächste Hürde betrachtet werden kann. Man könnte sagen: Die fördernde Kraft fließt dem Typus zu, damit er die nächste Hürde, den Punkt der Forderung, überwinden kann. Auf die Ebene der Pflanzenstoffe übertragen bedeutet das am Beispiel von Typ 1:
... der auf Klarheit und Ordnung für einen ungestört ablaufenden Prozess (Weißer Salbei) ausgerichtete Typus, erhält den geistig anregenden Leichtigkeitsimpuls (Rosmarin) von seinem Förderpunkt (7) und wird dann mit dem unabwägbaren Trieb- und Gefühlsthema (Moschuskörner) bei Punkt 4 mit der Herausforderung an sein emotionales Vermeidungsthema konfrontiert. Die Tiefe der Gefühle ist nicht gerade etwas, das bei einem kritischen Beobachter, der gerne alles *richtig* macht, Vertrauen erzeugen kann. Er scheut das Risiko des schwankenden Bodens. Er empfindet es als Herausforderung, sich emotional auf etwas einzulassen.

Wenn Sie sich als Typus 1 erkannt haben und auch unter Frage C die Antwort 7 gewählt hätten, dann dürfte das darauf hinweisen, dass Sie sich selbst bestens mit unterstützender Energie versorgen können. Die vielen Möglichkeiten sind für den sparsamen 1er-Typus eine eher beruhigende Perspektive. Da er auch sehr kritisch mit sich selbst umgeht, birgt die Idee der Vielfalt, die von einem inneren Plan getragen wird, einen entspannenden Aspekt für ihn.

Die Leichtigkeit der 7 gibt dem 1er-Typus die Möglichkeit, seine Strenge und Disziplin etwas zu kompensieren.

Sich mit den Stoffen Ihres persönlichen Typus zu beschäftigen, um zielorientierte Duftarbeit zu machen, bedeutet:

Sie sensibilisieren Ihren Zentralbereich

Das heißt, Sie räuchern Stoffe Ihres stärksten Resonanzpunktes. Dabei verwenden Sie Substanzen, die höchste Akzeptanz bei Ihnen finden. Nach dem homöopathischen Prinzip, Gleiches mit Gleichem zu behandeln, wird eine zunehmende Empfindsamkeit für die durch das Ego blockierten Bereiche geschaffen und unterstützt.

Je nach Befindlichkeit können Sie natürlich trotzdem von der fördernden Seite etwas dazu nehmen, wenn Sie meinen, zusätzliche Kraft zu benötigen. Auch dabei gilt es, nur die als angenehm empfundenen Räucherdüfte einzusetzen, um sich unterstützende Energie zu holen.

Wenn Sie an Ihrem Unterstützungspunkt Düfte finden, die Ihnen weniger zusagen, dann können Sie sich die Charakteristik dieser Pflanzen genau anschauen. Sie weisen unter Umständen auf unerledigte Themen der Vergangenheit hin. Benutzen sollten Sie zuerst jedoch immer die für Sie angenehmsten Düfte, denn die versorgen Ihren Bestand mit vertrauter Kraft.

Sie können sich auch auf der fordernden Seite einen etwas schwieriger zu verkraftenden Duft auswählen, wenn Sie glauben, sich noch etwas mehr zumuten zu können. Gehen Sie davon aus, dass Ihr ganz persönlicher Weg von Ihnen allein gemeistert werden kann, wenn Sie es wollen. Es hängt allein von Ihrer eigenen Entscheidung ab.

Sie setzen sich Ihre eigenen Ziele

Die verschiedenen Möglichkeiten von diesem Ausgangspunkt zu starten, machen es notwendig, die eigenen Ziele zu setzen. Das alles überragende Ziel heißt: Finde deine **Authentizität**.

Es ist sehr hilfreich, den Schwerpunkt der Aufmerksamkeit auf die drei Zentren zu legen. In welchem Zentrum (Körper, Gefühl, Kopf) liegt mein Zentralpunkt? Aus welchem Zentrum kommt die fördernde Energie und in welchem Zentrum muss ich die nächste Hürde nehmen?

- Wenn ich weiß, dass meine Entwicklungshürde im Körperzentrum liegt, dann sollte die Aufmerksamkeit auf das ausgerichtet sein, was hinter aller körperlichen Aktivität und dem Streben nach konkreten Ergebnissen steht.
- Sollte die spezifische Hürde im Mentalzentrum gelegen sein, dann ist die Aufmerksamkeit auf das zu richten, wovor ich Angst habe, was ich hervorragend rational ausblenden kann, was ich einfach nicht sehen will.

• Liegt der Forderpunkt im Gefühlszentrum, dann ist die große Frage: Wo nehme ich versteckten Einfluss auf den Lauf der Dinge und erzeuge Wirkung und Reibung, ohne mich selbst offenbaren zu müssen?

Wer an diesen Themen arbeiten will, muss bereit sein, unangenehme Empfindungen zu riskieren und sich einiges zuzumuten.

Was bedeutet es, mir etwas zuzumuten?

Da muss ich aus der persönlichen Erfahrung einer **3**er Fixierung sprechen: Meine Aufgabe ist, die Wahrheit höher als die Sicherheit zu bewerten. Das fällt mir nicht gerade leicht. Sicherheit heißt für mich das Geschehen *machen*, anstatt es geschehen zu *lassen*.

Von dem *Machen* loszulassen ist für mich eine Zumutung. Dann fühle ich mich relativ gefährdet. Die Gefahr kommt aus einer Richtung, die mit Wertlosigkeit zu tun hat. Ich bin innerlich von meinem Wert nicht überzeugt.

Ein dummer Gedanke und völlig unnütz, aber es ist die Wahrheit.

Denn ich muss ständig darauf konzentriert sein, dass keiner merkt, wie wertlos ich bin. Ich muss es mit dem, was ich *mache*, beweisen. Das ist ziemlich anstrengend und ich selbst merke natürlich, wenn überhaupt, dann immer erst hinterher, wann die Mechanik wieder übernommen hat. Werde ich mit dem Kern des Problems konfrontiert, wenn jemand die Resultate nicht gelten lässt, dann ist es, als würde ich in einen Abgrund stürzen. Die Mechanik versucht, eben diesen gefürchteten Absturz zu vermeiden.

Die Wahrheit ist genau gesagt:

Ich will so sehr *gut* sein, dass ich so ziemlich *alles* dafür mache

Dafür kann ich lügen, ohne es zu merken. Ich belüge mich dabei besonders gut selbst.

Wie kann ich da bei meiner Wahrheit sein? Wahr ist, was ich wahr *mache*.

Wenn ich mich derart kritisch betrachte, dann konfrontiere ich mich massiv mit meinen Schattenthemen. Das ist für mich eine Forderung!

Die Forderung geht an die Ego-Strukturen, die so sinnlos Energie verschwenden. Genau so lächerlich sieht das Ego-Dilemma aus, wenn es entlarvt wird. Es ist immer eine Lüge. Dem gilt es, auf die Spur zu kommen.

„Ich *will* es wissen."

Das muss der tief empfundene Leitsatz sein.

Jetzt soll ich einmal schauen, welche Pflanze sich mir da anbietet.

Mein Zentralpunkt ist die 3, d. h. ich schaue bei der 9, was mich da am meisten fordert.

Der Forderpunkt 9

Eichenmoos *Evernia prunastri*	*erdend, ausgleichend, entspannend, für Wandlungsphasen*
Pflanzenbotschaft:	„folge mir zum Ursprung"

Das ist ein Duft, der mich fordert, von dem ich aber auch *weiß*, dass er eine Hürde für mich ist. Er fasziniert mich, wenn ich mich stark fühle und kann mir Übelkeit bereiten, wenn ich mich schwach fühle. Den muss ich vorsichtig einsetzen. Es gibt Momente, wo ich diesen Räucherstoff *absichtlich* im besten Sinne verwenden kann.

Ich sehe meine Forderung als Körperthema, und es kann auch vom Getragensein in der Körperlichkeit gesprochen werden. Von der realen und absoluten Präsenz im materiellen Sinne ist hier die Rede. Keine Initiative zu ergreifen, weil es sowieso keinen wesentlichen Unterschied macht (Punkt 9), finde ich ziemlich irritierend. Mich der Wandlung hinzugeben, im Vertrauen auf die transformative Kraft der Liebe, fällt mir nicht gerade leicht.

Darüber zu sinnieren, nachdem ich mir den Duft zugefächelt und auf die innere Resonanz gelauscht habe, ist ein Erfahrungsweg.

Der lässt sich in einer Art Tagebuch festhalten:

Immer wenn ich in diesem Tagebuch blättere, dann erinnere ich mich an die Themen. Wenn ich hingegen die Düfte rieche, erhalte ich eine neue, aktuelle Meldung, wie mein Verhältnis zu dieser speziellen Qualität sich wandelt.

Auch Sandelholz ist für mich eine gewisse Herausforderung. Es ist, als erinnere dieser Duft mich an etwas, das ich gerne bedingungslos lieben würde, mich aber nicht ganz darauf einlassen darf.

Sandelholz weiß *Santalum album*	*macht gelassen und ruhig, zentriert und verbindet mit der Erde*
Pflanzenbotschaft:	„spüre den Boden, der dich trägt"

Auch hierzu der aktuelle Stand meiner Resonanz:

Diese Forderung mute ich mir bewusst und gerne zu. Es ist für mich als würde das Männliche vom Weiblichen gezogen. Es ist angenehm und doch sträubt sich etwas. Da ist eine große Unsicherheit.

Der Förderpunkt
Die Unterstützung kommt für mich aus der mentalen Sphäre.
Wenn ich Mastix räuchere, dann geht mir das Herz auf.

Mastix *Pistacia lenticus*	*führt Licht in das Herz, öffnend, klärend, ausgleichend*
Pflanzenbotschaft:	*„spüre den Kontakt mit dir selbst"*

Dieser Duft ist das Herz der Kopfebene. Er vertreibt Schwermut und Depression. Die süße Sonnenkraft schafft Vertrauen in das Leben. Dafür bin ich außerordentlich offen. Je öfter ich mit diesem Duft gearbeitet habe, desto deutlicher wurde die Resonanz.

Das ist der Duft, auf den ich mich verlassen kann.

Alle diese Düfte sind auf ganz enge Weise mit mir verbunden. Ich bin in eine tiefe Verbindung mit ihnen gegangen. Sie schenken mir Einsicht in mich selbst und lassen mich essenziellen Wert spüren. Das tut sehr gut und führt in den Moment.

Natürlich ist unsere Empfindung der Räucherdüfte unter Umständen von einer ganzen Reihe äußerer Faktoren abhängig, die auf Körper und Psyche Einfluss nehmen.

Bio-Rhythmen und schockartige Erfahrungen können ein ganz verändertes Resonanzbild erzeugen. Aber das sind natürlich auch Eindrücke, die Teil des großen Prozesses sind, in den wir eingebunden sind, und das manchmal mehr als wir für möglich halten. Auch das sind sehr wichtige Entwicklungen, die wir in dem Prozess beobachten und festhalten können.

Um die Entwicklung über einen Zeitraum nachvollziehen zu können, habe ich die nachfolgende Aufstellung entwickelt:

Es lassen sich in diesem Diagramm die Testergebnisse der einzelnen Gruppen (Kopf/Gefühl/Körper) in ein Verhältnis zueinander setzten und damit als Entwicklung auf den Erfahrungsebenen festhalten. An diesem Ergebnis lässt sich erkennen, wie die Akzeptanz im Kopfbereich (als fördernde Ebene) eine rasante Entwicklung zur Öffnung aufweist.

Auch im Gefühlsbereich (als Zentralpunkt) verzeichnen wir eine steigende Tendenz, während das fordernde Element im Körperbereich zunächst erheblich abfällt und sich dann wieder auf dem Ausgangsniveau einpendelt.

Die Gesamtsumme (als Akzeptanzbarometer für die Befindlichkeit insgesamt) zeigt eine positive Tendenz für die regulative Einflussnahme der Duftstoffe. Daraus kann geschlossen werden, dass auch die essenzielle Dynamik in der Persönlichkeitsstruktur zunimmt.

Die Auswahl

Jedem Typus sind eine Reihe verschiedener Räuchersubstanzen zugeordnet, von denen Sie möglicherweise einige bereits kennen und von daher Ihre Präferenz treffen können. Wenn dies nicht der Fall ist, dann wäre es natürlich optimal, die Stoffe auszuprobieren.

Wenn Sie keine Möglichkeit haben, die unterschiedlichen Stoffe auf Ihre Akzeptanz hin zu testen und eine blinde Auswahl treffen wollen oder müssen, dann wäre vorzuschlagen, sich neun Substanzen zuzulegen und sie im Räucherzyklus anzuwenden. Dafür sollte man sich ein spezielles ENNEAROM-Typen-Set mit je drei ausgewählten Stoffen des Zentralpunktes sowie der zwei Korrespondenzpunkte zulegen.

Für jeden Typus ist ein Set mit 3 x 3 Räucherstoffen vorzuschlagen:

Arbeits-Set für Enneatyp **[8]** (Platzhirsch / massives Auftreten)
... ich komme immer geradewegs von vorn und weiß, wie ich mich durchsetze.

Fördernd (2/Gefühl)

Sternanis *Illicum verum*	*warm und tröstend, entspannend, vertrauensbildend, schützend*
Pflanzenbotschaft:	„lass dich fallen, du wirst aufgefangen"
Damiana *Turnera diffusa*	*aphrodisierend, kräftigend, euphorisierend, für Liebesräucherung*
Pflanzenbotschaft:	„lass dich entzünden"
Myrrhe *Commiphora abyssinica*	*schützend, erdend, regenerierend, hilft unterdrückte Gefühle zu lösen*
Pflanzenbotschaft:	„erhebe dich aus dem Gebundensein"

Zentral (8/Körper)

Kampfer *Cinnamomum camphora*	*feurig, körperlich aktivierend, durchdringend, instinktorientiert*
Pflanzenbotschaft:	„tritt auf und sei stark"
Galgant *Alpinia officinarum*	*wild und feurig, anregend und stärkend, Energiefluss fördernd*
Pflanzenbotschaft:	„spüre die Kraft in deiner Mitte"
Olibanum somal.*Boswellia carteri*	*reinigend, schützend, feurig, transformativ, männliches Prinzip*
Pflanzenbotschaft:	„hör auf das Wort"

Fordernd (5/Kopf)

Myrte *Myrtus communis*	*macht den Geist klar und empfindsam und öffnet die Augen*
Pflanzenbotschaft:	„schau durch die Dinge hindurch"
Wacholderbeeren *Juniperus communis*	*reinigt, erhöht die Aufmerksamkeit und macht Mut*
Pflanzenbotschaft:	„fühle dich stark und sicher"
Kopal *Protium copal*	*herzöffnend, geistklärend, frisch und beruhigend, „Gehirn des Himmels"*
Pflanzenbotschaft:	„du bist Teil des Ganzen"

Arbeits-Set für Enneatyp **9** (Friedensstifter / mit dem Strom treiben)
... die meisten Dinge im Leben sind nicht der Aufregung wert, ich gehe alles ruhig an.

Fördernd (3/Gefühl)

Benzoe siam *Styrax tonkinensis*	*sinnesbetont, aphrodisierend, euphorisierend, stärkt Fantasie*
Pflanzenbotschaft:	„spüre die heilende Kraft in dir"
Süßgras *Hierochloe odorata*	*aktiviert positive Kräfte, schafft Verbindung und Einklang*
Pflanzenbotschaft:	„suche deine Vision"
Syr. Steppenraute *Peganum harmala*	*geistaufklärend, entspannend, aphrodisisch, stimmungsaufhellend*
Pflanzenbotschaft:	„folge mir in das Licht"

Zentral (9/Körper)

Sandelholz weiß *Santalum album*	*macht gelassen und ruhig, zentriert und verbindet*
Pflanzenbotschaft:	„spüre den Boden, der dich trägt"
Nagarmotha *Cyperus scariosus*	*sinnlich warm umhüllend, regt zum Wohlfühlen an*
Pflanzenbotschaft:	„lebe und genieße das Leben"
Zeder Himalaya *Cedrus deodara*	*fördert Geistesruhe und Entspannung, warm, tiefgründig*
Pflanzenbotschaft:	„hier ist Schutz und Stärke"

Fordernd (6/Geist)

Bernstein *Succinum*	*bewahrend vor Angst und gegen Vergesslichkeit und Nervosität*
Pflanzenbotschaft	„steh' zu deiner Kraft"
Burgunderharz *Picea abies*	*wärmend und stärkend, für Schutz und innere Gelassenheit*
Pflanzenbotschaft:	„du wirst durchkommen"
Tulsi *Ocimum sanctum*	*Schutzkraft, reinigend, stimulierend, „Dämonentöter", öffnet das Herz*
Pflanzenbotschaft:	„du darfst vertrauen"

Arbeits-Set für Enneatyp ◼ (Kritiker / zornige Tugendhaftigkeit)
... ich beobachte kritisch, was auf mich zukommt, dann kann ich entscheiden, was richtig oder falsch ist.

Fördernd (7/Geist)

Rosmarin *Rosmarinus officinalis*	*erfrischt, muntert auf und stärkt den Willen, regt den Geist an*
Pflanzenbotschaft:	„schreite zur Tat"
Raal Weihrauch *Shorea robusta*	*schützend, harmonisierend, inspirierend und öffnend*
Pflanzenbotschaft:	„gib dich hin"
Lorbeer *Laurus nobilis*	*klärend, belebend, vertreibt negative Vorstellungen, wahrnehmungsfördernd*
Pflanzenbotschaft:	„blicke positiv voraus"

Zentral (1/Körper)

Ingwer *Zingiber officinale*	*stimuliert physische Prozesse, nervenstärkend, anregend, wärmend*
Pflanzenbotschaft:	„komm aus der Enge und entscheide frei"
Sandarak *Tetraclinis articulata*	*stärkend und entkrampfend für vegetatives Nervensystem*
Pflanzenbotschaft:	„lass dich in die Klarheit tragen"
Weißer Salbei *Salvia apiana*	*gegen negative Einflüsse, klärend, stark atmosphärisch reinigend*
Pflanzenbotschaft:	„schau auf das Wesentliche"

Fordernd (4/Gefühl)

Guajakholz *Guajacum officinale*	*öffnend und befreiend, euphorisierendes Aphrodisiakum*
Pflanzenbotschaft:	„hier sind Feinsinn und Kraft vereint"
Guggul *Commiphora mukul*	*vertreibt negative Energien und Phantome, psychisch stark erdend*
Pflanzenbotschaft:	„komm in deine Mitte"
Moschuskörner *Hibiscus abelmoschus*	*aphrodisierend, bringt in Kontakt mit unbewussten Gefühlen*
Pflanzenbotschaft:	„spüre, wer du bist"

Arbeits-Set für Enneatyp (Helferseele / egozentrische Großzügigkeit)
... ich spüre die Bedürfnisse des anderen genau und widme mich gern dem guten Zweck.

Fördernd (4/Gefühl)

Gewürzlilie *Kaempferia galanga*	*reinigend, feurig, anregend für den Energiefluss im Bauchbereich*
Pflanzenbotschaft:	„lass dich nicht unterkriegen"
Koriander *Coriandrum sativum*	*umstimmend, erweiternd, ausgleichend, für Liebesräucherung*
Pflanzenbotschaft:	„schaffe dir neue Räume"
Guajakholz *Guajacum officinale*	*öffnend und befreiend, euphorisierendes Aphrodisiakum*
Pflanzenbotschaft:	„hier sind Feinsinn und Kraft vereint"

Zentral (2/Gefühl)

Sternanis *Illicum verum*	*warm und tröstend, entspannend, vertrauensbildend, schützend*
Pflanzenbotschaft:	„lass dich fallen, du wirst aufgefangen"
Western Red Cedar *Thuja plicata*	*verbreitet heilige Erhabenheit, kraftvolle Präsenz, Schutz und Harmonie*
Pflanzenbotschaft:	„hier darfst du sein"
Benzoe sumatra *Styrax benzoin*	*Geborgenheit und Frieden nach der Schärfe des ersten Eindrucks*
Pflanzenbotschaft:	„gib dich der Verwandlung hin"

Fordernd (8/Körper)

Olibanum somal. *Boswellia carteri*	*reinigend, schützend, feurig, transformativ, männliches Prinzip*
Pflanzenbotschaft:	„hör auf das Wort"
Drachenblut *Daemenorops draco*	*kraftvoll, schützend und stärkend in der Durchsetzung, für Rituale*
Pflanzenbotschaft:	„deine Kraft kommt von innen"
Pfefferminze *Menta piperita*	*anregend, durchsetzungsstark, initiativ für Prozessbeginn*
Pflanzenbotschaft:	„auf in den Kampf"

Arbeits-Set für Enneatyp (Darsteller / gewinnendes Auftreten)
... ich schätze positive Resonanz, und es macht mir Spaß, andere zu animieren.

Fördernd (6/Kopf)

Mastix *Pistacia lenticus*	*führt Licht in das Herz, öffnend, klärend, ausgleichend*
Pflanzenbotschaft:	„spüre den Kontakt mit dir selbst"
Burgunderharz *Picea abies*	*wärmend und stärkend, für Schutz und innere Gelassenheit*
Pflanzenbotschaft:	„du wirst durchkommen"
Himalaya Wacholder *Juniperus recurva*	*aus der Wohnstatt der Götter, Aura reinigend und schützend*
Pflanzenbotschaft:	„geh' in die innere Verbindung"

Zentral (3/Gefühl)

Opoponax *Commiphora erythraea*	*aktivierend, fantasieanregend, sensibilisierend und ausgleichend*
Pflanzenbotschaft:	„sei hier und jetzt"
Tonkabohne *Dipteryx odorata*	*stimmungsaufhellend, ausgleichend, verbreitet Heiterkeit*
Pflanzenbotschaft:	„genieße und entspanne"
Kardamom *Elettaria cardamomum*	*vitalenergetischer Impuls, erwärmend, belebend, aufhellend*
Pflanzenbotschaft:	„Freude macht zuversichtlich"

Fordernd (9/Körper)

Sandelholz weiß *Santalum album*	*macht gelassen und ruhig, zentriert und verbindet*
Pflanzenbotschaft:	„spüre den Boden, der dich trägt"
Eichenmoos *Evernia prunastri*	*erdend, ausgleichend, entspannend, für Wandlungsphasen*
Pflanzenbotschaft:	„folge mir zum Ursprung"
Kalmuswurzel *Acorus calamus*	*sinnlich, stärkend, aphrodisisch, wärmend und geistig aufhellend*
Pflanzenbotschaft:	„lass uns neu beginnen"

Arbeits-Set für Enneatyp (Melodramatiker / sucht das Glück im Schmerz)
... *die tiefen Gefühle sind mir wichtig und ich lehne Banalitäten ab.*

Fördernd (1/Körper)

Patchouli *Pogostemon patchouli*	*warm und erdend, gegen Angst und Unsicherheit*
Pflanzenbotschaft:	„lass dich in die Tiefe fallen"
Gewürznelke *Eugenia caryophyllata*	*erwärmend und stimulierend, erleichtert das Loslassen*
Pflanzenbotschaft:	„nimm es an und gib es weiter"
Sugandha kokila *Cinnamomum cedidodaphne*	*wärmend, dunkel, aromatisch, schafft festliche Stimmung*
Pflanzenbotschaft:	„komm zur Ruhe und genieße"

Zentral (4/Gefühl)

Guggul *Commiphora mukul*	*vertreibt negative Energien und Phantome, psychisch stark erdend*
Pflanzenbotschaft:	„komm in deine Mitte"
Angelika *Angelica archangelica*	*stärkt Abwehrkräfte, schafft Vertrauen in das eigene Selbst*
Pflanzenbotschaft:	„komm zu deinen Wurzeln"
Moschuskörner *Hibiscus abelmoschus*	*aphrodisierend, bringt in Kontakt mit unbewussten Gefühlen*
Pflanzenbotschaft:	„spüre, wer du bist"

Fordernd (2/Gefühl)

Benzoe sumatra *Styrax benzoin*	*Geborgenheit und Frieden nach der Schärfe des ersten Eindrucks*
Pflanzenbotschaft:	„gib dich der Verwandlung hin"
Myrrhe *Commiphora abyssinica*	*schützend, erdend, regenerierend, hilft unterdrückte Gefühle zu lösen*
Pflanzenbotschaft:	„erhebe dich aus dem Gebundensein"
Fenchel *Foeniculum vulgare*	*entspannend, Stress abbauend, tröstend, schenkt Klarheit*
Pflanzenbotschaft:	„schütte dein Herz aus"

Arbeits-Set für Enneatyp 5 (Philosoph / sucht Erfüllung durch Distanz)
... ich brauche Raum für meine Interessen und will das Leben studieren.

Fördernd (8/Körper)

Muskatnuss *Myristica fragrans*	*mobilisiert und stärkt die Willenskräfte und Handlungsfähigkeit*
Pflanzenbotschaft:	„gehe deinen Weg"
Beifuß *Artemisia vulgaris*	*stärkt das Männliche und ICH-Kraft; Thema: Macht/Übergang*
Pflanzenbotschaft:	„konzentriere dich und handle"
Olibanum somal. *Boswellia carteri*	*reinigend, schützend, feurig, transformativ, männliches Prinzip*
Pflanzenbotschaft:	„höre auf das Wort"

Zentral (5/Kopf)

Dammar *Canarium strictum*	*lichtvoll, frisch und klärend, erheiternd und aufmunternd*
Pflanzenbotschaft:	„Helligkeit durchströmt dich"
Lavendel *Lavandula angustifolia*	*schafft Klarheit und Reinheit, Frieden und Sanftmut*
Pflanzenbotschaft:	„das Schwere weicht vor dem Licht"
Wacholderbeeren *Juniperus communis*	*reinigt, erhöht die Aufmerksamkeit und macht Mut*
Pflanzenbotschaft:	„fühle dich stark und sicher"

Fordernd (7/Kopf)

Lemongras *Cymbopogon citratus*	*ein kraftspendender Sonnenstrahl, heiter und inspirierend*
Pflanzenbotschaft:	„Aktivität unterstützt das Leben"
Fichtennadeln *Picea abies*	*kräftig, stärkt, hilft Halt zu finden in stürmischen Zeiten*
Pflanzenbotschaft:	„die Gruppe ist der Weg"
Raal Weihrauch *Shorea robusta*	*schützend, harmonisierend, inspirierend und öffnend*
Pflanzenbotschaft:	„gib dich hin"

Arbeits-Set für Enneatyp 6 (Zweifler / der verfolgte Verfolger)

... ich muss mir durch vorausschauendes Verhalten eine sichere Lebensgrundlage schaffen.

Fördernd (9/Körper)

Nagarmotha *Cyperus scariosus*
sinnlich warm umhüllend, regt zum Wohlfühlen an
Pflanzenbotschaft:
„lebe und genieße das Leben"

Zimtrinde *Cinnamomum cassia*
wärmt das Herz und stärkt die Nerven, aphrodisisch anregend
Pflanzenbotschaft:
„Nahrung für das innere Feuer"

Sandelholz weiß *Santalum album*
macht gelassen und ruhig, zentriert und verbindet
Pflanzenbotschaft:
„spüre den Boden, der dich trägt"

Zentral (6/Kopf)

Eisenkraut *Verbena officinalis*
stärkend, zentrierend für Problemlösung, fördert Hellsichtigkeit
Pflanzenbotschaft:
„gehe getrost voran"

Mastix *Pistacia lenticus*
führt Licht in das Herz, öffnend, klärend, ausgleichend
Pflanzenbotschaft:
„spüre den Kontakt mit dir selbst"

Tulsi *Ocimum sanctum*
Schutzkraft, reinigend, stimulierend, „Dämonentöter", öffnet das Herz
Pflanzenbotschaft:
„du darfst vertrauen"

Fordernd (3/Gefühl)

Benzoe siam *Styrax tonkinensis*
sinnesbetont, aphrodisierend, euphorisierend, stärkt Fantasie
Pflanzenbotschaft:
„spüre die heilende Kraft in dir"

Opoponax *Commiphora erythraea*
aktivierend, Fantasie anregend, sensibilisierend und ausgleichend
Pflanzenbotschaft:
„sei hier und jetzt"

Kardamom
Elettaria cardamomum
vitalenergetischer Impuls, erwärmend, belebend, aufhellend
Pflanzenbotschaft:
„Freude macht zuversichtlich"

Arbeits-Set für Enneatyp (Optimist / opportunistischer Idealismus)
... ich will alle Möglichkeiten nutzen, um das Leben in seiner Vielfalt zu genießen.

Fördernd (5/Kopf)

Kopal *Protium copal*	*herzöffnend, geistklärend, frisch und beruhigend, „Gehirn des Himmels"*
Pflanzenbotschaft:	„du bist Teil des Ganzen"
Wacholderspitzen *Juniperus monosperma*	*schafft inneren Raum, Klarheit und Weite für die Vision*
Pflanzenbotschaft:	„finde deinen Weg"
Alant *Inula helenium*	*„Gottesauge/Schlangenwurz", stark beruhigend, schützend, antidepressiv*
Pflanzenbotschaft	„Licht in deine Wurzel"

Zentral (7/Kopf)

Rosmarin *Rosmarinus officinalis*	*erfrischt, muntert auf und stärkt den Willen, regt den Geist an*
Pflanzenbotschaft:	„schreite zur Tat"
Lorbeer *Laurus nobilis*	*klärend, belebend, vertreibt negative Vorstellungen, wahrnehmungsfördernd*
Pflanzenbotschaft:	„blicke positiv voraus"
Kiefernharz *Pinus sylvestris*	*energetisierend, reinigend, lösend und öffnend, schafft Ausdauer*
Pflanzenbotschaft:	„bleibe im Spiel"

Fordernd (1/Körper)

Weißer Salbei *Salvia apiana*	*gegen negative Einflüsse, klärend, stark atmosphärisch reinigend*
Pflanzenbotschaft:	„schau auf das Wesentliche"
Vetiver *Vetiveria zizianoides*	*erdend, strukturierend für Realitätssinn und Körperbewusstsein*
Pflanzenbotschaft:	„spüre deine Wurzeln"
Sandarak *Tetraclinis articulata*	*stärkend und entkrampfend für vegetatives Nervensystem*
Pflanzenbotschaft:	„gib dich hin, du wirst getragen"

Die zyklische Form des Räucherns

Diese Vorgehensweise kann nur mit dem Räuchersieb (siehe Kapitel 8) durchgeführt werden.

Wenn Sie Ihren Enneatyp gefunden haben oder zumindest vermuten, wo die stärkste Tendenz liegt, wählen Sie intuitiv je drei Stoffe aus dem Förderbereich, aus dem Zentralbereich und dem Forderpunkt oder nehmen ganz einfach den entsprechenden Vorschlag, wie Sie ihn im vorangegangenen Teil finden. Mit diesen Stoffen machen Sie einen Räucherzyklus, der über neun Stationen führt, indem Sie folgendermaßen vorgehen:
- Bereiten Sie sich ein Formular (siehe Muster auf Seite 192 und Kopiervorlage auf Seite 266) vor und legen Sie sich ein Schreibgerät zurecht.
- Platzieren Sie die neun Stoffe im Kreis um Ihr Räuchergefäß herum (am besten in kleinen Tonschälchen siehe Abbildung oben).
- Legen Sie eine Prise des ersten Räucherstoffs aus dem fördernden Zentrum auf das Räuchersieb und fächeln Sie sich den aufsteigenden Duft zu.
  Was für ein Echo kommt aus Ihrem Inneren?
  Mögen Sie den Duft gerne oder eher nicht?
  Halten Sie Ihren Eindruck auf der Skala von 0 (unmöglich) bis 10 (himmlisch) auf dem Formular fest. Notieren Sie sich auch Bilder und Gedanken, die in Verbindung mit diesem Duft auftauchen.
- In gleicher Weise werden die zwei weiteren Stoffe hinzugefügt. Nachdem Sie die drei Düfte Ihres Förderpunktes so nacheinander vorgenommen und die Ergebnisse notiert haben, nehmen Sie sich die Duftbeschreibung/Pflanzenbotschaft in Kapitel 6 vor und spüren nach, wie Ihre Beziehung (Ablehnung oder Zuneigung) zu eben diesem Duft sich offenbart. Machen Sie sich Notizen

zu dem Gesamteindruck der drei Komponenten Ihres Förderpunkts, bevor Sie die bereits schwelenden Materialien etwas zur Seite schieben, um die drei Stoffe des nächsten Zentrums zu ermitteln. Sie sollten dabei im Auge haben, ob Ihr Förderpunkt im Körper-, Gefühls- oder Mentalbereich angesiedelt ist.

- Auch der Zentralpunkt (1= zentral/Körper) und der Förderpunkt (4 = fordernd/Gefühl) wird in dieser Form durchgearbeitet, so dass Sie schlussendlich neun Stoffe mit der Nase erforscht und drei Gruppenresultate unter dem Gesichtspunkt der Zentren (Körper-Gefühl-Geist) betrachtet haben.

Die nachfolgenden Formulare können Sie für Ihre persönliche Verwendung übernehmen und auch im Internet unter www.floraperpetua.de abholen.

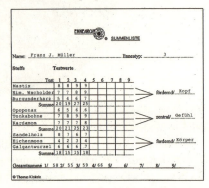

Dieses Testverfahren sollte jeder interessierte Leser konzentriert durchführen, wenn er sich von der ENNEAROM-Verfahrensweise und den möglichen Impulsen für eine bewusstere Persönlichkeitsentfaltung angesprochen fühlt.

Das ist eine intensive Begegnung mit den einzelnen Duftcharakteren. Gleichzeitig erleben Sie das Verhalten der Stoffe im Verbrennungsprozess. Ihr Prozess wird vom Rauch aufgenommen und Sie haben am Schluss eine sehr persönliche Mischung auf dem Sieb.

Ein Aroma, das für Stunden die Atmosphäre des Raumes verzaubern kann

Sie sammeln dabei auch die nötige Erfahrung in Bezug auf das unterschiedliche Brennverhalten der Stoffe, ihre optimale Dosierung und die Verbindung der verschiedenen Pflanzenteile miteinander im Räucherprozess. Entsprechende Praxisanleitung zu diesem Thema finden Sie aber auch in Kapitel 8.

Diese Vorgehensweise schafft zunächst eine Grundlage, mit der die persönliche Akzeptanz der Stoffe einzeln und zu einem gegebenen Zeitpunkt festgestellt wird. Wenn etwas später, nachdem über eine gewisse Zeit mit den Stoffen geräuchert wurde, wieder einmal der Test gemacht wird und die Ergebnisse verglichen werden, dann lässt sich anhand der veränderten Benotung eine Entwicklung nachvollziehen.

Welche Stoffe sprechen jetzt verändert an? Schauen Sie, für welchen Typus eine höhere Akzeptanz zu verzeichnen ist. Diese Energie fließt jetzt freier. Ein wesentlicher Aspekt ist damit tiefer eingebunden.

Außerdem ist interessant zu beobachten, ob insgesamt eine wachsende Akzeptanz entsteht. Der nächste Schritt kann dann nämlich in Richtung der Forderung unternommen werden. Es können Stoffe in den Zyklus integriert werden, die etwas Anstrengung erforderlich machen. Düfte, denen man erst einmal eine Chance geben muss, wo man nicht spontan offen ist, sind dann möglich.

Komposition

Eine weitere Verwendung für das Ergebnis des Räucherzyklus, wenn er in der Testform sorgfältig durchgeführt wird, ist eine quantitative Umsetzung der einzelnen Riechwerte. Sie haben damit die Grundlage für eine Rezeptur. Wenn Sie sich eine individuelle ENNEAROM-Räuchermischung selbst herstellen wollen, dann nehmen Sie die neun in dem Räuchertest festgehaltenen Akzeptanzwerte als Relationsgrößen für die Gewichtung der einzelnen Komponenten in Ihrer Mischung.

Für die verschiedenen Formen, sich ein handgemachtes Räucherwerk herzustellen, erhalten Sie auch die nötige Information in Kapitel 8.

Systematische Selbstbeobachtung

Wenn Sie sich eine kontinuierliche Aufzeichnung Ihrer Resonanzentwicklung anfertigen wollen, dann können Sie das nachstehende Formular verwenden.

Bei Wiederholung des Tests ergeben sich möglicherweise Veränderungen. Wenn sich die Gesamtsumme erhöht, dann steigt das Akzeptanzniveau. Es kann festgehalten werden, in welchen Zentren die Akzeptanz weniger oder stärker steigt oder vielleicht sogar sinkt. Dabei ist interessant, über einen gewissen Zeitraum den Test mit den gleichen Stoffen zu wiederholen, wie ich es am eigenen Beispiel oben angeführt habe. Der eigene Prozess kann über einen längeren Zeitraum festgehalten und analysiert werden und Sie stärken die Wahrnehmung Ihrer eigenen Reaktionen.

Räuchern in Gemeinschaft

Immer wenn Menschen zusammenkommen, ist das eine gute Gelegenheit zum Räuchern. Je nach Anlass stellt sich die Frage, mit welchen Stoffen geräuchert werden soll. Grundsätzlich bieten sich dafür drei spezielle Gruppierungen an, die jeweils drei Punkte des Enneagramms miteinander verbinden.

Sich zeigen und seinen Raum einnehmen

Ist es vielleicht ein Fest mit Tanz und physischer Aktivität oder geht es darum, eine Runde für klärende Konfrontation in einem Konfliktfall zu veranstalten, so eignet sich die folgende Konstellation:

Zielgerichtete Aktivität

Jeweils ein bis drei Stoffe pro Punkt 2/8/5 können für eine stärkende Mischung ausgewählt werden, die in den Bereichen Körper, Gefühl und Geist die Ich-Kraft unterstützt, indem Mut, Hingabe und Klarheit sich verbinden.

So können zum Beispiel Benzoe sumatra (2), Kampfer (8) und Wacholderspitzen (5) gemeinsam verräuchert werden. Erst ein kleines Stückchen Benzoe auf das Sieb, dann sofort etwas Kampfer dazu und eine Prise zwischen den Fingern zerriebene Wacholderspitzen darüber garniert, so dass die nunmehr flüssige Benzoe aufgesogen wird. Versuchen Sie es! Diese Mischung tut sehr gut und hat eine enorm kräftigende und stabilisierende Wirkung. Es kann dadurch eine aktive, nach Lösung und Klärung strebende Ausrichtung die Anwesenden erfassen und bewegen.

Sich von süßer Wärme einhüllen lassen

Wenn der Anlass eher in die sinnliche Richtung geht, sensible Stimmungen erzeugt und Gefühle angesprochen werden sollen, dann ist eher diese Zusammenstellung angezeigt:

Verlockende Atmosphäre

In dieser Gruppe findet man Kontakt und emotionale Öffnung. Aus den Punkten 9/6/3 können Verschmelzung und Verbindung fördernde Stoffe ausgewählt werden, die wärmend und herzöffnend ihre wohltuende, sensibilisierende Wirkung entfalten.

Da wären zum Beispiel: Sandelholz weiß (9), Mastix (6) und Tonkabohne (3), die sehr schön zusammen verräuchert werden können, wenn es um Lust und Wohlbefinden (Wellness) geht. Mit der Stimmung dieser Duftqualität werden Sie in Ihre sensibelsten Räume geführt und schmelzen dahin wie Wachs in der Sommersonne.

Eine erhabene Atmosphäre verbreitet sich im Raum

Wenn eine tiefgründige Absicht die Zusammenkunft bewegt, zu der die feinen geistigen Kanäle des menschlichen Wesens in ihrem Energiefluss verstärkt werden sollen, dann ist folgende Kombination vorzuschlagen:

Geistige Übung

In dieser Zusammensetzung 7/1/4 ist besonders die Gedankenwelt angesprochen. Wenn Vorstellungskraft und Idee uns zu innerer Klarheit und zur visionären Kreativität des reinen Herzens führen soll, dann ist die nachfolgende Kombination zur Begleitung zu empfehlen: Lorbeer (7), Weißer Salbei (1) und Labdanum (4).

Dabei sollten kleine Kügelchen aus Labdanum und gemahlenem Lorbeerblatt gedreht werden, die dann in ein Bett aus Salbei auf das Sieb gelegt werden. Der Duft ist ernst auf einem warmen, tragenden Hintergrund.

Wahrnehmungsübung mit Aromarauch

Es ist wichtig darauf zu achten, dass eine Räuchersession, die zum Ziel hat, das Bewusstsein zu trainieren, grundsätzlich als kleine Zeremonie ausgeführt wird. Das soll uns stets daran erinnern, welchen Stellenwert wir dem Pflanzenwesen einräumen. Eine respektvolle Haltung gehört zum unverzichtbaren Bestandteil dieser Arbeit.

Wir bereiten also den Platz vor. Es ist energetisch am besten, wenn man sich im Kreis um das Räuchergefäß setzt. Der geschlossene Kreis ist ein wichtiges rituelles Element. Neun Räucherstoffe stehen für eine gemeinsame Reise in die Welt der Pflanzendüfte bereit.

Die Duftreise

Zuerst sollte eine kurze Gesprächsrunde gemacht werden. Wenn die Teilnehmer sich nicht kennen, sollte jeder eine Gelegenheit haben, seinen Namen zu sagen und dann mit wenig Worten den Grund seines Daseins sowie Vorstellung und Wünsche für das Ritual mitzuteilen. Wenn ein Teilnehmer spricht, konzentrieren sich alle anderen voll und ganz auf das Zuhören.

Die neun Räucherstoffe werden so zusammengestellt, dass aus jedem Enneagrammpunkt ein Stoff dabei ist. Jeder Teilnehmer bekommt neun Testformulare, wenn eine ausführliche Erfahrung mit entsprechendem Zeitrahmen möglich ist.

Danach wird der erste Räucherstoff (8) auf das Sieb gebracht. Nun ist die ganze Aufmerksamkeit nach innen gerichtet. Lassen wir uns führen. Wir spüren einen Dufteindruck und schauen ihn innerlich an.

Fragen, die wir uns stellen, wenn wir in die Duftübung einsteigen:

• Wie fühlt es sich an?
• Spüren wir den Duft im Bauch, in der Brust oder im Kopf?
• Welche Gefühle löst das Aroma bei uns aus?
• Steigen Bilder aus dem Inneren empor?
• Haben wir ein angenehmes Gefühl oder erzeugt es vielleicht Spannung?
• An welcher Stelle des Körpers?
• Wie fühlt sich das Angenehme oder die Spannung an und welche Assoziationen löst es aus?

Jeder Teilnehmer soll sich zu dem Duft äußern und den anderen genau mitteilen, wie der Eindruck für ihn ist. Die indianische Tradition des „talking stick" gibt uns ein gutes Medium an die Hand, um das Prinzip des aktiven Zuhörens leichter praktizieren zu können. Irgendein schönes Objekt, wie ein dekorativ verzierter Stab oder auch ein ausdrucksstarker Bergkristall, kann in diesem Sinne im Kreis herumgehen. Wer den Gegenstand in der Hand hält, hat so lange die absolute Aufmerksamkeit der anderen Teilnehmer, bis der Gegenstand weitergereicht wird. Jeder kann seine eigene Form finden, sich zu artikulieren, wenn er an der Reihe ist. Ob mit Körpersprache, mit Klang oder über bildhafte Beschreibung, alles, was sich im Moment ausdrücken möchte, ist gut und richtig. Der Kreis schafft das Vertrauen und trägt die Gemeinschaft.

Es ist sehr sinnvoll, wenn für jeden Teilnehmer die Aussage auf dem Testbogen stichwortartig protokolliert und der Akzeptanzwert angekreuzt wird.

Wenn alle neun Stoffe auf diese Weise geräuchert und besprochen wurden, kann jeder Teilnehmer, wenn er möchte, einen Wunsch äußern, und eine stille Meditation kann die Übung abschließen.

Ein Feedback auf die gegenseitige Wahrnehmung spielt eine sehr wichtige Rolle, insbesondere, wenn der Kreis einen hohen Vertrauenspegel erreicht hat. Man wird noch einmal von den „Mitreisenden" gespiegelt. Es wird sich darüber ausgetauscht, wie man sich gegenseitig wahrgenommen hat. Das kann sehr lustig und äußerst aufschlussreich sein. Wenn mit Testbogen gearbeitet wurde, dann kann das Feedback auch die neun Enneatypen umfassen, indem sie beschrieben werden, und jeder in der Lage ist, über die Resonanz auf den entsprechenden Duft einen persönlichen Bezug abzuleiten.

Duftreise für Enneagramm-Gruppen

Eine Gruppe von neun Personen bildet einen Kreis um das Räucherzentrum, nachdem jeder Teilnehmer sich auf einen der Punkte vorbereitet hat. Beginnend mit der Körpergruppe (8/9/1), wird nacheinander für jeden Punkt ein spezifischer Duft von der entsprechenden Person vorgestellt und die spezifische Energie des Enneatypen der Gruppe nahegebracht. Dies kann in Form von Geschichten, Übungen, Rollenspielen und „Wer-hat-selbst-schon-mal-erlebt,-dass-..."-Fragen an die Runde geschehen. Der Fantasie sind da keine Grenzen gesetzt.

Die drei Vertreter der Körpergruppe geben dann noch einmal ein kurzes Statement zu ihrer Gemeinsamkeit im Körperzentrum bevor der Prozess über Gefühls- und zuletzt Mentalzentrum in gleicher Weise erfolgt. Am Schluss einer solchen Erfahrungsreise sollte der Kreis geschlossen werden, indem alle Teilnehmer sich an den Händen fassen und der essenziellen Energie in einer stillen Meditation nachspüren.

Räuchern und Klang

Wenn der Volksmund sagt, etwas wäre nur *Schall* und *Rauch* gewesen, dann kommt darin die mediale Qualität dieser Phänomene zum Ausdruck, die etwas Wesentliches begleiten sollen, was in diesem negativen Wortgebrauch eben das Fehlende ist.

Wenn wir Klang und Räucherwerk sensibel miteinander kombinieren, dann kann das tatsächlich tiefe Zustände in uns initiieren.

Auch hierbei ist es wieder sinnvoll, das Vorgehen über die drei Zentren zu strukturieren: Wir können gezielte Erfahrungen auf der Körperebene machen, wenn wir in Rhythmus und Bewegung hineingehen. Trommeln und Percussion, eine dynamische und heiße Musik ist für diesen Erfahrungsbereich geeignet. Trance ist ein Zustand der Heilung, der über die Körperenergie induziert werden kann. Bewegen Sie sich eine Weile im rhythmischen Tanz und Sie können die Körperenergie deutlich spüren, wenn Sie plötzlich innehalten und Ihre Sinne nach innen richten. Die Energie pulsiert im Körper und kann durch die Vorstellungskraft in die Bereiche geleitet werden, wo ein Mangel oder Ungleichgewicht herrscht.

Eben dieser Ausgleich und Unterstützung wird auch vom duftenden Rauch geleistet. Die sensible Verbindung der Komponenten Musik und Duft vermag einiges in Bewegung zu setzen.

Experimente mit Räucherstoffen der Körpergruppe oder auch die Kombination 8/5/2 sind dafür angeraten und sehr empfehlenswert. Eine besonders zu empfehlende Musik für diesen Zweck ist die CD „Tanz der 4 Himmelsrichtungen" von Jabrane M. Sebnat. Diese CD enthält unterschiedliche Sufi-Bewegungsübungen und wunderbare Musik. Sie lässt sich optimal mit einem eigenen Räucherritual verbinden.

Für die Gefühlsebene wäre eine Musik mit zarten, sinnlichen Tönen geeignet. Es ist so, dass wir auf dieser Ebene ebenso unsere Leidenschaften, wie auch unsere Tugenden leben. Im Enneagramm spricht man vom niederen und höheren emotionalen Zentrum.

Da steht der Stolz der Demut gegenüber und Missgunst der Zufriedenheit, da finden wir Habsucht und Ungebundenheit, Furchtsamkeit und Mut, Leichtsinn und Besonnenheit, Wollust und Unschuld als Antipoden. Eine Musik, die das höhere emotionale Zentrum zum mitschwingen bringen kann, ist tief in der Seele empfundener Gospel. Der spirituelle „Soul" kann in uns auf einer hohen emotionalen Frequenz Resonanz auslösen. In höchst sensueller Form kommt dies bei einer wunderbaren Version von „Amazing Grace", gesungen von einem südafrikanischen Chor auf der CD „African Dawn – Voices of celebration", zum Ausdruck.

Wenn das Aroma der Gefühlsebene die Herzen aufgeschlossen hat, dann trägt eine solche Musik die Gemeinschaft sehr hoch.

Der dritte Schritt wäre dann, das höhere intellektuelle Zentrum mit Klang anzuregen.

Original tibetische Klangschalen eignen sich dafür sicher gut, wenn sie mit einer klaren Intention eingesetzt werden. Zum Beispiel könnten ausgesuchte Planenten-Klangschalen zur Beruhigung bestimmter Ego-Tendenzen angeschlagen werden. Musik-Arrangements haben ansonsten zumeist starke individuelle Züge, so dass die Resonanz vom einen zum anderen sehr variieren kann. Traditionelle keltische Musik arbeitet mit ewig gültigen Elementen, musikalischen Archetypen, die auf der Grundlage einer natürlich fließenden Dynamik hohe Werte transportieren. Ich empfehle deshalb die CD „Celtic Quest -Traditional Irish Melodies", als bodenständig-zeitlose und gleichzeitig mystisch-erhabene musikalische Dimension, um den Geschmack des höheren intellektuellen Zentrums zu treffen. Mit Räucherstoffen, wie Lorbeerblätter, Dammar und Wacholderspitzen, lässt sich diese Erfahrung ziemlich rund machen.

KAPITEL 8

Räucherpraxis

Rezepturen, Rituale

Sonne ... individualisierte Selbstbestimmung in der Vereinigung der Gegensätze.

Das Mysterium offenbart sich in der Auflösung der Dualität.

•

„Learn the rules so you know how to break them properly"

(dt.: *Lerne die Regeln damit du weist, wie sie sauber gebrochen werden*)

(Dalai Lama)

•

Die verschiedenen Räucher-Techniken

Wenn Sie jetzt, angeregt durch die Lektüre des Buches, einen praktischen Anlauf nehmen wollen, es etwas intensiver mit dem Räuchern zu versuchen, dann gibt es eine Reihe von Gegenständen und Methoden für den Umgang mit den unterschiedlichen Stoffen zu vermitteln.

Herkömmliches Verfahren

Grundsätzlich brauchen wir Glut und ein Räuchergefäß, um diese Glut einmal lange zu erhalten und zum anderen das Umfeld vor der Glut zu schützen. Das Feuer wird gewissermaßen von der Luft genährt und von der Erde gehalten. Ein irdener oder metallener Behälter, der mit Füßen versehen oder Teil einer tragenden Konstruktion ist, muss genau die richtige Luftzufuhr sicherstellen und gleichzeitig die Hitze abschirmen. Das ist die Aufgabenstellung an dieses Gerät.

Die Glut

In alten Zeiten wurde etwas glühende Kohle aus dem Feuer genommen und in das Gefäß gelegt, bevor die aromatischen Stoffe zum Verglimmen daraufgestreut wurden.

Die Gelegenheiten, zu denen wir heute noch Zugang zu dieser Art von Glut haben, sind leider sehr rar. Es werden stattdessen gepresste Holzkohle-Tabletten angeboten, die zumeist mit einer gewissen Menge Kaliumnitrat (Salpeter) versetzt sind, um sich in kürzester Zeit zu entzünden und die benötigte Glut zu liefern. Diese Tabletten werden üblicherweise in feuerfest und luftdicht eingeschweißten Rollen à 10 Stck. angeboten und haben ca. 3 bis 4 cm Durchmesser. Da diese aus Holzkohlenstaub gepressten Stücke hygroskopisch sind, d. h. die Luftfeuchtigkeit anziehen, ist diese luftdichte Verpackung sehr wichtig. Wenn Sie die Rolle einmal angebrochen haben gilt:

Kohle immer wieder gut verpacken und kühl und trocken lagern.

Da man sich leicht die Finger schmutzig macht, ist es sinnvoll, eine Kohlenzange zu haben, um die Tablette zu halten, während man sie eine gewisse Zeit über eine Flamme hält. Wenn die Kohle feucht ist, dauert es entsprechend länger, sie über der Flamme zum Glühen zu bringen.

Das Räuchergefäß

Ein ideales Gefäß zum Verbrennen dieser Kohle verlangt die folgenden Qualitäten:
1. Es muss eine Auflagefläche haben, die eine Belüftung von unten gewährleistet, so dass die Kohle gleichmäßig und vollkommen durchglüht.
2. Die Hitzeentwicklung der glühenden Kohle hat unterschiedliche Intensitätsphasen. Zu jedem Zeitpunkt muss es möglich sein, das Gefäß zu transportieren, ohne sich die Finger zu verbrennen.
3. Die Hitze muss nach unten zum Fuß des Gefäßes abgeschirmt sein.

Hier ist ein Beispiel für ein schlichtes, zeitloses Design einer Räucherschale aus Terrakotta und Stahl. Der Fußraum unter dem Lochblech-Einsatz wird zu 2/3 mit Quarzsand gefüllt. Das schirmt die Hitzeentwicklung nach unten ab und lässt immer noch genug Luft unter der Kohle zirkulieren, um ein optimales Durchglühen zu gewährleisten. Auch in der heißesten Phase ist es noch möglich, diese Schale am oberen Rand zwischen den Fingern zu halten.

Wenn die Kohle durchgeglüht ist, dann können die Räucherstoffe in kleinen Mengen aufgestreut werden. Je nach Stoff entwickelt sich unterschiedlich starker Rauch.

Das Räuchern mit der Holzkohle erzeugt grundsätzlich stärkeren Rauch als das Räuchern mit dem Edelstahl-Sieb. Es eignet sich deshalb gut für intensives Ausräuchern von energetisch stark belasteten Räumen oder hygienische Anwendungen im Krankheitsfall. Auch für Gartenräucherungen ist es die probate Form.

Räuchern eignet sich durchaus auch, um eine Abwehr gegen Plagegeister aus dem Insektenreich aufzubauen. Seien es Mücken, Motten, Fliegen, Wespen oder Ameisen, es kann nie schaden, es mit einer Räucherung zu versuchen. Für diesen Zweck eignen sich besonders gut **Himalaya Zedernholz**, **Zimtrinde**, **Lavendel** – und **Nelkenknospen** ganz besonders gegen Wespen. **Olibanum** wurde auch bereits im alten Ägypten gegen Getreidemotten und Ungeziefer in den Vorratskammern geräuchert und in Nepal verwendet man **Gebirgswacholder** zum Vertreiben von Insekten und Moskitos.

Auch Pflanzen zu beräuchern, wenn sie von Schädlingen befallen sind, ist traditionelle schamanistische Praxis. Da sind **Dammar**- und **Burgunderharz** (Fichte) zu empfehlen.

Auch gegen Läuse, Milben und Spinnen ist ein Kraut gewachsen.

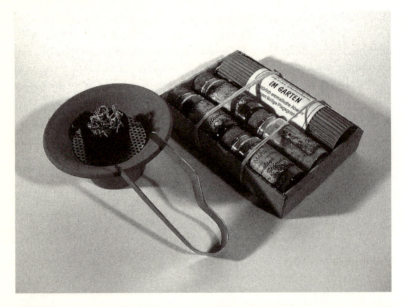

Räuchern ist eine ökologische, ganzheitliche Vorgehensweise. Und natürlich ist die bewusst empfundene Absicht des eigenen Handels von wesentlicher Bedeutung für das Ergebnis dieses Experiments. Zu der Wirkung der geistigen Ausrichtung auf das Zusammenspiel der Kräfte gibt es einen interessanten Erfahrungsbericht aus einer Wüstennacht:

> *„ ... ich lag in meinem Schlafsack voller unverarbeiteter Eindrücke dieser intensiven Erfahrung, in der ich mich befand und konnte nicht einschlafen. Da war das irritierende Sirren von Moskitos und meine vergeblichen Abwehrmaßnahmen hatten mich schon mürbe gemacht. Es blieb nur der totale Rückzug in das Innere meines Schlafsacks, was ich aber nur kurze Zeit aushalten konnte.*

Es war eine ziemlich unerträgliche Situation. Dann geschah etwas sehr Seltsames. Während ich bis zu diesem Moment das Sirren als eine homogene Geräuschkulisse, bedrohlich und entnervend, wahrgenommen hatte, begann ich plötzlich unterschiedliche Charaktere zu hören. Da war ein hohes und aufgeregtes Sirren und dort eine tiefere, singendere Variante und dazwischen gab es noch eine Reihe anderer Nuancen. Ich begann diesem Reigen zu lauschen und mit einem Mal hatte ich den Eindruck, dass die Moskitos mit mir kommunizierten. Eine seltsame Aufregung erfasste mich und ich richtete meine ganze Aufmerksamkeit darauf, dieses ungewöhnliche Phänomen tiefer zu erforschen. Doch jetzt geschah das eigentliche Wunder: je intensiver ich lauschte, desto schwächer wurden die Insektenstimmen und verschwanden nach kurzer Zeit vollkommen und ich konnte entspannt einschlafen." (Petra Krönner)

Auch hier zeigt sich der Grundsatz: „Das, wogegen ich mich sträube, bleibt und das, was ich annehme, verschwindet." Es wird damit deutlich, dass die Haltung, mit der wir auf die „Belästigung" durch Insekten reagieren, eine Auswirkung auf deren Verhalten hat. Wir sind auf einer feinen geistig/emotionalen Ebene mit der Insektenwelt verbunden und es ist genau diese Perspektive, aus der heraus wir die Wirkung der Räucherung in Verbindung mit unserer Haltung besser verstehen können. Es baut eine Brücke zwischen unüberbrückbar erscheinenden Ufern.

Das Räuchern schafft Kontakt zwischen den Naturreichen

Die abwehrende Information in der Pflanzenbotschaft wird von der inneren Ausrichtung des Anwenders verstärkt. Eine sehr urige Form der Gartenräucherung kann zum Beispiel auch an einer sorgfältig hergerichteten Feuerstelle als kleines Ritual durchgeführt werden. Wenn das Feuer aus trockenem Geäst zu kraftvoller Glut geworden ist, und Flammen nur noch vereinzelt für kurze Momente hochschnellen, dann ist die Räucherphase da. Eine sorgfältig und mit bestimmter Absicht vorbereitete Räuchermischung wird je nach gewünschter Intensität auf die Glut gestreut.

Sie werden erstaunt sein, welche Resonanz aus der Sie umgebenden Natur kommt, wenn aromatischer Rauch sich im Garten verbreitet. Alle Sinne müssen auf Aufnahme ausgerichtet sein, dann kann man es plötzlich ganz deutlich wahrnehmen und spürt sich als Teil des Ganzen. Die eigenen Sinnesempfindungen stehen der Natur zur Verfügung, um sich selbst wahrzunehmen. Alles wird dann gegenwärtig.

Offensichtlich können wir mit einer achtsam durchgeführten rituellen Handlung regulierenden Einfluss auf das natürliche Gleichgewicht der Lebensprozesse im Innen ebenso wie im Außen nehmen. Wir sind ein Teil der Natur und welche

Haltung wir dazu einnehmen, entscheidet über den Sinn des Rituals. Wenn es Ihre Absicht ist, einer Krankheit oder sonstigem Befall der Pflanzen vorzubeugen oder einer Insekteninvasion zu begegnen, dann könnten Sie auf kultische Tradition zurückgreifen und die Kraft, die hinter dieser Bedrohung steckt, bitten und vielleicht auch auffordern, dieses Terrain zu verschonen. Die Kraft ist ein Teil des Ganzen, sie hat einen Sinn, der will verstanden sein. Die geistige Botschaft an diese Kraft wird durch den aromatischen Rauch übermittelt. Duftmoleküle sind wie kleine Akkumulatoren. Sie laden sich mit einer Information auf und fungieren als Übermittler. So können Sie die Sprache der Natur sprechen. Versuchen Sie es doch einfach. Es macht Spaß und kann sehr nützlich sein.

Die neue Methode – Räuchern mit dem Sieb

Für viele Menschen, die das Räuchern wiederentdeckt haben, ist die Schnellzünder-Kohle nur ein bedingt befriedigendes Material. Das ist einerseits darauf zurückzuführen, dass beim Entzünden für kurze Zeit ein wenig angenehmer Geruch entweicht, zum anderen, weil man sich ohne Kohlezange die Finger schmutzig macht.

Da die Aromalampe für das Verdunsten ätherischer Öle in den 90er Jahren ihren festen Platz in vielen Haushalten, Praxen und an verschiedensten Arbeitsplätzen erobert hat, ist das Prinzip des Teelicht-Stövchens hinlänglich bekannt. Es liegt also nahe, ein Räucherverfahren nach dem gleichen Prinzip zu entwickeln. Dies ist geschehen.

Der entscheidende Unterschied zu der herkömmlichen Methode ist der, dass bei diesem Verfahren ein intensiver aromatischer Duft bei geringerer Rauchentwicklung erzeugt wird. Hinzu kommt, dass die gewünschte Intensität der Rauchentwicklung besser gesteuert werden kann, und die einzelnen Stoffe nacheinander hinzugefügt und dabei zunächst einzeln, und in der Folge auch in der Verbindung mit den bereits schwelenden Materialien, wahrgenommen werden können. Das bedeutet, der Aspekt des Räucherns als Prozess nacheinander sich entfaltender Duftcharaktere, ist eine neue Komponente für das Thema insgesamt.

Das Räuchern mit dem Sieb ist von besonderer Bedeutung für das ENNEAROM-System

Außerdem haben wir damit eine Methode, mit der das Räuchern stärker für den Wellness-Bereich eingesetzt werden kann, denn meistens ist eine intensive Rauchentwicklung zur Begleitung von Techniken, die das Wohlbefinden steigern sollen, weniger erwünscht.

Das Edelstahlsieb

Die wichtigste Funktion für diese sensible Methode des Räucherns erfüllt das Sieb. Folgende Voraussetzungen müssen gegeben sein:

1. Es muss ein Haarsieb von besonders feiner Maschenstruktur sein, damit feineres Räuchermaterial nicht durchfällt und auch flüssiges Harz muss möglichst lange aufliegen können ohne durchzutropfen.

2. Die Stabilität der Siebkonstruktion muss so beschaffen sein, dass die Mulde unbegrenzt nach oben durchgedrückt werden kann, ohne dass es seine Form verliert. Auf diese Art werden erkaltete Reste in einem Stück abgesprengt und das Sieb ist schnell gereinigt.

3. Die 100 %ige Reinigungsmöglichkeit des Siebes muss gegeben sowie schnell und problemlos zu bewerkstelligen sein. Wenn sich Reste von Harzen und Resinoiden in Maschen des Siebes festgesetzt haben, dann wird es direkt über eine Flamme gehalten. Die Reste werden von beiden Seiten abgebrannt und danach mit einer Metallbürste entfernt.

– 221 –

Nur wenn diese Kriterien erfüllt sind, hat man mit dieser Methode auf Dauer ein ungemindertes Vergnügen.

Diese Voraussetzungen erfüllt derzeit nur eine Edelstahlkonstruktion, die in unterschiedlichen Größen erhältlich ist.

Dieses Sieb muss nun auf eine Konstruktion platziert werden, die wiederum eine Reihe von Kriterien zu erfüllen hat:

1. Ein Teelicht unter dem Sieb muss in einem Abstand von ca. 3 cm zwischen Flammenspitze und Sieb vorgesehen sein.
2. Die Höhe des Siebes zum Fuß soll nach Möglichkeit variabel sein, damit die Hitze ein wenig gesteuert werden kann. Es gibt unterschiedlich reagierende Stoffe. Einige brauchen nur wenig Hitze, andere mehr. Außerdem hat das Teelicht als solches unterschiedliche Phasen der Hitzeentwicklung, je nachdem wie der Docht beschaffen ist. Das normale Teelicht ist zu Beginn eher schwach, wird nach einiger Zeit jedoch bedeutend heißer. Bei Stearinkerzen oder Bienenwachs erzielt man erheblich höhere Hitzewerte und sie sind deshalb für eine normale Konstruktion weniger geeignet.
3. Die Konstruktion sollte, ähnlich dem konventionellen Räuchergefäß, die für die Flamme benötigte Luftzufuhr einerseits gewährleisten und andererseits gewissen Schutz zum Umfeld bieten. Vergessen Sie nie, dass Umgang mit Feuer eine besondere Achtsamkeit erfordert. Da einige Räucherstoffe wie Kampfer und Elemi niedrigere Entflammungspunkte haben, ist auch bei gut geschützten Konstruktionen Vorsicht geboten.

Das Räucherstövchen

Hier ist ein Räucherstövchen, das sich seit nunmehr zwei Jahren im Test bewährt hat:

Im Inneren dieses Stövchens befindet sich etwas Quarzsand. Das ermöglicht, das Teelicht auf einen kleinen Hügel zu stellen, wenn etwas mehr Hitze gefragt ist. Ebenso kann es natürlich tiefer in den Sand gedrückt werden, wenn das Gegenteil gewünscht wird. In dieses trompetenförmige Gefäß passt ein großes Sieb, so dass mehrere Stoffe gleichzeitig aufgelegt und hin und her geschoben werden können.

Sinnvoll kann es auch sein, ein Gefäß mit Deckel zu wählen. Der Deckel muss natürlich Löcher haben, damit der aromatische Rauch austreten kann. Unter dem Deckel entsteht ein gewisser Hitzestau, der für das gleichmäßige Verglimmen mancher Mischungen einen Vorteil bietet. (Natürlich ist der Deckel auch ein weiterer Schutz, um einer Entflammung vorzubeugen.)

Die Zange

Bei der aktiven Form des Umgangs mit unterschiedlichen Stoffen muss öfters auch einmal das Sieb gereinigt werden. Da es meistens ziemlich heiß wird, kann man sich schon auch einmal die Finger verbrennen. Dieser Tatsache kann damit begegnet werden, dass man sich eine speziell erhältliche Zange erwirbt, mit der das Sieb problemlos zum Abbürsten hochgenommen werden kann.

Die Feder

Ein nicht ganz unwichtiges Utensil für eine ganzheitliche Räucherung ist die Feder. Sie steht symbolisch für das Luftelement, dessen Präsenz für den Räuchervorgang absolut unverzichtbar ist. Das Feuer verzehrt die Luft, um den Körper der Pflanze in feinere Bestandteile zu verwandeln, die vom Luftelement übernommen werden. Mit der Feder werden diese feinen Teile verwirbelt und ihrem Ziel zugeführt. Das ist ein wichtiger Teil des rituellen Räucherns und sollte stets mit Bedacht ausgeführt werden.

Das ENNEAROM-Räucherset

Reizvoll ist ein komplettes Set für denjenigen, der das persönliche Experiment machen möchte, aber bisher weder Erfahrung mit Räucherwerk noch Kenntnisse über das Enneagramm besitzt. Es enthält für jeden Enneatypen die Stoffe, wie sie in Kapitel 7 beschrieben worden sind, sowie ein Räucherstövchen mit Sieb und Deckel, Bürste, Feder und eine Anleitung für die ENNEAROM-Duftreise.

Der ENNEAROM-Räucherständer

Im folgenden Kapitel finden Sie 27 Pflanzen-Charts, die nach dem System aufgebaut sind.

Für den therapeutischen Einsatz in verschiedensten Zusammenhängen eignet sich der ENNEAROM-Räucherständer, der diese 27 Stoffe für alle Sinne zugänglich macht. Symbolik und Ästhetik verschmelzen hier mit praktischen Gegebenheiten zu einer „runden Sache".

Über das Auge lässt sich das Zuordnungsprinzip erfassen.
Eine weiß-marmorierte Glasschale von 50 cm Durchmesser wird mit weißem Sand gefüllt. In der Mitte befindet sich eine Feuerstelle in Form eines Räucherstövchens. Um diese Feuerstelle herum werden 27 Terrakottaschälchen mit verschiedenen Räucherstoffen in drei Blöcken angeordnet. Wir haben so drei Zentren mit jeweils neun zugeordneten Stoffen geschaffen.

Körper	Gefühl	Geist
Kampfer / Galgant / Beifuß → 8	Benzoe / Sternanis / Zeder → 2	Dammar / Wacholderbeeren / Myrte → 5
Sandelholz / Eichenmoos / Olibanum → 9	Opoponax / Tonkabohne / Kardamom → 3	Mastix / Eisenkraut / Himal. Wacholder → 6
Lebensbaum / Sandarak / Ingwer → 1	Moschuskörner / Guajakholz / Guggul → 4	Rosmarin / Kiefernharz / Lorbeerblätter → 7

Auf einem Eisenständer stehend, lädt dieses Objekt dazu ein, sich in einem Kreis darum herum zu stellen. Man kann die Schale aber auch auf den Erdboden stellen und sich darum herum setzen. Das weckt ein wenig archaische Assoziationen, wie wenn die Gemeinschaft sich um das Feuer versammelt. Jetzt macht man gemeinsam einen Räucherzyklus durch neun Stationen, wie im Kapitel 7 vorgeschlagen.

Die Erfahrung hat gezeigt, dass ein solches Ritual einen sehr dynamisierenden Effekt auf die speziellen Themen des Einzelnen hat. Mit *dynamisieren* ist nicht nur der anregende, aktivierende Impuls gemeint. Es wird sich bei einer hyperaktiven Persönlichkeit eher beruhigend und entspannend auswirken.

Tatsächlich ist diese Methode ein Eröffnungs- und Einstimmungsritual für verschiedenste Therapien. Ob es sich um eine physiotherapeutische, psychologische oder esoterische Therapie handelt, in jedem Falle schafft sie eine gute Voraussetzung für die Arbeit.

Das Ritual bewirkt eine Öffnung zu den inneren und äußeren Gegebenheiten.

Die Wahrnehmung testen

Möglich sind auch andere Vorgehensweisen.

Den Teilnehmern werden die drei Zentren als Funktionsorgane der eigenen Wahrnehmung erklärt. Ziel dieser Vorgehensweise ist, den unterschiedlichen *Geschmack* zu erkennen und gewissermaßen als biochemische Ausprägung die Charakteristik jedes dieser Funktionsorgane zu *verinnerlichen*. Dadurch entsteht ein inneres *Verstehen*, das nicht rational begründet ist. Das lässt sich am besten in Testform gestalten:

Alle Anwesenden schließen die Augen. Die leitende Person nimmt einen typischen Räucherstoff aus einer der drei Gruppen, legt ihn auf das Stövchen und fächelt mit einer Feder den Duft in die Runde. Nacheinander soll jetzt jeder Teilnehmer den Duft nach seinem Eindruck einem Zentrum zuordnen und dies nach Möglichkeit begründen.

Jeder Leistungsdruck wird jedoch vermieden, und der Schwerpunkt ist in der individuellen Auffassung zu setzen. Die eigene Wahrnehmung zu artikulieren und dabei zum Ausdruck zu bringen, wie man selbst die spezielle Energie der drei Zentren spürt oder interpretiert, ist sehr hilfreich, um in den Selbsterfahrungsprozess einzusteigen.

Da wo die Energie deutlich wahrgenommen und als das, was sie ist identifiziert wird, liegt eine Resonanz auf das Zentrum und den entsprechenden Punkt auf der Hand. Das kann auch für eine Therapie von Bedeutung sein.

Der Räucherplatz

Es ist sehr empfehlenswert, sich einen ganz speziellen Platz in der Wohnung einzurichten, wo man seine Räuchererfahrungen macht. Auch dafür gilt der obige Grundsatz. Bereiten Sie also den Platz, an dem geräuchert werden soll, immer mit Konzentration und klarer innerer Haltung vor. Wir schaffen unsere persönliche Wirklichkeit ununterbrochen selbst. Sehen wir zu, dass wir es bewusst tun, denn das ist das Ziel der Übung.

Das Ritual

Ein Ritual lebt von einer bestimmten Folge von Handlungen, die eine tiefere symbolische Dimension haben. Eine bestimmte Bedeutung liegt darin verborgen, die im Äußeren nicht unbedingt sichtbar wird. Das kultische Ritual ist auch eine Brücke zwischen Religion und Medizin, zwischen Heilung des Geistes und Heilung des Körpers.

Der Wunsch nach Verbindung mit dem seelischen Bereich nährt die rituelle Handlung

Die großen rituellen Relikte in unserem Kulturkreis, das Weihnachtsfest, die Sonnenwendfeier, das Erntedankfest, der Karneval, treten zum größten Teil sinnentleert und nur noch auf die äußeren Aspekte reduziert in Erscheinung. Es besteht ein Mangel an echten Ritualen, die ihren ursprünglichen Zweck der ganzheitlichen Heilung erfüllen. Ein wesentlicher Faktor schamanistischer Heilweisen besteht in der Re-Integration in die Gemeinschaft aller Lebensformen. Ein echtes Ritual führt den Menschen in seine eigene Mitte zurück, dorthin, wo die essenzielle Kraft zuhause ist.

Häufiger findet man noch traditionelles Ritual im Zusammenhang mit Richtfesten, da die Zunft der Zimmerleute den Brauch sorgfältig bewahrt hat. Natürlich gibt es das Ritual der Eheschließung und die kirchliche Liturgie, die Taufe, das Abendmahl, das Bestattungsritual. Dennoch fehlt der authentische Bezug der Menschen zu den Integrationsaspekten dieser Rituale. Sie werden absolviert, aber selten in der Tiefe empfunden. Man hat sich von ihrem Inhalt entfremdet.

Der Wunsch nach Verbindung wird in den Sport und insbesondere Fußball projiziert. Dort wird die Identifikation mit einer symbolischen Mitte, einer Gemeinschaft, gesucht, mit der man durch die Identifikation verschmelzen kann. Das hat die Charakteristik eines kriegerischen Rituals, das letztlich aber auf dem Bedürfnis aufbaut, sich als Teil einer siegreichen Gemeinschaft fühlen zu können. Dass da eine destruktive Illusion abläuft, Verbindung und Kontakt in der Polarisierung gegen das feindliche „Andere" gesucht wird und häufig eine nicht mehr kontrollierbare Eskalation der Gewalt entsteht, zeigt sich in der Problematik mit den Hooligans. Es werden Grenzen gezogen anstatt sie zu transzendieren. In der Polarität und im Außen erscheint das innere Vakuum als diffuses Bedürfnis nach Integration und Getragensein vom Ganzen. Im Alkoholmissbrauch drückt sich die Sehnsucht nach Auflösung der Grenzen sehr deutlich aus. Alle die Ängste und Zwänge der äußeren Realität sollen im Rausch ertränkt werden.

Der Mangel an echten Ritualen hat Teil an der Veräußerlichung unserer Gesellschaft

Die wachsende Isolation und innere Entfremdung von sich selbst und dem Leben, in das alle gleichermaßen eingebunden sind, ist ein großes Problem. Der seelische Hunger nach Verbindung kommt darin zum Ausdruck, dass Heilslehren aller Art Hochkonjunktur haben und die innere Verarmung sich in unmenschlichem Verhalten, zunehmender Aggression und Wahn ausdrückt. Deshalb ist es wichtig und nötig, dass wir uns neue Rituale schaffen, die uns mit der eigenen Mitte in Kontakt bringen.

Auch Rudolf Steiner, der Begründer der anthroposophischen Bewegung, nahm den Standpunkt ein, dass zu jeder rituellen Handlung, die auf Heilung ausgerichtet ist, geräuchert werden sollte . Räuchern ist *das* Medium schlechthin, um Rituale zu unterstützen. Die Kraft des Rituals liegt im Er-innern. Wir erinnern uns an das Wesentliche.

Zum Beispiel ist es möglich, einen bestimmten Rauch mit einer inneren Botschaft aufzuladen. Wenn ich zum Beispiel mit Hilfe des Enneagramms erst einmal den Punkt ausgemacht habe, an dem ich mich am leichtesten vergesse, dann suche ich mir eine Affirmation, die ich mit diesem Rauch in Verbindung bringe, und setzte mich einmal am Tag an meinen Räucherplatz und lasse sie innerlich mit dem Rauch aufsteigen. Rauch und Affirmation werden eins, und ich kann darauf vertrauen:

Ich werde mir zunehmend meiner eigenen Mitte bewusst.

Grundübung: Aktiviere deinen inneren Heiler

Das einfachste Heilungsritual, das man allein durchführen kann, besteht darin, zunächst den Raum im Kreis zu räuchern, eine bis drei Lieblingspflanzen (so man hat) um sich herum anzuordnen und sich mit der Räucherschale bequem niederzulassen. Jetzt lassen Sie sich zuerst einmal in einen Entspannungszustand fallen und schließen Sie die Augen.

Sie werden ganz ruhig und alle Anspannung fällt von Ihnen ab. Sie konzentrieren sich voll und ganz auf Ihren Atem, wie er in Sie hinein und wieder herausfließt. Es ist, als wären Sie ein Teil vom kosmischen Seegang. Die Wellen kommen und gehen. Sie sind sich bewusst, dass Sie über den Atem mit der Pflanzenwelt verbunden sind. Mit tiefem Respekt und Dankbarkeit nehmen Sie diese wunderbare Verbindung auf. Jeder Atemzug ist eine reinigende und harmonisierende Berührung. Sie atmen Kraft ein und Schwäche aus, Gelöstheit ein und Spannung aus, Heilung ein und Krankheit aus. Sie können spüren, wie Ihr Energiekörper sich mit dem der Pflanzen verbindet. Versuchen Sie, die Pflanze zu sein, ihre Wurzeln zu empfinden, das Blattwerk oder die Blüten.

Jetzt nehmen Sie das Licht wahr, das die Pflanze gespeichert hat und spüren es auch in Ihrem Körper. Sie lassen es immer stärker werden. Sie atmen Licht ein und Dunkelheit aus ... Lassen Sie dieses Licht die Begrenzung Ihres Körpers überschreiten und den ganzen Raum erstrahlen.

Geben Sie so die Kraft weiter, die Sie in diesem Augenblick empfangen. Wenn Sie diese Übung einmal pro Tag machen, dann werden Sie sehr schnell deutliche Resultate spüren. Sollten Sie Probleme mit bestimmten inneren Organen oder andere körperliche Beschwerden haben, dann kann über den Atem ganz gezielt die belebende und heilende kosmische Energie in diese Bereiche geleitet werden. So aktivieren Sie den inneren Heiler in Ihnen.

„Wenn man daran glaubt" wird auf solche Ratschläge oft etwas abfällig geäußert, so als wäre der Glaube nicht salonfähig und sollte Teil einer abgetrennten Welt der Religion bleiben. Da wollen wir uns die tibetische Medizin zum Vorbild nehmen, wo Arzt und Priester in Personalunion auftreten und die Wurzel der Krankheit im geistigen Bereich gesucht wird. Man tut besser daran, die menschliche Vorstellungskraft als das zu sehen, was sie tatsächlich ist:

Die Quelle, aus der die eigene physische Realität gespeist wird.

Zubereitung des Räucherwerks

Der Prozess der Zubereitung hat natürlich besondere energetische Bedeutung. So wie beim Kochen die liebevolle Hinwendung als wesentliche energetische Zutat auch vom Durchschnittsbürger unserer Breitengrade nach der Metapher „Liebe geht durch den Magen" anerkannt wird, ist die sorgsame Zubereitung von Räucherwerk eine „Veredelung", die weitere interessante Räume für den kreativen Menschen erschließt.

Die verschiedenen Pflanzenstoffe haben unterschiedliches Brennverhalten. Blätter, Kräuter und Blüten verglimmen schnell und leicht im Gegensatz zu Hölzern und Wurzeln, bei denen es auch davon abhängt, ob sie pulverisiert oder in Stücken aufgelegt werden. Harze und Resinoide schmelzen mehr oder weniger schnell und werden auch mehr oder weniger flüssig. So ist es durchaus sinnvoll, wenn Kompositionen zusammengestellt werden, die sowohl vom Brennverhalten als auch der Duftverbindung her interessante Gesichtspunkte bieten.

Da gibt es zum einen das Räucherpulver, das am einfachsten herzustellen ist. Sie benötigen dafür einen stabilen Mörser aus Holz, Steingut oder Metall.

Die Materialien werden nacheinander fein zerstoßen, wobei darauf geachtet werden sollte, dass mit dem am leichtesten zu pulverisierenden Material begonnen wird und Harze immer zuletzt zerrieben werden. In Bezug auf die Mengeneinheiten der einzelnen Bestandteile können Sie entweder ihre Intuition oder Ihre persönliche Akzeptanzschwelle zugrunde legen.

Dieses Räucherpulver kann gut durchgemischt in kleinen Prisen auf Sieb oder Kohle gegeben werden.

Es entsteht ein homogener, spezifisch *runder* Duft

Wenn Sie jetzt einen Schritt weitergehen und Ihre ganz eigene raffinierte Kreation entwickeln wollen, dann sind der Fantasie keine Grenzen gesetzt.

So enthält die berühmte altägyptische Räucherrezeptur Kyphi in Rotwein eingelegte Rosinen und Honig. Diese Bestandteile dienen neben der aromatischen Komponente auch als Bindemittel für die zehn unterschiedlichen Stoffe der Rezeptur. Sie wird mit der Hand geknetet, zum Trocknen zwischen den Handflächen verrieben und großflächig, kühl und dunkel ausgelegt. So eine Komposition lässt man dann auch mehrere Wochen reifen.

Weitere Bindemittel für Räuchermischungen sind Gummi arabicum und Traganth, die als pulverisiertes Material erhältlich sind. Es wird mit Wasser vermischt und mit den vorbereiteten aromatischen Stoffen verknetet und auch zum Trocknen ausgelegt.

Auch getrocknete Pflaumen sind ein besonders in der japanischen Räucherkultur häufig verwendeter Bestandteil von Rezepturen. Es empfiehlt sich, Harze, Kräuter, Hölzer und Wurzeln in ein Mengenverhältnis zueinander zu bringen, das einmal Ihren Vorlieben entspricht, und zum anderen nach der Faustregel je ein Drittel Harze, Kräuter/Blüten/Saat und Hölzer/Wurzeln enthalten sollte, um alle Aspekte des Pflanzenkörpers zu vereinen.

Wenn Sie die Auswahl der Aromastoffe getroffen haben, dann können Sie überlegen, ob und gegebenenfalls welches natürliche Bindemittel Sie einsetzen wollen. Auch Holzkohlepulver (ohne chemische Zündhilfen) kann einer Komposition zum Zwecke besseren Brennverhaltens beigemengt werden.

Grundsätzlich gibt es auch die Möglichkeit, ätherische Öle als Duftkomponenten einzusetzen. Mit etwas Gummi arabicum, als relativ neutralem Trägermaterial, werden einige Tropfen der Essenz vermischt, und es können damit weitere interessante Duft-Akzente gesetzt werden.

Dies soll lediglich einige Ideen liefern, wenn Sie experimentierfreudig sind und Ihre persönliche ENNEAROM-Räuchermischung zu einer ganz besonderen Sache verfeinern wollen.

Absicht und Zuwendung veredeln und verstärken das Resultat.

Räucherbündel

Eine weitere archaische Form des Räucherns sind die Bündel aus aromatischen Kräutern. Dies ist eine ebenso einfache wie wirkungsvolle Vorgehensweise, um aromatischen Rauch zu erzeugen.

Aus der Tradition der nordamerikanischen Indianer kennen wir die sogenannten „Smudges". Diese Räucherbündel gibt es in der Länge zwischen 15 und 30 cm und einer Stärke von 2 bis 4 cm. Sie werden aus den leicht angetrockneten Zweigen mit Baumwollband zu festen Bündeln gebunden und dann in dunklen und luftigen Räumen zur vollständigen Trocknung aufgehängt. Wenn sie fertig für den Gebrauch sind, dann zündet man sie an der Spitze an, so dass sie von allein verglimmen und ihren wunderbaren Duft verströmen.

Hier sind einige traditionelle Beispiele:

Wüstenbeifuß „Grey Sage"
Artemisia tridentata

Diese überlebensstarke Buschpflanze, auch *Desert Sage* genannt, gedeiht in den Hochwüsten der westlichen USA und gilt bei den Indianern als starke Medizin gegen krankmachende Geister und destruktive Energien. Ihr traditioneller Gebrauch als machtvolle Schutz- und Kraftpflanze dient dazu, bei Grenzerfahrungen alle Kraftreserven aktivieren zu können, präsent und stark zu sein.

Weißer Salbei „White Sage" *Salvia apiana*

Diese kräftige Pflanze von der nordamerikanischen Westküste steht für Weisheit und Stärkung im Geiste. Sie hilft störende Emotionen fernzuhalten, Verlangen aus Leidenschaft zu dämpfen. Der Rauch verbreitet nach indianischer Auffassung Frieden und Heilung und ist stark als Begleiter ritueller Zusammenkünfte.

Ähnlich sieht auch das Bündel aus „Cedar Tips" *Juniperus monosperma* aus. Der Wacholderbaum aus den Hochwüsten der südwestlichen USA gilt von jeher als beliebtes Räuchermittel der nordamerikanischen Indianer. Seine Kraft besteht darin, die Wünsche und Gebete zum Schöpfer aller Dinge tragen zu können, was ihn für Schwitzhütten und andere Zeremonien der Andacht und Reinigung äußerst geeignet macht. Innerer Raum, Klarheit und Weite lässt kraftvolle Energie für visionäre Erfahrung entstehen.

Süßgraszopf „Sweetgrass" *Hierochloe odorata*

Dieses nach Vanille duftende Süßgras gedeiht überall in der Prärie, wo es feuchteren Boden findet. „Gute Geister lieben den Duft von Süßgras" heißt es bei den Indianern. Es ist hilfreich für jeden Heilungsprozess, wenn Verbindung und Einklang geschaffen werden müssen. Die positiven Kräfte werden aktiviert. Sweetgrass ist ein Führer bei der Visionssuche.

Bei der Verwendung von „Kräutern der Kraft", wie die traditionellen Räuchermittel der nordamerikanischen Indianer genannt werden, geht es um die Stärkung der inneren Haltung. Die Räucherzeremonie unterstützt die Erfahrung von Verbundenheit mit der Natur. Achtsamkeit und Respekt, Kontakt und Kommunikation sind die Grundlagen eines verständnisvollen Umgangs mit allem, was ist. Räucherungen mit aromatischen Pflanzen gelten als elementare, wirkungsstarke Begleitung auf diesem Weg. In der Muschelschale, zerkleinert auf Holzkohle oder direkt als „Smudge" angezündet, verglimmen die Kräuter mit dezenter Rauchentwicklung und verbreiten ihren angenehmen, warmen, süß-würzigen Duft, der auch Stunden später noch wahrzunehmen ist.

Haleotris midae ist eine Süßwassermuschel von 13 bis 15 cm Länge und gehört zu der Familie der sogenannten „Abalone"-Muscheln, die bei einigen indianischen Stämmen traditionell mit Sand gefüllt als Räucherschale Verwendung finden.

Nehmen Sie dies auch als Anregung, Ihre eigenen Experimente und Erfahrungen mit dieser ursprünglichen Form der Räucherwerksherstellung zu wagen. Verwenden Sie Lavendel, Beifuß und Salbei, Rosmarin, Thymian, Bergbohnenkraut oder Lorbeer, mischen Sie auch gerne mit Kiefernnadeln, Lärchenzweigen oder was auch immer bei Ihnen wächst und binden Sie Ihre eigenen „Smudges".

Vergessen Sie dabei jedoch nie, der Pflanze zu danken, bevor sie ihre Zweige brechen.

KAPITEL 9

27 Räucherstoffe

nach dem ENNEAROM-Prinzip

Mond ... im Urwissen um das von außen Bewegende offenbart sich die zentrale Kraft, wie sie sich in allen Manifestationen des Lebens spiegelt.

•

„Approach love and cooking with reckless abandon"

(dt.: *Widme dich der Liebe und dem Kochen mit rückhaltloser Hingabe*)

(Dalai Lama)

•

Pflanzen-Charts

Im Zusammenhang mit dem inneren Dreieck hatten wir die Möglichkeit in Betracht gezogen, dass die geistig-seelische Botschaft der Pflanze und damit eine Vervollständigung ihres inneren Dreiecks, in der Einflussnahme auf die intellektuelle Ebene des Menschen zu suchen ist.

Die Einwirkung der Pflanze auf die Psyche des Menschen und damit auch dessen Fähigkeit, die geistigen Werkzeuge im Sinne der Schöpfung zu nutzen, ist für die Beziehung zwischen Pflanze und Mensch eine Art Quantensprung des Seins. Das ist eine Interaktion von höchst sensiblem Charakter. Es liegt dabei allein in der Verantwortung des Menschen, wie sich dieser Kontakt für ihn auswirkt.

In der Aromatherapie schlägt sich der Paradigmenwechsel, wie er sich seit geraumer Zeit in der wissenschaftlichen Welt vollzieht, deutlich nieder. Die beeinflussende Wirkung des Betrachters auf das Objekt seiner Betrachtung (= Intersubjektivität) ist bereits Gegenstand der therapeutischen Forschung. Es wird auch mit dem Begriff der „Synchronizität" gearbeitet, was hier soviel wie *innere Verwandtschaft* (das war für die anthroposophische Lehre von jeher die Grundlage) bedeutet.

Bezüge werden durch Ähnlichkeiten geschaffen

Die Persönlichkeit des Menschen mit der Pflanzenerscheinung zu verknüpfen ist eben auch als praktischer Erfahrungsweg für jeden Menschen im Prinzip möglich. Im Duft einer Pflanze liegt die höchste Informationsdichte ihres biologischen Systems. Man kann ihn deshalb auch als Essenz bezeichnen, die insbesondere beim Verbrennen ihres physischen Körpers als verfeinerte Substanz auf die menschlichen Energiekörper einwirkt. Nach dem alchemistischen Gleichnis in Kapitel 5 könnte der *geistige Strom* eine werterfüllende Affirmation im Sinne einer unterstützenden geistigen Aussage zum Wesen der Pflanze sein, die sich, vom Menschen unter dem Einfluss der transformierten Pflanzenessenz verstärkt, als Pflanzenbotschaft zu einer geistigen Kraft verwandeln kann.

Die Lehre der Geruchswahrnehmung (Osmologie) sagt:
Es liegt eine vitale Botschaft in den Gerüchen.

Sinn und Zweck der ENNEAROM-Vorgehensweise ist, diese Botschaft zu einem, den Bewusstseinsprozess unterstützenden Impuls auf der geistigen Ebene zu machen. Diese geistige Kraft erreicht ihr Ziel in dem Moment, wo sie im Herzen erfahren wird. Genau in diesem Moment ist die allumfassende Liebe zur Schöpfung Wirklichkeit geworden und trägt zur Heilung auf der Ebene des Körpers bei.

Wenn sich des Menschen Absicht in liebevoller und konstruktiver Weise mit der bedingungslosen Hingabe der Pflanze zum Dienst an der Schöpfung verbindet, dann wird vieles möglich.

Aromapflanzen – der Schlüssel zur eigenen Mitte

Jetzt werden Ihnen neun Stoffe zu jeder Ebene vorgestellt, zu denen Sie in verschiedensten Bezug treten können. Jede Aromapflanze hat auf der Körperebene ebenso ihre Wirkmechanismen wie im energetisch-emotionalen Bereich. Die Charts geben Ihnen stichwortartige Hinweise, welche Qualitäten dort zu finden sind. Auf der Körperebene sind u. A. auch Wirkungsweisen aufgeführt, die aus der Volksmedizin oder Naturheilkunde stammen und auf einer innerlichen Einnahme begründet sind. Dahinter steht die Absicht, das Bild der Pflanze als Gesamterscheinung vor Augen zu führen und nicht, um eine Anwendungsweise anders als das Räuchern zu empfehlen. Wenn wir die Pflanze in ihrer Historie als Helfer der Menschheit erfassen wollen, ist das ein wesentlicher Aspekt. Aus Signatur (Erscheinungsbild) und elementarer, wesenhafter Charakteristik wird der Bezug zum Enneagramm interpretiert und die affirmative Pflanzenbotschaft auf der Geistebene formuliert.

Die Grafik im Zentrum der Pflanzen-Charts zeigt den Räucherstoff oder die Pflanze, wenn ihr Erscheinungsbild besonders ausdrucksstark ist. Das Spiel von Licht und Schatten hat eine besondere Bewandtnis. Die Seite des Trigons, von der das Licht kommt weist immer auf das Zentrum hin, wo die Pflanze in besonderer Weise mit der Menschenpersönlichkeit korrespondiert.

BEIFUSS
Artemisia vulgaris
Korbblütler / Asteraceae   Syn.: *Edelraute, Wilder Wermut, Gänsekraut*
— **Luft** —

Bis 1,50 m hohe mehrjährige Pflanze, die in Europa, Asien und Nordamerika zu finden ist. Ihr Blütenstand ist eine pyramidenförmige Rispe, ihre Wurzel ist stark und holzig, und es wächst ein gerader rötlicher Stengel, der sich stark verzweigt. Sie wächst überall, ist sehr ausdauernd und gilt dort, wo sie vorkommt, kultisch traditionell als magische Pflanze. Ihr wird eine große Macht gegen üble Kräfte zugeschrieben. Zur Sonnenwende und anderen „Wendepunkten" ist sie Schutzkraft. Das letzte Kraut, das im Jahr geerntet werden darf. Sein Räucherduft ist herb dunkelwürzig.

Am Übergang werden die Kräfte gebündelt, die Seele geläutert und das Neue wird angesteuert.
„Konzentriere dich und handle"

Glaube und Vision, die Vielfalt der Möglichkeiten, das Licht
Symbol-Ebene

energetischer Austauschprozess, in die Beziehung fallen lassen

Wahrnehmung des Körpers und seiner Widerstände

Kontakt
Der Räucherduft wirkt entspannend, wärmend und beruhigend auf die Nerven und sorgt für guten Schlaf. Er hilft, eigene Heilkräfte in sich zu aktivieren. Hat öffnende Wirkung auf das Nervensystem und bereitet den Boden für innere Sammlung.

Selbsterhalt
Äther. Hauptkomponenten: Cineol, Thujon.
Befördert die Menstruation (natürliche Geburtenkontrolle). Wirkt reinigend, stärkend und anregend. Gilt als antirheumatisch, appetitanregend und stark keimtötend. Eine gute Voraussetzung zur Neutralisierung von Orten mit ritueller Arbeit.

Entsprechung zu Punkt 8 im Enneagramm

Die ausdauernde und durchsetzungsstarke Präsenz in der Signatur dieser Pflanze repräsentiert den Typus 8 in seiner ganzen, eindrucksvollen Bedeutung am Ende eines Zyklus. Der Transformationspunkt der Körperlichkeit, der nahende Moment der Vereinigung aller Gegensätze drückt sich im Zustand höchster Polarisierung aus.

BENZOE SUMATRA
Styrax benzoin
Styraxgewächse /Styracaceae Syn.: *Benzoe-Storaxbaum*
— **Wasser/Feuer** —

Der Benzoebaum, ein etwa 20 m hoher Tropenbaum, hat hellgrüne Blätter, die auf der Unterseite samtig behaart sind. Er ist in Südostasien (insbes. Sumatra) heimisch und dem Benzoe Siam sehr ähnlich. Das Harz wird durch V-förmige Einschnitte in die Rinde der Bäume gewonnen. Schon bei den altbabylonischen Potentaten und in ganz Arabien war die Benzoe von jeher eine beliebte Räucherzutat. Es wird auch als magisches Räuchermittel in schamanistischen Transformations-Ritualen (Rätsch) erwähnt.

Der geräucherte Duft ist zunächst balsamisch süß, wird dann stechend scharf und hinterlässt wiederum eine sinnlich-weiche vanilleähnliche Duftnote im Raum.

Ein balsamischer Schutz für die Seele; schenkt Trost auf dem Weg durch das dunkle Tal.
„*Gib dich der Verwandlung hin*"

Glaube und Vision, die Vielfalt der Möglichkeiten, das Licht
Symbol-Ebene

energetischer Austauschprozess, in die Beziehung fallen lassen

Wahrnehmung des Körpers und seiner Widerstände

Kontakt
Die sinnliche Verführungskraft der Benzoe ist sehr stark. Leicht psychoaktiv, erheiternd bis euphorisierend schafft sie Verbindung und stimmt friedlich, erwärmt das Herz und hilft bei nervösen und stressbedingten Spannungen. Legt ein „Schutzpolster" zwischen den Menschen und das äußere Geschehen.

Selbsterhalt
Äther. Hauptkomponenten: Benzoesäure, Zimtsäure, Vanillin.
Ein natürliches Konservierungsmittel, auch für Reinigungszwecke geeignet. Dem ätherischen Öl wird eine schleimlösende, antiseptische Wirkung auf die Atemwege und generell eine schmerzlindernde Qualität zugeschrieben.

Entsprechung zu Punkt **im Enneagramm**

Das schützende und tröstende Element im Verbund mit einer verführerischen Qualität ist dem Typus 2 sehr nahe. Das „Geben" zeigt sich in der Signatur des Balsamischen. Der Wechsel zwischen stechend scharf und balsamisch süß weist deutlich auf die Kraft des Willens hin und das Arsenal der Möglichkeiten, was die Durchsetzung betrifft. Die Verwandlung erfordert die Aufgabe des eigenen Willens und Hingabe an den Willen Gottes.

DAMMARHARZ
Canarium strictum
Zweiflügelfruchtgewächse / *Dipterocarpaceae*
— Luft —

Der Dammarbaum ist in Südostasien beheimatet, wo es ganze Waldregionen davon gibt. Es existieren viele Unterarten dieser Pflanzenfamilie. Das zumeist transparent-weiße Harz (mit lichtbrechender Eigenschaft) wird industriell für die Erzeugung von Lacken, Firnissen und Klebstoffen verwendet und hat auch eine alte Tradition als Räucherstoff. In der malaiischen Sprache hat die Bezeichnung Dammar direkten Bezug zum Licht.
Der Duft des verräucherten Harzes ist hell, fein und zitronig-leicht.

Stark öffnend im Kopfbereich fördert es die Fähigkeit zur Hellsicht und klärt diffuse mentale Zustände.
„Helligkeit durchströmt dich"

Glaube und Vision, die Vielfalt der Möglichkeiten, das Licht

Symbol-Ebene

energetischer Austauschprozess, in die Beziehung fallen lassen

Wahrnehmung des Körpers und seiner Widerstände

Kontakt
Wenn depressive Stimmung das Gemüt verdunkelt, dann bringt eine Dammarräucherung wieder Verbindung mit den Lichtkräften und vermittelt die nötige emotionale Leichtigkeit für einen Austausch.

Selbsterhalt
Für Raumluftreinigung und Desinfektion geeignet.
Es erfüllt eine schützende und reinigende Funktion und aktiviert die Lebensgeister bei Teilnahmslosigkeit und Lethargie.

Entsprechung zu Punkt 5 im Enneagramm

Die mentale Klarheit als Mittel, um Licht in die Dunkelheit negativer Gefühle zu bringen und die Einschränkung der eigenen Wünsche in Bezug auf Kontakt zu kompensieren. Die Transparenz dieses Stoffes weist auf die grenzüberschreitende Öffnung als das innere Ziel dieses Typus hin.

EICHENMOOS
Evernia prunastri
Flechtengewächse / *Usneaceai* Syn.: *Mousse de chêne*
— Erde —

Flechten sind Doppelbewesen, bestehend aus einem Pilz und mindestens einer Alge, und haben eine Sonderstellung im Pflanzenreich. Sie gehören zu den Pionieren des Lebens auf unserem Planeten. Dieses Moos wächst an den Stämmen und Ästen von Eichen und gedeiht vor allem in feuchten Gegenden. Es wird in Frankreich, Marokko und dem Balkan gesammelt. Im Altertum wurde ein Extrakt dieser Pflanze zum Einbalsamieren gebraucht. Heute wird sie in der Kosmetik als Fixativ und Grundstoff für Chypre- und Fougère-Noten sowie als Duftstoff für Seifen verwendet.
Der Räucherduft ist erdig, ledrig und dunkelaromatisch einhüllend.

Sich fallenlassen und geborgen fühlen in den Gegebenheiten, so wie sie sind, zeigt den Weg in die Verbundenheit aller Dinge.
„Folge mir zum Ursprung"

Glaube und Vision, die Vielfalt der Möglichkeiten, das Licht
Symbol-Ebene

energetischer
Austauschprozess,
in die Beziehung
fallen lassen

Wahrnehmung
des Körpers
und seiner
Widerstände

Kontakt
Sorgt für Ausgleich und Entspannung und harmonisiert die Gemütslage in Transformationsphasen. In die unterstützende Verbindung gehen und die eigenen Wurzeln spüren, sich eingebettet in die Zusammenhänge wohlfühlen zu können, ist hier das Thema.

Selbsterhalt
Hauptkomponenten: Evenina-Säure, D.Usnia-Säure, Atranarin und Chloratronarin.
Eine erdende und stärkende Wirkung, die auch antiseptische und reizmildernde Aspekte hat. Bringt Haftfestigkeit (Bodenhaftung) in Prozesse.

Entsprechung zu Punkt 9 im Enneagramm

Die zwei Organismen Pilz/Alge leben in einer Symbiose miteinander auf einer Wirtspflanze. Reifung, Verlässlichkeit und Anlehnung sind Themen dieser Pflanze. Als Duftstoff bindet Eichenmoos sich hervorragend mit allen anderen Duftstoffen und ist eine sehr hartnäckig fixierende Kraft. Es verleiht allen Dufttypen „Körper" und einen tiefen natürlichen Unterton. Die 9 erahnt das Liebenswerte in allen Existenzen und verbindet sich mit ihnen, ohne etwas ändern zu wollen. Ihr Bestreben ist Vereinigung und Unterstützung.

EISENKRAUT
Verbena officinalis
Eisenkrautgewächse / Verbenaceae Syn.: *Druidenkraut, Opferkraut, Traumkraut*
— Luft —

Mehrjährige Pflanze 50–70 cm hoch mit kurzem Wurzelstock. Der Stengel ist vierkantig und stark verzweigt, mit kleinen weißlich rosafarbenen Blüten. Ist wildwachsend in Europa heimisch. Bei den Kelten galt sie als sehr beliebter Räucherstoff für Prophezeihung und Einweihung, und die Druiden sollen es ihrem Zaubertrank beigefügt haben. Eisenkaut gilt auch als eine der zwölf magischen Pflanzen der Rosenkreuzer. Ihr wird ein besonderer Einfluss auf die Träume zugeschrieben. Die Fähigkeit, sie zu erinnern wird unterstützt. Der aromatische Rauch von Eisenkraut ist stechend herb.

Die Gedanken fliegen und die Gefühle treten über das Ufer, wenn aus der Tiefe die Vision erscheint und den Weg weist.
„Geh' getrost voran"

Glaube und Vision, die Vielfalt der Möglichkeiten, das Licht
Symbol-Ebene

energetischer Austauschprozess, in die Beziehung fallen lassen

Wahrnehmung des Körpers und seiner Widerstände

Kontakt
Wenn Mutlosigkeit und Schwäche regieren und Lähmung aller vitalen Organe droht, dann bewirkt Eisenkraut den Impuls aus der Mitte. Ruhe und gebündelte Kraft werden verfügbar, um das zu tun, was getan werden muss.

Selbsterhalt
Äther. Hauptkomponenten: Verbenalin, Verbenin. Appetitanregend, verdauungsfördernd (gilt als ein Magentonikum), harntreibend, reinigend und stärkend, desinfizierend und fiebersenkend und hilft bei rheumatischen Schmerzen.

Entsprechung Punkt im Enneagramm

Prophezeihung oder fiktive Wirklichkeit? Die Spannung ist hier Thema und Projektion, für den 6er-Typus das Mittel der Abwehr. Sich verwundbar zu fühlen, das zentrale Dilemma. Ein starker Bezug zum Traum als Quelle der Zuversicht ist deutlich. Der Kontakt mit der inneren Basis, als Grundlage für ein unbegrenztes Vertrauen in das Leben, zeigt den Erlösungsweg.

GALGANTWURZEL
Alpinia galanga officinarum
Ingwergewächse / *Zingiberaceae*
— **Feuer** —

Galgant wächst wild vom südlichen Himalaya bis China, wo er auch kultiviert wird. Er ist der Ingwerpflanze ähnlich, wird als Staude ca. 1,5 m hoch, besitzt schilfartige Blätter und ein ausgeprägtes Rhizom (Wurzelstock) von bis zu 1m Länge. Das rotfarbige Rhizom kriecht waagerecht unter der Erde, bildet viele Verzweigungen aus und wird nach ca. 10 Jahren ausgegraben. Der Duft der geräucherten Wurzel ist scharf, ingwerartig, pfeffrig und heiß.

Fordert ein „echtes Herz" und stärkt das Selbstvertrauen, so dass alte und verbrauchte Hüllen abgestoßen werden können.
„Spüre die Kraft in deiner Mitte"

Glaube und Vision, die Vielfalt der Möglichkeiten, das Licht
Symbol-Ebene

energetischer Austauschprozess, in die Beziehung fallen lassen

Wahrnehmung des Körpers und seiner Widerstände

Kontakt

Gleicht einem Anstoß, der Verbindung herstellt und den emotionalen Energiefluss in Bewegung setzt. Die alten Themen können losgelassen werden. Sehr gut bei schwerem Herzen und vertrauenfördernd bei therapeutischer Behandlung. Schafft Wurzelkontakt und führt zur Basis, dem familiären Terrain.

Selbsterhalt

Äther. Hauptkomponenten: Pinen, Cineol, Eugenol.
Kräftigend und anregend wirkt Galgant bei Erschöpfung. Wird als Tee gegen Appetitlosigkeit und ins Stocken geratene Verdauungsprozesse verwendet. Geräuchert stärkt er die Tatkraft und unterstützt die Entscheidungsfähigkeit.

Entsprechung Punkt 8 im Enneagramm

Der Feind muss erkannt werden, um ihm begegnen zu können. Den körperlichen Bestand zu aktivieren, um die Wahrheit im Herzen zu spüren, ist ein wichtiger Aspekt dieses Selbsterhaltungs-Typus. Der Feind ist für ihn die Schwäche, die erneuernde Kraft des Feuers der Antrieb.

GUAJAKHOLZ
Guajacum officinale
Jochblattgewächse / *Zygophyllaceae* Syn.: *Franzosenholzbaum, Pockholz*
— Wasser/Erde —

Ein immergrüner Baum, der 10–13 m hoch wird, ein außerordentlich hartes Holz (schwerer als Wasser) hat und im karibischen Raum und Zentralamerika heimisch ist. Unter Sonnenbestrahlung scheidet die Rinde auf natürliche Weise auch ein aromatisches Harz aus, das ebenso wie das Holz von heilkundlicher Bedeutung ist.

Bei den indianischen Eingeborenen bis zurück zu den Azteken wurden die aromatischen Produkte dieses Baumes medizinisch und rituell verwendet und auch als „Lebensholz" bezeichnet. Das ursprünglich gelbe Holz oxidiert an der Luft und wird grünlich-bläulich.

Beim Räuchern verbreitet sich ein vanillig-balsamischer Duft mit holzig-erdigen Akzenten.

Den Kern der Dinge auf sensible Weise erschließen und in authentischer Form zum Ausdruck bringen.
„Hier sind Feinsinn und Kraft vereint"

Glaube und Vision, die Vielfalt der Möglichkeiten, das Licht

Symbol-Ebene

energetischer Austauschprozess, in die Beziehung fallen lassen

Wahrnehmung des Körpers und seiner Widerstände

Kontakt
Guajakholz wird eine besonders euphorisierende Wirkung zugeschrieben, die auch für seinen Gebrauch als Aphrodisiakum wohl die ausschlaggebende Eigenschaft ist. Es wirkt auch dämpfend und besänftigend auf ein zu leidenschaftliches Temperament und schafft einen Schutzmantel für sensible Gemüter.

Selbsterhalt
Äther. Hauptkomponenten: Guajol, Bulnesol, Bulnesen, Patchoulin. Lindernd bei Rheumaleiden. Zu räuchern bei Husten und Erkältung. Wirkt gegen heiße Prozesse aller Art. Das Holz wird aufgrund seiner Härte als Mittel gegen männliche Schwäche sympathisch angewendet.

Entsprechung zu Punkt im Enneagramm

Der Gegensatz zwischen Feuer und Wasser, körperlicher Härte und sinnlicher Lust, der Veränderung in der Erscheinung, heftige Leidenschaft und zarte Sensibilität, all das berichtet von wechselvollen Zuständen und der Dramatik des Wandels, der sich hier spiegelt. All das sind Elemente, die dem Typus 4 auf der Suche nach Originalität und Ursprung vertraut sind.

GUGGUL
Commiphora mukul
Balsambaumgewächse / *Burseraceae* Syn.: *Indisches Bdellium*
— **Erde/Wasser** —

Dieser kleine, dornige, strauchartige Baum lebt in trockenen, steinigen Gegenden im zentralen Indien, und das Harz wird durch Einschnitte in die Rinde von wildwachsenden Bäumen gewonnen und gehört zu den wichtigsten Räucherstoffen Indiens und der ayurvedischen Heilslehre. Guggul ist auch seit dem Altertum in Europa als *Indisches Bdellium* bekannt. Das Räuchern von Guggul spielt in medizinischen, magischen und spirituellen Zusammenhängen eine wichtige Rolle.

Sein geräucherter Duft ist sehr intensiv, süß-balsamisch bis vanillig und auch herbharzig.

Alle störenden Einflüsse müssen weichen und nur das bleibt, was von vitaler Bedeutung ist.
„Komm in deine Mitte"

Glaube und Vision, die Vielfalt der Möglichkeiten, das Licht

Symbol-Ebene

energetischer Austauschprozess, in die Beziehung fallen lassen

Wahrnehmung des Körpers und seiner Widerstände

Kontakt

Soll das Nervensystem von toxischen Belastungen durch Fremdenergien befreien und gilt bei den Tibetern als psychoaktive Medizin. Verräuchert löst es Verspannungen aller Art und erzeugt einen tiefen Zustand von Ruhe und Gelassenheit. Guggulharz wird auch als Aphrodisiakum gesetzt.

Selbsterhalt

Äther. Hauptkomponenten: Myrcen, Dimyrcen.
Entzündungshemmend, antirheumatisch, schmerzstillend, antiseptisch, gut bei Atemwegserkrankungen, Heuschnupfen und dergleichen. Wird auch als Entschlackungsmittel angewendet.
Ist wirksam zur Abwehr von Moskitos.

Entsprechung Punkt **im Enneagramm**

Das tiefere Empfinden, das Bedürfnis, an dem Ort zu sein, wo die absolute Bedeutung verborgen liegt, als etwas ganz Besonderes allenthalben begehrt zu sein, alle diese Aspekte *schmecken* nach dem Typus 4. Hier ist auch die Kontrolle darüber, was sich manifestieren darf, was wirklich dem Prinzip *Ursprung* entspricht, und was nicht.

Himalaya Wacholder
Juniperus macropoda
Zypressengewächse / *Cupressaceae* Syn.: *tib. „shug pa" J. semiglobosa*
— **Feuer** —

Dieser kraftvolle Baum erreicht eine Höhe von 10–20 m und ist im Himalaya in Höhen bis zu 4000 m zu finden. Je höher sie wachsen, desto heiliger und im Besitz mächtiger Geister werden sie betrachtet. Das Verräuchern der Zweigspitzen dieses Baumes gehört zum täglichen Reinigungs- und Schutzritual der Häuser in dieser Region und ist ein wichtiger Bestandteil der traditionellen tibetischen Räucherkultur; wird auch „Nahrung der Götter" genannt. Eine spezielle Bedeutung hat diese Pflanze auch im schamanistischen Gebrauch bei exorzistischen Ritualen und Trancearbeit.

Der geräucherte Duft der Zweigspitzen ist aromatisch würzig-harzig bis holzig.

Schutz und Führung durch Annahme der größeren Wirklichkeit.
„Geh' in die innere Verbindung"

Glaube und Vision, die Vielfalt der Möglichkeiten, das Licht

Symbol-Ebene

energetischer Austauschprozess, in die Beziehung fallen lassen

Wahrnehmung des Körpers und seiner Widerstände

Kontakt

Der Trancezustand als eine Erfahrung der Einheit und Verschmelzung mit dem Kosmos wird von dieser Pflanze besonders unterstützt und durch die Erweiterung der Sinneswahrnehmung in den Bereich des Übersinnlichen geführt.

Selbsterhalt

Äther. Hauptkomponenten: Aceton, Benzol, Toluol, Äthylbenzol, Limonen. Hat Wirkung auf die Nierenfunktion. Wirkt desinfizierend und stark raumluftreinigend auch gegen sehr unangenehme Gerüche. Wird zum Vertreiben von Insekten und Moskitos eingesetzt.

Entsprechung Punkt **im Enneagramm**

Den Schutz durch innere Gesetzmäßigkeit und deren vitaler Kraft sichert sich Typus 6 gern.
Durch den heißen Prozess zu gehen (Trance) und sich dem inneren Einssein in dieser Gesetzmäßigkeit zu nähern und die Verbundenheit im Herzen zu spüren, das ist sein Schlüssel zum Himmelreich.

KAMPFER

Cinnamomum camphora
Lorbeergewächse / *Lauraceae* Syn.: *chin. „Drachengehirn", Echter Kampfer*
— Feuer —

Der mächtige immergrüne Kampferbaum ist in Südostasien beheimatet. Er ist knorrig verzweigt, wird bis 50 m hoch und erreicht einen Durchmesser bis zu 5 m. Er trägt kleine grün-gelb-weißliche Blütenbüschel, aus denen rote Beeren hervorgehen. Ab ca. 50 Jahren beginnt er den kristallinen rohen Kampfer abzuscheiden, der dann auch aus dem Holz destilliert wird. Er darf keinesfalls innerlich eingenommen werden. Die weiße kristalline Substanz ist sehr leicht entzündbar und muss mit großer Vorsicht verräuchert werden. Man nennt ihn auch die „Medizin des wilden Mannes".
Der Rauch ist intensiv, durchdringend, klärend, frisch und verfliegt sehr schnell.

**Verleiht dem Geist Klarheit, zerstört Negativität, erhöht das Konzentrationsvermögen und stärkt das Bewusstsein.
Wirkt zwischen hellsichtiger Klarheit und illusionärem Phänomen.
„Tritt auf und sei stark"**

Glaube und Vision, die Vielfalt der Möglichkeiten, das Licht
Symbol-Ebene

energetischer
Austauschprozess,
in die Beziehung
fallen lassen

Wahrnehmung
des Körpers
und seiner
Widerstände

Kontakt
Wirkt dämpfend auf die Sexualenergie, wird in Indien jedoch auch mit Shiva, dem Gott des Rausches und der Erotik, assoziiert. Vermehrt Prana und öffnet gleichzeitig die Sinne. Das mondhaft-wässrige im Spannungsfeld zur feurigen Initiative. Die Ayurveda verwendet ihn als Beruhigungsmittel gegen Hysterie und Nervosität, er wirkt aber auch anregend bei depressiven Zuständen.

Selbsterhalt
Äther. Hauptkomponenten: Azulen, Cineol, Camphen, Eugenol, Pinen, Terpineol, Menthol.
Gegen Muskelverspannung und sehr anregend auf Herztätigkeit, Kreislauf und das gesamte vegetative Nervensystem. Ist heiß und kalt gleichzeitig.
Kampfer ist Bestandteil vieler insektizider Mittel.

Entsprechung Punkt [8] im Enneagramm

Ein starkes, konfrontatives Auftreten ist diesem Typus eigen. Er liebt den Kampf und findet in diesem Sinne sogar die Analogie im Namen der Pflanze. Sie hat einen sehr polaren Charakter. Durchsetzungskraft, klärende Deutlichkeit, raumeinnehmender Auftritt, ein unzähmbarer Selbstbehauptungswille, wirkt in der Polarität und sucht den Weg zurück zur Einheit aller Dinge.

KARDAMOM
Elettaria cardamomum
Ingwergewächs / *Zingiberaceae*
— Feuer —

Ist in Indien und Ceylon beheimatet. Ein auf dem Boden kriechender Wurzelstock bringt eine Blütenrispe auf kurzem Stiel hervor und schilfrohrartige Blattstengel von bis zu 5 m Höhe. Die Blütenkrone ist 3-zipfelig, der Fruchtknoten 3-teilig und die Samenkapsel 3-fächrig. Nach 3 Jahren beginnt man in den Kulturen zu ernten.
Die Samenkapsel enthält den spezifischen Duft. Er ist scharf bis aromatisch-süß wärmend, und als Aromastoff zur Überdeckung unangenehmer Gerüche sehr geeignet.

Schenkt bei geistiger Erschöpfung einen anregenden und aufmunternden Impuls, um Lösungen für schwierige Situationen zu suchen.
„Freude macht zuversichtlich"

Glaube und Vision, die Vielfalt der Möglichkeiten, das Licht
Symbol-Ebene

energetischer Austauschprozess, in die Beziehung fallen lassen

Wahrnehmung des Körpers und seiner Widerstände

Kontakt
Gilt als Aphrodisiakum aufgrund der tonisierenden Qualität. Genuss und sinnliche Verwendung im Geschmacksbereich. Hat außerordentlich fördernde und anregende Wirkung auf die Verdauung und lindert Schmerzen. Ausgleichend bei nervöser Belastung.

Selbsterhalt
Äther. Hauptkomponenten: Cineol, Limonen, Zingiberen.
Ayurveda: Gegen Harnverhalten, Ischias, Husten, Krämpfe aller Art. Blähungswidrig, harn- und speicheltreibend, nerven- und magenstärkend.
Insbesondere: gärungs- und fäulniswidrig.

Entsprechung Punkt im Enneagramm

Das Prinzip Hoffnung, wo es immer eine Lösung gibt und ein unermüdlicher Antrieb zur Hingabe in positiver Grundhaltung wichtigste Voraussetzung gegen jegliches Versagen ist. Die innere Gesetzmäßigkeit bringt Bewegung in das Leben. Lustvoll stimulierend werden anstehende Prozesse ausgelöst und das Unangenehme elegant überspielt. Diese Fähigkeit weist auf die innere Verwandtschaft zwischen Pflanze und Mensch hin.

KIEFERNHARZ
Pinus sylvestris
Kieferngewächse / *Pinaceae* Syn.: *Colophonium (Harz) Föhre, Forche*
— Feuer/Luft —

Ein großer, immergrüner Baum, erreicht eine Höhe bis 40 m, mit schwarzer Rinde, festen, paarweise wachsenden Nadeln und braunen Zapfen. Er hat eine flache Krone, die Tendenz „sich in Grenzzonen zu bewegen" und ist sehr anspruchslos. Der Blütenstaub ebenso wie sein leichter Flugsamen gewährleistet eine schnelle Ausbreitung und dokumentiert sein besonderes Verhältnis zum Wind. Er lässt ihn durch Zweige und Äste hindurch, wobei ein feines Summen entsteht. Das Harz tritt aus Rissen in der Rinde aus, und lässt sich das ganze Jahr über sammeln. Als „Feuerbaum" galt er wegen seines Kienspans, der sehr harzig und wasserresistent ist.

... Wenn es eng wird und der Weg wird steil, kommt Kraft und Zuversicht mit einem tiefen Atemzug ... und es geht weiter.
„Bleibe im Spiel"

Glaube und Vision, die Vielfalt der Möglichkeiten, das Licht
Symbol-Ebene

energetischer Austauschprozess, in die Beziehung fallen lassen

Wahrnehmung des Körpers und seiner Widerstände

Kontakt

... überstrapazierte Nerven werden entspannt und gestärkt, so dass mehr seelisches Durchhaltevermögen entsteht und extreme Belastung ertragen werden kann (Entgiftungskuren). Einengende Angstzustände werden mit Luft und Weite gelöst.

Selbsterhalt

... die Sauerstoffversorgung des Blutes und körperlichen Gewebes wird durch Anregung des Atemtraktes gesteigert. Entzündungshemmend und schmerzlindernd im muskularen Bereich. Stimuliert den gesamten Kreislauf. Die Beweglichkeit wird wieder hergestellt. Wirkt auch desodorierend und reinigend.

Entsprechung Punkt **im Enneagramm**

Der Extremismus dieses Typus liegt in dem Bedürfnis möglichst alles zu erleben, was nur irgendwie erreicht werden kann. Beweglichkeit und Flexibilität in der Reaktion auf die Gegebenheiten gehört zu seinen größten Stärken und entspricht darin dem Kiefern-Charakter. Unverbesserlicher Optimismus und „luftige" Initiative treibt hier die Lebensentfaltung voran.

LEBENSBAUM
Thuja occidentalis
Zypressengewächse / *Cupressaceae* Syn.: *Thuja*
— Erde —

Eine elegante, kegelförmige Konifere, die bis zu 20 m Höhe erreicht und erst nach 15 Jahren für die Gewinnung ätherischen Öls verwendet werden kann. Die schlanke, geschlossene Kontur zeugt vom saturnischen Charakter dieses Baumes. Er wird zur Begrenzung von Grundstücken ebenso gepflanzt, wie auf Friedhöfen als Symbol der Begrenzung des Lebens. Wurde bereits im Altertum in dieser Form als Räucherstoff verwendet, wie man aus Resten von Thujaholz in einem Kohlebecken der Grabstätte Tutenchamuns schließen kann. Thuja ist bei innerer Einnahme stark toxisch!
Der geräucherte Duft der Zweigspitzen ist waldig, dunkel und ernst im Ausdruck.

Bringt die Dinge auf den Punkt, zeigt den Sinn des Lebens.
„Erkenne die Realität"

Glaube und Vision, die Vielfalt der Möglichkeiten, das Licht
Symbol-Ebene

energetischer
Austauschprozess,
in die Beziehung
fallen lassen

Wahrnehmung
des Körpers
und seiner
Widerstände

Kontakt
Führt zum Ruhepunkt und zeigt neue Blickwinkel auf.
Thuja ist wie ein strenger Hinweis auf das wesentliche Thema des Einzelnen. Es geht um die emotionale Einbindung dessen, was ausgegrenzt wird und nicht gesehen werden will.

Selbsterhalt
Äther. Hauptkomponenten: Thujon, Fenchon, Kampfer, Sabinen, Pinen. Adstringierend, anregend auf Gebärmutter und Herzmuskel. Wirkt stärkend auf das körperliche Befinden und hat eine insektenabwehrende Eigenschaft.

Entsprechung Punkt im Enneagramm

Dieser Punkt ist der strenge Lehrmeister, und dort ist die Energie zuhause, die keine Kompromisse kennt. Dort wird das eingefordert, was nach Recht und Gesetz zu entrichten ist. Es ist der Ort der Perfektion, die den kosmischen Gesetzen zugrunde liegt und nach denen alles sich so entfalten muss, wie es ist, und eben darin seine wahre Schönheit zum Ausdruck kommt.

LORBEER
Laurus nobilis
Lorbeergewächse / *Lauraceae* Syn.: *Siegerbaum, Kranzbaum*
— Feuer —

Ist als kleiner Busch und bis 10 m hoher Baum im Mittelmeerraum zu finden. Seine dunkelgrünen ledrigen Blätter sind bis zu 10 cm lang und enthalten Drüsen mit ätherischem Öl. Die männlichen und weiblichen Blüten wachsen gemeinsam als kleine Dolden aus den Blattachseln. Das Lorbeerblatt ist Symbol für Ruhm und Ehre. In der Antike wurde er für Reinigung und Weissagung geräuchert und wird häufig in Verbindung mit dem Orakel von Delphi erwähnt.
Sein Rauch ist würzig-wild.

Schenkt geistige Anregung und Öffnung, um in Kontakt mit dem spirituellen Sein alle Negativität zu überwinden. Der Rauch dient als Brücke zwischen Traum und Wirklichkeit.
„Blicke positiv voraus"

Glaube und Vision, die Vielfalt der Möglichkeiten, das Licht

Symbol-Ebene

energetischer Austauschprozess, in die Beziehung fallen lassen

Wahrnehmung des Körpers und seiner Widerstände

Kontakt
Stimmungsaufhellend und klärend. Die sinnliche Aufnahmefähigkeit wird intensiviert und erweitert. Darüber lassen sich emotionale Verhärtungen, Relikte aus *vergessenen* Zeiten, in die Gegenwart bringen und aufarbeiten.

Selbsterhalt
Äther. Hauptkomponenten: Cineol, Pinen, Linalol.
Wirkt anregend auf Lunge, Kreislauf und das Lymphsystem. Geeignet, um die Ansteckungsgefahr bei Infektionskrankheiten zu mindern.
Stärkt das Selbstbewusstsein.

Entsprechung Punkt **im Enneagramm**

Die konsequente Ausrichtung auf die positiven Perspektiven sowie die geistige Beweglichkeit dieses Typus steht für die Verbindung mit der Pflanze. Der Zugang zum inneren Plan und die damit verbundene Erkenntnis, die Zukunft als selbsttragendes Konzept visualisieren zu können, wird vom Lorbeerrauch unterstützt und beschleunigt.

MASTIX
Pistacia lenticus
Sumachgewächse / *Anacardiaceae* Syn.: *Mastixpistazie/Schinos*
— FEUER/LUFT—

Ein immergrüner Strauch, der auch als 3-4 m hoher Baum vorkommt und eingeschlechtlich ist. Sein Verbreitungsgebiet ist der Mittelmeerraum, insbesondere an heißen, felsigen Plätzen. Er ist stark verzweigt und verströmt einen harzigen Duft. Traditionell wird das in kleinen Kugeln austretende Harz gesammelt, nachdem es sich verfestigt hat und zu verschiedensten Zwecken von der Mundhygiene über die Parfümerie bis zur Lebensmittel- und Klebstoffindustrie verwendet. Als Räucherstoff hat er seit der Antike seinen festen Platz in verschiedenen Kulturen. Die beste Qualität kommt seit jeher von der griechischen Insel Chios. Der Rauch duftet balsamisch-fein bis zitronig-frisch.

Der Zugang zur Intuition und Schau des Übersinnlichen führt durch das spirituelle Herz.
„Spüre den Kontakt mit dir selbst"

Glaube und Vision, die Vielfalt der Möglichkeiten, das Licht
Symbol-Ebene

energetischer Austauschprozess, in die Beziehung fallen lassen

Wahrnehmung des Körpers und seiner Widerstände

Kontakt
Bei schwermütiger und bedrückter Stimmungslage schickt Mastix einen Sonnenstrahl in das Herz und bewirkt ein Gefühl von Leichtigkeit und Lebensfreude. Das schafft Vertrauen in die eigene Empfindungswelt und macht es möglich, aus sich selbst herauszugehen.

Selbsterhalt
Äther. Hauptkomponenten: Pinene. Die Grundwirkung dieser Pflanze ist zusammenziehend und kräftigend. Räucherungen mit Mastix machen wach und konzentriert. Der Körper wird gereinigt und die Gesamtkonstitution wird gestärkt.

Entsprechung Punkt **im Enneagramm**

Im Herzzentrum der Kopfebene geht es um Sicherheit im Dasein und das Vertrauen, selbst innerlich Anteil an der essenziellen Kraft nehmen zu können. Die Vision, als wahre Quelle der Zuversicht, ist ein Geschenk, das Mastix machen kann. Licht in das Herz zu bringen ist auch die höchste spirituelle Bedeutung des Glaubens.

MOSCHUSKÖRNER
Hibiscus abelmoschus
Malvengewächse / *Malvaceae* Syn.: *Ambrette Saat, Ocra*
— Wasser —

Eine einjährige bis 1,25 m hohe Pflanze mit hibiscusartigen Blüten, die in den meisten Tropenländern insb. Ecuador, Kolumbien und Indien kultiviert wird. Die Ocraschote wird als Gemüse verzehrt und die Saat auch geröstet als Kaffeeersatz verwendet. In der Parfümistik wird das Ambretteöl, aus Samen und Kraut destilliert, für blumige Parfüms sowie Chypre- und Holznoten eingesetzt. Die Lebensmittelindustrie nimmt es zum Aromatisieren von Likören. Geräuchert entfalten die Moschuskörner einen tiefgründig dunkel-süßen, moschusartigen Duft.

**Sich einlassen mit allem, was man hat,
und von der Schönheit träumen.**
„Spüre wer du bist"

Glaube und Vision, die Vielfalt der Möglichkeiten, das Licht
Symbol-Ebene

energetischer Austauschprozess, in die Beziehung fallen lassen

Wahrnehmung des Körpers und seiner Widerstände

Kontakt
Die Wirkung im parfümistischen Bereich wird als exaltierend und fixierend beschrieben. Das heißt, der Duft steht für Überspannung und Erdung zugleich. Die Spannung wird in die Gefühlstiefe geführt. Es wird das gezeigt, was da ist. Nicht mehr und nicht weniger.
Das Triebhafte wird zugelassen, die Grenzenlosigkeit im Körperlichen erfahren und die Kontrolle aufgegeben.

Selbsterhalt
Äther. Hauptkomponenten: Ambrettolid, Farnesol, Decylalkohol etc. Gegen Krämpfe und Nervenleiden. Anregend und stimulierend bei sinnlicher Antriebslosigkeit, gegen sexuelle Schwäche und hilfreich bei frigider Unlust und Abgrenzung gegen körperliche Verbindung.

Entsprechung Punkt im Enneagramm

Die exaltierte Persönlichkeit ist in der melodramatischen 4 fixiert. Die Sehnsucht, in die unerreichbar geheimnisvollen Tiefen des Seins einzutauchen, lässt in der Beziehung nach Erfüllung suchen. Die „Vereinigung" ist das Ideal am Horizont.

MYRTE
Myrtus communis
Myrtengewächse / *Myrtaceae Syn.: Brautmyrte, Korsischer Pfeffer*
— **Luft/Feuer** —

Ist verbreitet im Mittelmeerraum. Liebt feuchte, kalkarme Böden. Ein bis zu 3 m hoher Strauch oder kleiner Baum mit vielen holzigen, schlanken Ästen, rötlicher Rinde, kleinen, lanzettförmigen, immergrünen, glänzenden Blättern und zarten, weißen, strahlenden Blüten aus acht Blütenblättern und kleinen wacholderbeerähnlichen Beeren.
Blätter und Blüten enthalten viel ätherisches Öl, duften stark krautig-süß und kampferartig.

... innere Klärung, objektives Abwägen der Gegebenheiten, klarer Ausdruck der Entscheidung und deutliche innere Ausrichtung lässt die unzerstörbare Reinheit der Seele ahnen und öffnet für Schönheit und Liebe im kosmisch-universellen Sinne. Heilt alte seelische Wunden für einen glücklichen Neuanfang. Qualität: Verzeihen.

„*Schau durch die Dinge hindurch*"

Glaube und Vision, die Vielfalt der Möglichkeiten, das Licht

Symbol-Ebene

energetischer Austauschprozess, in die Beziehung fallen lassen

Wahrnehmung des Körpers und seiner Widerstände

Kontakt
... entspannend und öffnend. Hilft bei Migräne durch krampflösenden Effekt. Erzeugt energetischen Ausgleich (für Gebet und Meditation geeignet). Erfrischend, aufbauend macht Myrte uns gelassen, weniger materialistisch und wirkt sogar schlaffördernd. Der Rauch wirkt harmonisierend auf Stimmungen und klärend auf Raumatmosphäre.

Selbsterhalt
Äther. Hauptkomponenten: Myrtol, Cineol, Pinen, Geraniol, Linalol, Camphen
... Grundeigenschaft: trocknend und bindend ... bei Erkrankungen der Atemwege, Muskelkrämpfen, wirkt zusammenziehend, schmerzstillend, hat gute antiseptische, bakterizide Eigenschaften und angenehm bei Bronchitis und Husten. Ihr ätherisches Öl wirkt anregend auf Funktionen der Leber, Schilddrüse.

Entsprechung zu Punkt 5 im Enneagramm

Die objektive Distanz und das Streben nach reinem Wissen, um die Dinge in aller Deutlichkeit und Reinheit erkennen zu können. Starke emotionale Elemente werden neutralisiert und objektiviert. Bezug zu Trockenheit und aktive, durchdringende mentale Präsenz sind charakteranalog. Myrte zeigt die Grenzenlosigkeit geistiger Erfahrung und steht für die Einheit hinter allen Phänomenen.

OPOPONAX

Commiphora erythraea
Balsambaumgewächse / *Burseraceae* Syn.: *Bisabol-Myrrhe*

— Feuer —

Das echte Opoponax stammt von einem Doldengewächs namens Opoponax chironicum und ist heute kaum noch erhältlich. Hier handelt es sich um einen Tropenbaum ähnlich der Myrrhe, der in Somalia und Äthiopien beheimatet ist. Für die Ernte des Rohgummis wird der Stamm von Eingeborenen angeritzt. Das Gummiharz zwischen Stamm und Rinde tritt dann aus, trocknet an der Luft und bildet dunkle, braunrote Klumpen, die beim Verräuchern einen holzig-süßen und fast ein wenig zuckrig-erdigen balsamischen Duft mit herbem Unterton entfalten.

Sich dem Fluss des Lebens anvertrauen und den Schmerz der Vergangenheit loslassen, um in den Moment zu kommen.
„Sei hier und jetzt"

Glaube und Vision, die Vielfalt der Möglichkeiten, das Licht
Symbol-Ebene

energetischer
Austauschprozess,
in die Beziehung
fallen lassen

Wahrnehmung
des Körpers
und seiner
Widerstände

Kontakt

Schafft eine harmonische, ausgeglichene Atmosphäre, in der alles so sein darf, wie es ist. Die sogenannte „Duftende Myrrhe" stärkt die Sinne und wirkt anregend auf die Fantasie des Menschen, so dass die tieferliegenden Wünsche freigelegt werden.

Selbsterhalt

Äther. Hauptkomponenten: Bisabolen und Sesquiterpenolalkohole. Antiseptisch, balsamisch, krampflösend. Wird zur Desinfektion in den Häusern verräuchert. Findet Verwendung bei Lungen- und Atemwegsinfektionen.

Entsprechung zu Punkt **im Enneagramm**

Der Anregungsimpuls, sich dem Leben und seinen vielen Möglichkeiten in erwartungsfroher Offenheit anzubieten, ist die wichtigste emotionale Mission des 3er-Typus. Die Hohe Idee der Hoffnung ist auf der Tatsache begründet, dass die Schöpfung aus sich selbst heraus die Dinge richtet.

ROSMARIN
Rosmarinus officinalis
Lippenblütler / *Lamiaceae* Syn.: *Meertau, Anthoskraut, Brautkraut, Kid*
– Feuer –

Immergrüner Strauch, normal 1m jedoch manchmal bis 2m Höhe, mit silbriggrünen, ledrig-nadelförmigen Blättern, buschig wucherndem Blattwerk und zypressiger Formensprache. Versucht, ein Baum zu werden, Raum einzunehmen, um dann mit der Photosynthese in Gang zu kommen. Die kleinen blassblauen Blüten stehen farblich im Gegensatz zum feurigen Charakter der Pflanze. Sie hat ein nahes Duftfeld. (bei Berührung) Die Stengel sind gerade oft an der Basis niederliegend und dann ansteigend. Wächst auf nährstoffarmen Böden, sonnenbeschienen und trocken. Aktiver männlicher Vertreter mit feurig kraftvollem Duft.

... hält böse Geister fern und vermittelt den „klaren Blick".
Ich-Bewusstsein und Geisteskraft werden gestärkt, um nicht zu verharren, sondern zu handeln.
„Schreite zur Tat"

Glaube und Vision, die Vielfalt der Möglichkeiten, das Licht
Symbol-Ebene

energetischer Austauschprozess, in die Beziehung fallen lassen

Wahrnehmung des Körpers und seiner Widerstände

Kontakt
... Nerven und Sinnesorgane erhalten den Impuls, ihre Funktion zu steigern. Die vitalisierende Kraft der Sonne hat auch einen anregenden, wärmenden Einfluss auf das Herz. Bewegung wird in blockierte Bereiche gebracht, Wärme für die Umwandlung erzeugt. Nimmt das wässrige Element in der Polarität auf. Ein feuriger Initialzünder für den Fluss der Energie.

Selbsterhalt
Äth.Hauptkomponenten: Pinene, Camphen, Cineol, Borneol.
... anregend, gut bei Erkältungsbeschwerden und zur Anregung der Nebennierenrinde. Schmerzlindernd und krampflösend. Bei Prellungen, Gelenks- und Muskelschmerzen. Regt Harn- und Schweißabsonderung an. Gut als Antiseptikum zur Reinigung der Raumluft.

Entsprechung Punkt im Enneagramm

Initiative ergreifen und handeln ist ein Kernelement der Rosmarinwirkung und des 7er-Typus. Auch als „magisches Kind" bezeichnet, verkörpert er die Eigenschaft, in unstillbarer Neugier zu leben und nach Erleuchtung und Weisheit zu streben. Die Wahrnehmung des inneren Plans in seiner universellen Form weist den Weg zur Erfüllung dieser Sehnsucht.

WEISSER SALBEI
Salvia apiana
Lippenblütler / *Lamiaceae* Syn.: *White Sage*
— Luft/Wasser —

Diese Pflanze ist eine sehr kraftvolle Salbeiart, die in den Küstenregionen des südlichen Kaliforniens gedeiht, einen starken Stengel besitzt und längliche, feste Blätter ausbildet, die weißlich behaart sind. Sie entwickelt schöne blaue Blütenrispen. In der indianischen Tradition spielt *White Sage* eine wichtige Rolle als Medizinpflanze, die überall dort, wo eine friedliche Zusammenkunft erfolgen soll, den Ort mit ihrem Rauch von störenden Einflüssen zu befreien und auf ein harmonisches Geschehen einzustimmen vermag. Stiele und Blätter werden dafür zu einem Bündel geschnürt *(Smudges)*, die im getrockneten Zustand am Ende angezündet werden und langsam verglimmen. Der Duft des Rauches ist herb-frisch und intensiv krautig.

Weise Entscheidungen in geistiger Klarheit treffen.
„Schau auf das Wesentliche"

Glaube und Vision, die Vielfalt der Möglichkeiten, das Licht
Symbol-Ebene

energetischer Austauschprozess, in die Beziehung fallen lassen

Wahrnehmung des Körpers und seiner Widerstände

Kontakt

Sage wird auch eine berauschende Wirkung nachgesagt, die als eine Verstärkung der sinnlichen Aufnahmefähigkeit für die heilende Energie aus dem rituellen Moment heraus verstanden werden kann. Um Gebete und Danksagungen in die feineren Bereiche zu geleiten, vermittelt er den Rausch der Reinheit und Tugend.

Selbsterhalt

Äther. Hauptkomponenten: Thujon, Borneol, Cymol, Cineol. Stark reinigend und desinfizierend. Regt Geistesarbeit über die Körperebene an. Gilt als wirksames Räuchermittel gegen rheumatische Beschwerden. Gut auch bei Atemwegserkrankungen. Frische Blätter werden bei Verbrennungen aufgelegt.

Entsprechung Punkt **im Enneagramm**

Dieser Typus möchte die Welt verbessern und hat einen durchgreifenden Scharfblick für Bereiche, wo Verbesserung nötig ist. Tugendhaftigkeit und Klarheit gelten ihm als Ankerpunkte der Perfektion, deren Allgegenwart zu erkennen seine zentrale Aufgabe ist. Salbei dient in gleicher Weise. Er kühlt die Hitze der emphatischen Entäußerung und des ausufernden emotionalen Ausdrucks.

SANDARAK
Tetraclinis articulata
Zypressengewächse / *Cupressaceaer* Syn.: *Gliederzypresse, Berberthuja*
— Erde/Feuer —

Dieser Baum ist in Nordafrika (speziell Marokko) und Südostspanien beheimatet, wird bis zu 15 m hoch und hat ein dunkelrotbräunliches Holz. Besonders beliebt ist die wunderschöne Maserung seiner Wurzelknolle, aus der duftende kunsthandwerkliche Objekte hergestellt werden. Die goldgelben stalaktitartigen Harztropfen werden vom Stamm und den Ästen abgekratzt, nachdem diese angeritzt wurden, und sind als Gummi Sandarak für Räucherzwecke bekannt. Es entwickelt viel Rauch. Der Duft ist weihrauchartig, balsamisch-warm und samtig mit leicht fruchtigem Unterton.

Leichtigkeit folgt der Gelassenheit des reinen Herzens.
„Lass dich in die Klarheit tragen"

Glaube und Vision, die Vielfalt der Möglichkeiten, das Licht
Symbol-Ebene

energetischer
Austauschprozess,
in die Beziehung
fallen lassen

Wahrnehmung
des Körpers
und seiner
Widerstände

Kontakt
Wirkt sehr beruhigend und entspannend auf das vegetative Nervensystem, lindert verspannte Zustände und bringt den ins Stocken geratenen energetischen Fluss wieder in Bewegung. Die innere Verbindung wird wieder hergestellt. Für Abendräucherungen bei Schlafstörungen durch Stress sehr geeignet.

Selbsterhalt
Äther. Hauptkomponenten: Harzsäuren, Sesquiterpene, Cedrol. Krampflösend. Wird traditionell gegen Bauchschmerzen, Schnupfen und Katarrh verräuchert. Sehr gut für atmosphärische Raumreinigung. Negative Schwingungen werden neutralisiert.

Entsprechung Punkt im Enneagramm

Widerstand gegen das, was so ist wie es ist, erzeugt „Bauchschmerzen", wenn der Ausdruck über die Körperenergie erfolgt. Die erdbezogene Strenge dieser Pflanze bringt jedoch in dem Duft ihres Harzes eine heilende, wärmende Kraft zum Ausdruck, die Spannung und Konflikt nicht bestehen lassen kann, sondern neutralisieren, „rein" waschen will.
Auf die Stimme des Herzens soll dieser Typus lauschen.

SANDELHOLZ

Santalum album

Leinblattgewächse / *Santalaceae* Syn.: *weißes/ostind.Sandelholz*

— Erde —

Ein immergrüner, bis 12 m hoher Baum, der in Südostasien und insbesondere in der indischen Provinz Mysore vorkommt. Er ist ein Halbschmarotzer, der gerne auf den Wurzeln von Bambus- und Palmenarten lebt und sich dort auch mit Nährstoffen (Stickstoff, Phosphor) versorgt. Erst nach 20 Lebensjahren kann sein sehr hartes Holz zur Gewinnung des begehrten Duftes verwendet werden, der erst beim Trocknen entsteht. Dieser Duft ist seit Jahrtausenden Bestandteil kultureller und religiöser Praktiken auf der ganzen Welt und auch eine unverzichtbare Komponente in der modernen Parfümistik. Er mischt sich gut mit fast allen anderen Düften und dient als Fixativ. Der geräucherte Duft ist warm, süß, balsamisch und sanft und wird auf die vielfältigste Weise verwendet.

In seiner Mitte sein, sich als Teil des großen Ganzen empfinden, sich dem Strom des Lebens vertrauensvoll und in Liebe hingeben.
„Spüre den Boden, der dich trägt"

Glaube und Vision, die Vielfalt der Möglichkeiten, das Licht

Symbol-Ebene

energetischer Austauschprozess, in die Beziehung fallen lassen

Wahrnehmung des Körpers und seiner Widerstände

Kontakt

Dämpft den Egoismus im Körper und schafft Atmosphäre des Friedens und der Einkehr. Öffnet den Energiekanal zu den Kräften der Erde und zentriert diese im Unterbauch. Löst innere Spannungen, verwandelt die Angst und macht den Weg zum inneren Kraftquell frei. Der Duft ähnelt dem männlichen Sexualhormon Androstenol.

Selbsterhalt

Äther. Hauptkomponenten: Santalol, Santalen, Santen, Santenon u. a. m. Neutralisierend, adstringierend, kühlend, keimtötend, wird verwendet bei Blasen- und Nierenleiden, Entzündungen und Atemwegserkrankungen, Übelkeit und nervöser Spannung und vielem mehr.

Entsprechung Punkt im Enneagramm

Das universale Element, Eintracht und Frieden zu schaffen, um die Liebe in die Herzen aller einkehren zu lassen, entspricht voll und ganz der zentralen Position des Enneatyp 9. Wird in der indischen spirituellen Tradition auch mit der großen Transformation, dem Übergang in das Jenseits, in Verbindung gebracht, den „Egoismus im Körper" zu dämpfen. Das alles ist sehr typisch für die 9.

STERNANIS
Illicum verum
Magnoliengewächse / *lliciaceae* Syn.: *chinesischer Anis „Badian"*
— Wasser/Erde —

Ein immergrüner Baum bis 14 m Höhe mit hohem, schlankem, weißem Stamm, der in ganz Asien
angebaut wird. Seine gelben Blüten ähneln Narzissen. Die Früchte bestehen aus 5-12 Samenkammern, die sternförmig um eine Mittelachse angeordnet sind. Die Blätter sind schmal und länglich. Die Früchte können zweimal pro Jahr geerntet werden.
Wurde geräuchert, um psychische Fähigkeit z. B. Hellsehen zu fördern. Der Duft ist anisartig süß.

Verständnis und Anpassungsfähigkeit aus mütterlich-hilfreicher Haltung stärkt den Bedürftigen mit Trost und Liebe.
„Lass dich fallen, du wirst aufgefangen"

Glaube und Vision, die Vielfalt der Möglichkeiten, das Licht
Symbol-Ebene

energetischer Austauschprozess, in die Beziehung fallen lassen

Wahrnehmung des Körpers und seiner Widerstände

Kontakt
Stark entspannend (Anethol) und krampflösend mit östrogenähnlicher Wirkung auf das endokrine System – z. B. milchbildungsfördernd – aphrodisierend, ausgleichend und stabilisierend für das Nervensystem, harmonisiert und positiviert, lindert und tröstet. Bei Überdosis neurotoxisch.

Selbsterhalt
Äther. Hauptkomponenten: Transanethol. Bei Muskelschmerzen, Rheumatismus, Bronchitis und Husten und schlechtem Atem. Erwärmend, schmerzstillend, schleimlösend. Gut für den Verdauungstrakt. Kann narkotisierend wirken und den Blutdruck stark absenken. Gegen Flöhe und Kleiderläuse.

Entsprechung Punkt im Enneagramm

Mütterliche Zuwendung, die im Extrem Abhängigkeit erzeugt und ihren Tribut fordert. Auch die feinen Antennen dieses Typus, die fast „hellseherisch" anmuten, entsprechen dieser Pflanze. Die Ausrichtung auf die Qualität, Ängste und Schmerzen zu lindern sowie den Genuss zu steigern und die Verdauung zu fördern, lässt sich mit dem Ausdruck des „rundum Umsorgtseins" im täglichen Leben beschreiben. Diese Qualität bietet Typus 2 den auserwählten Mitmenschen. Dafür beansprucht er, als so etwas wie „der Stern" behandelt zu werden.

TONKABOHNE
Dipteryx odorata
Schmetterlingsblütler / *Fabaceae/Leguminosae.* Syn.: *„Rumara", „Cumarú"*
— Wasser —

Ein hoher Waldbaum, der in Brasilien und British Guiana heimisch ist, große elliptische Blätter hat und violette Blüten trägt. Den für die Tonkabohne, seine Frucht, typischen Kumaringeruch findet man auch in vielen anderen Pflanzen wie Süßgras, Waldmeister oder Vanille. In der Parfümerie wird das ätherische Öl als Fixativ eingesetzt. Ansonsten nimmt man es auch her, um weniger angenehme Geruchs-/Geschmackseindrücke, wie z. B. Rizinusöl, zu kaschieren. Der Räucherduft der kleingestoßenen Tonkabohne ist sehr intensiv süß-aromatisch und kann leicht zuviel werden.

Die leichte und heitere Seite des Lebens erfüllt ihren Sinn.
„Genieße und entspanne"

Glaube und Vision, die Vielfalt der Möglichkeiten, das Licht
Symbol-Ebene

energetischer Austauschprozess, in die Beziehung fallen lassen

Wahrnehmung des Körpers und seiner Widerstände

Kontakt | **Selbsterhalt**

Hier haben wir den Gefühlsduft schlechthin. Seine Wirkung ist antidepressiv und euphorisierend und eine heitere Gelassenheit entsteht spontan bei warmherziger Offenheit, wenn das rechte Maß gehalten wird. Wird es maßlos verwendet, dann entsteht Enge.

Äther. Hauptkomponenten: Kumarin, Betulin, Dipteryxin etc. Ein Antigerinnungsmittel, herzanregend, stimulierend, schweißtreibend, fiebersenkend, narkotisch, appetitanregend. Wird als Insektizid eingesetzt.

Entsprechung zu Punkt im Enneagramm

So wie höhere Dosen des Extrakts der Tonkabohne das Herz lähmen können, wird die zwanghafte Erzeugung des Positiven die spirituelle Empfindung des Herzens blockieren. Ebenso liegt in der Bereitschaft, das Geschehen anzunehmen, alle Hoffnung des Daseins. Leicht zu sein und doch seine Fähigkeiten achtsam einzusetzen, ist die Aufgabe dieses Typus.

WACHOLDERBEEREN
Juniperus communis
Zypressengewächse / *Cupressaceae* Syn.: *Feuerbaum, Räucherstrauch*
— Feuer —

Ein Strauch, der nur selten Baumgröße erreicht und einen stark verzweigten Stamm besitzt. Die Frucht ist kugelig und schwarzblau. Er ist in ganz Europa verbreitet und bevorzugt sonnig-trockene, felsige Plätze und gedeiht sogar auf ärmlichsten Böden. Als ein Gewächs, dem magische Kräfte zugesprochen werden, gehört der Wacholder in der schamanistischen Tradition aller Regionen zum inneren Kreis der Kraftpflanzen, die zu rituell-medizinischen ebenso wie zu spirituellen Zwecken häufig verwendet werden und dessen Blätter/Nadeln im frischen und getrockneten Zustand verräuchert werden können. Auch die Beeren sind im getrockneten Zustand einer der ältesten Räucherstoffe der Menschheit, um Schutz gegen böse Einflüsse zu schaffen. Der Räucherduft ist kraftvoll-würzig.

Ein wachsamer Geist und fester Boden unter den Füßen.
„Fühle dich stark und sicher"

Glaube und Vision, die Vielfalt der Möglichkeiten, das Licht
Symbol-Ebene

energetischer Austauschprozess, in die Beziehung fallen lassen

Wahrnehmung des Körpers und seiner Widerstände

Kontakt
Hat eine tonisierende und stärkend auf das Nervensystem ausgerichtete Wirkung und löst Angst- und Spannungszustände dadurch, dass Vertrauen in die eigene Kraft geschaffen wird. Die Feuerenergie wird geweckt und aktiviert Themen wie Mut und Entschlossenheit, um Vorstellungen in die Tat umzusetzen.

Selbsterhalt
Äther. Hauptkomponenten: Pinen, Sabinen, Camphen. Reinigende und keimtötende Räucherung, auch gegen Rheumatismus und Gicht wirksam. Innerlich magenstärkend, harntreibend. Hervorragend für Raumluftreinigung. Vertreibt Ungeziefer aller Art.

Entsprechung Punkt 5 im Enneagramm
Auf der einen Seite die anspruchslose Haltung und dann auch der Drang, sich das zu sichern, was man hat. Mut und Entschlossenheit sind die förderlichen Gaben der 8, und bringen die Dinge auf den Punkt körperlicher Erfahrung. Das ist sehr wichtig für den Typus 5, der die Welt mental zu durchdringen sucht, um das große Ganze zu begreifen, von dem er ein unabtrennbarer Teil ist.

WEIHRAUCHBAUM
Boswellia carteri
Balsamstrauchgewächse / *Burseraceae* Syn.: *Olibanum*
— Feuer —

Ein relativ kleiner und zierlicher Baum, der durch seinen gedrückten und spiralförmigen Wuchs auffällt. Seine Krone gleicht oft einem auf der Spitze stehenden Dreieck, das in einem steinigen und gänzlich kargen und sonneausgedörrten Umfeld steht. Sie öffnet sich gewissermaßen fächerförmig zum Sonnenlicht. Das getrocknete Wundharz, dessen Funktion im Schutz vor der lebensbedrohlichen Einstrahlung der Sonne zu suchen ist, ist eine der wichtigsten Räuchersubstanzen der Menschheit. Die paarig angeordneten Blattstiele haben eine Anmutung ähnlich der Wirbelsäule des Menschen. Der Räucherduft ist harzig-hell mit Citrusspitzen.

... die Gesetze des Lebens gilt es zu verstehen, um die Verbindung zwischen körperlichem Dasein und innerer Spiritualität zu erfahren. Ideen sollen zu Realität werden.

„Lass die Wahrheit herein"

Glaube und Vision, die Vielfalt der Möglichkeiten, das Licht

Symbol-Ebene

energetischer Austauschprozess, in die Beziehung fallen lassen

Wahrnehmung des Körpers und seiner Widerstände

Kontakt

... atmosphärisch reinigend entfaltet dieser Duft ausgleichende Aktivität. Im Körper wird die Atmung verlangsamt und vertieft. Unbewusste Bindungen und angespannte emotionale Zustände, die sich in nervösen Störungen ausdrücken, werden beruhigt und innere Öffnung zu geistig-seelischen Quellen kann stattfinden. Die klärende Wirkung auf den Astralkörper schafft Durchlässigkeit für höhere Schwingungen.

Selbsterhalt

... antiseptisch und zusammenziehend, schützend und pflegend. Entzündungshemmend im Atemwegsbereich, und alle zu heißen Prozesse werden gekühlt. Immunsystem wird gegen Erkältung und Grippe aufgebaut. Sammelt ICH-Kraft und hat antirheumatisch wirksame Potenziale und zellschützende, regenerierende Wirkung bei schlecht heilenden Wunden. Weihrauch ist ein natürliches Insektizid.

Entsprechung Punkt im Enneagramm

Anfang und Ende sind an diesem Punkt vereint. Alles findet sich hier wieder. Die innere Kraft, trotz aller Widernisse die Liebe wahrzunehmen, die hinter allen Lebensprozessen steht und sie dem Leben zur Entfaltung zuzuführen. Die kühlende Qualität zum Schutz vor der transformatorischen Kraft des Feuers. Standfestigkeit und Überlebenswille angesichts der alles bildenden, erhaltenden und auflösenden Präsenz des Göttlichen. Die ICH-Kraft wächst im Dienste dieser universellen Liebe.

ROTE ZEDER
Juniperus virginiana
Zypressengewächse / *Cuperessaceae* Syn.: *Virginische Zeder*
— Erde —

Eine langsam wachsende, immergrüne Konifere bis 12 m Höhe, mit abstehenden Ästen, Blätter schuppenförmig und scharf zugespitzt, rötlichem Kernholz und braunvioletten Beerenzapfen. Sie ist in Nordamerika zuhause und ist ein vitaler, kraftvoller Baum. Höhe und Kraft dieses Baumes steht in einem ganz ausgewogenen Verhältnis zu Tiefe und Umfang seines Wurzelwerks. Stärkung und Beruhigung des Körpers sowie besänftigende, schützende Auswirkung auf Gefühl und Geist ist Ausdruck dieser Präsenz. Die Verwendung des Holzes sowie Zweigspitzen zu Räucherzwecken hat bei den Indianern Tradition. Der Räucherduft ist warm, aromatisch, holz-harzig.

... Urvertrauen in die persönliche Kraft als solide Basis der eigenen Mitte, lässt alle Unsicherheit verfliegen.
„Hier darfst du sein"

Glaube und Vision, die Vielfalt der Möglichkeiten, das Licht
Symbol-Ebene

energetischer Austauschprozess, in die Beziehung fallen lassen

Wahrnehmung des Körpers und seiner Widerstände

Kontakt

... bei Nervosität legt es einen Schutzmantel von Ruhe und Sanftmut um den dünnhäutigen Menschen. Stabilisiert das seelische Gleichgewicht, lindert Aggressionen und emotionale Abhängigkeit. Verleiht innere Stärke und steigert die Selbstachtung.

Selbsterhalt

Äther. Hauptkomponenten: Cedren, Cedrol, Terpene.
... dient der Stärkung und Beruhigung des Körpers. Adstringierende Eigenschaften, sehr kräftigend bei Schwächezuständen. Antiseptisch für Raumluft. Vertreibt Schädlinge und Parasiten.

Entsprechung Punkt im Enneagramm

Die persönliche Selbsteinschätzung wird von der tiefen Überzeugung der eigenen Wertigkeit getragen, die als unangreifbar erachtet wird und außer Frage steht. In Demut wirken zu können und nicht in der Abhängigkeit von Gegenleistung zu verbleiben ist das Entwicklungsziel dieses Typus. Diese eigenständige Schutzqualität wird von der Zeder repräsentiert.

Über den Autor

Thomas Kinkele, geb. 22.10.1949 in Füssen/Allgäu, Abitur 1969 und danach 3 Jahre in der Welt „unterwegs". Im Jahre 1975 die Firma flora perpetua gegründet, die sich zunächst ausschließlich mit der dekorativen Verarbeitung botanischer Materialien (=äußerer Aspekt) befasste, und in den 80er Jahren dann auf den Duft (=innerer Aspekt) der Pflanzenwelt gestoßen ist.

Immer auf der Suche nach den tieferen Zusammenhängen der Dinge, führte ihn persönlich die Reise von Siddharta über Yogananda zum Tibetanischen Totenbuch und weiter in eine intensive Phase mit dem Schamanen Castaneda. Praxis mit Rosenkreuzerarbeit zu Beginn der 80er Jahre, Schwitzhütten- und Selbsterfahrungsarbeit folgten, bis er dann 1990 auf Jabrane Mohamed Sebnat und das Enneagramm stieß und durch diesen Lehrer eine Heimat im Sufiweg des Herzens fand. 1996–1998 folgte eine aromatologisch-osmologische Ausbildung bei Martin Henglein (ISAO). Auf den Etappen hat er immer mit Räucherwerk zu tun gehabt. Jetzt Vortrags-/Seminararbeit und Erfahrungs-Workshops mit ätherischen Ölen und Räucherwerk.

Dr. Jabrane M. Sebnat ist Marokkaner und seine spirituellen Wurzeln liegen in der Gnawa-Tradition, einer schamanistischen Sufischule Nordafrikas. Einem Studiengang der Sozialpsychologie in Paris folgten viele Jahre der spirituellen Arbeit als Heiler und Trance-Lehrer. Neben Marokko und Schweden hat er Schwerpunkte seiner Arbeit in Österreich, Frankreich und Australien. In Deutschland war er besonders von Mitte der 80er bis Mitte der 90er Jahre aktiv. Ein Vorwort hat er auch für „Die 9 Zahlen des Lebens" von Eli Jaxon Bear verfasst.

Adressen und Bezugsquellen

Informationen und Adressen erhalten Sie im Internet unter folgender Adresse: **www.windpferd.com**
Auf der Startseite unserer Homepage finden Sie die Rubrik „Service-Adressen". Diese führt zu einer Liste mit allen Büchern, zu denen Service-Adressen vorliegen. Wählen Sie hieraus den Titel dieses Buches.

Sie können auch direkt mit dem Autoren Kontakt aufnehmen, z. B. wenn Sie Räucher-Seminar- und Vortragstermine wünschen. Informationen finden Sie hierzu unter **www.floraperpetua.de**.

Formular-Vordrucke

ENNEAROM-Räuchertest:

ENNEAROM® RÄUCHERTEST

Name: ....

Datum: ....   Räucherstoff: ....

Enneatyp: ....   Punkt: fördernd ☐   zentral ☐   fordernd ☐
Bereich: Körper ☐   Gefühl ☐   Kopf ☐

Meine Resonanz auf den Duft:

10	9	8	7	6	5	4	3	2	1	0

Notizen:

Wie intensiv nehme ich den Duft wahr? ....

Was empfinde ich? ....

Assoziationen, Bilder? ....

© Thomas Kinkele

ENNEAROM-Summenliste:

ENNEAROM® SUMMENLISTE

Name: ....   Enneatyp: ....

Stoffe   Testwerte

Test	1	2	3	4	5	6	7	8	9

fördernd/ ....

Summe ....

zentral/ ....

Summe ....

fordernd/ ....

Summe ....

Gesamtsumme 1/   2/   3/   4/   5/   6/   7/   8/   9/

© Thomas Kinkele

Literatur

Ätherische Öle, Natur

Chopra/Nayar, *„Glossary of Indian Medicinal Plants"*, C.O.S. Ind.Res./Neu Delhi/1969

Kaiser, *„Die große Enzyklopädie der Heilpflanzen"*, Kaiser, Klagenfurt 1994

Kaiser, *„Geheimnisse und Heilkräfte der Pflanzen"*, Reader's Digest/Stuttgart 1978

Pelikan, Wilhelm, *„Heilpflanzenkunde"* Goetheanum, Dornach 1962

Sheldrake Rupert, *„Die Wiedergeburt der Natur"*, rororo, Reinbek 1994

WWF, *„Lebenselemente"*, ProFutura, München 1990

Duft

Corbin, Alain, *„Pesthauch und Blütenduft"* Fischer, Frankfurt 1988

Davis, Patricia, *„Aromatherapie von A-Z"*, Knaur, München 1990

Dierssen, Ingrid, *„Düfte helfen heilen"*, Hallwag, Bern 1997

Henglein, Martin, *„Die heilende Kraft der Wohlgerüche + Essenzen"*, Bastei, Zürich 1989

H&R Edition, *„H&R Lexikon Duftbausteine"*, Glöss, Hamburg 1985

H&R Edition, *„Das H&R Buch Parfum"*, Glöss, Hamburg 1986

Jerman, Iris, *„Immer der Nase nach"* (Famile/Kindergarten/Schule), Someo, Kaufbeuren 1994

Keville/Green, *„Die Seele der Pflanzen"*, Deukalion, Holm 1997

Kraus, Michael, *„Ätherische Öle für Körper, Geist und Seele"*, Simon & Wahl, Pfalzpaint 1990

Lawless, Julia, Dr., *„Enzyklopädie der Aromaöle"*, Scherz, Bern 1996

Mailhebiau, *„Portraits in Oils"*, Saffron Walden, Essex 1995

Ohloff, Günter, *„Irdische Düfte – himmlische Lust"* Insel, Frankfurt a.M. 1996

Roth/Kormann, *„Duftpflanzen-Pflanzendüfte"*, Ecomed, Landsberg 1997

Schnaubelt, Kurt, *„Neue Aromatherapie"* vgs, Köln 1995

Tisserand, Robert B., *„Aromatherapie – Heilung durch Duftstoffe – Bauer"*, Freiburg 1980

Valnet, Jean, *„Aroma-Therapie"*, Heyne, Augsburg 1986

Räucherwerk

Caland, M. u. P., *„Weihrauch & Räucherwerk"*, Windpferd, Aitrang 1992

Fischer-Rizzi, Susanne, *„Botschaft an den Himmel"*, Irisiana, München 1996

Martiny, Anita, *„Räuchern Kraft durch innere Reinigung"*, Heyne, München 1998

Rätsch, Christian, *„Räucherstoffe – Der Atem des Drachen-"*, AT, Aarau 1996

Schrott, Ernst, Dr. med, *„Weihrauch"*, Mosaik Verlag 1999

Wollner, Fred, *„Räucherwerk und Ritual"*, Wollner/Kempten 1995

Enneagramm

Almaas, A. H., *"Facets of Unity (Enneagramm of the Holy Ideas)"*, Diamond Books, Berkeley 1998

Bennett, John G., *"Gurdjieff Ursprung und Hintergrund seiner Lehre"*, Heyne, München 1995

Bennett, John G., *"Witness: The Story of a Search"*, Bennett Books, Turnstone 1997

Blake, Anthony G.E., *"Das intelligente Enneagramm"*, Br.Martin, Südergellersen 1993

Collin, Rodney, *"Vom Ewigen Leben"*, Edition Plejaden, Berlin 1984

Jaxon-Bear, Eli, *"Die neun Zahlen des Lebens"*, Droemer-Knaur 1989

Maitri, Sandra, *"The Spiritual Dimension of the Enneagram"*, Penguin, NewYork 2000

Naranjo, Claudio, M.D., *"Enneatyp Structures"*, Gateways, Nevada City 1990

Ouspensky, P.D., *"Auf der Suche nach dem Wunderbaren"*, O.W.Barth, München 1966

Palmer, Helen, *"Das Enneagramm (Fixierung)"*, Knaur, München 1991

Patterson, W. P., *"Struggle of the Magicians"*, Arete Comm., Berkeley 1996

Patterson, W. P., *"Taking with the left Hand"*, Arete Comm., Fairfax 1998

Rohr/Ebert, *"Das Enneagramm (Fixierung)"*, Claudius, München 1990

Rohr/Ebert, *"Erfahrungen mit dem Enneagramm"*, Claudius, München 1991

Vollmer, K., *"Das Enneagramm der Liebe (Prozess/Fixierung)"*, Kailash, München 1995

Ethno-Eso-Schamanismus-Psychologie-Medizin

Burckhardt, Titus, *"Mystical Astrology According to Ibn'Arabi"*, Beshara Publ., Abingdon 1989

Castaneda, *"Der zweite Ring der Kraft"*, S.Fischer, Frankfurt 1978

Fischer, Ron, *"Also sprach Mulla Nasrudin"*, Droemer, München 1998

Jordan, Harald, *"Räume der Kraft schaffen"*, Hermann Bauer, Freiburg 1997

Linn, Denise, *"Die Magie des Wohnens"*, Goldmann, München 1996

Manitonquat, *"Return to Creation"*, Bear Tribe, Spokane 1991

Ring, Thomas, *"Astrologische Menschenkunde"*, Hermann Bauer, Freiburg 1981

Roberts, Jane, *"Die Natur der persönlichen Realität"*, Ariston, Genf 1985

Schultes/Hofmann, *"Pflanzen der Götter"*, Hallwag, Bern 1980

Sheikh Hakim, *"Die Heilkunst der Sufis"*, Hermann Bauer, Freiburg 1984

Sun Bear & Wabun, *"Das Medizinrad Eine Astrologie der Erde"*, Trikont dianus, München 1983

Uyldert, Mellie, *"Verborgene Kräfte der Pflanzen"*, Irisiana, München 1993

Warnke, Ulrich, *"Gehirn-Magie, Der Zauber unserer Gefühlswelt"*, Popular Academics, Saarbrücken 1998

Wilhelm Gerstung · Jens Mehlhase

Das große Feng-Shui Haus- und Wohnungsbuch

Eine umfassende Darstellung aller wesentlichen Feng-Shui-Situationen im Haus- und Wohnungsbereich mit praktikablen Lösungen

Ein Feng-Shui-Fachbuch: Die Autoren beschreiben detailliert und anschaulich die wesentlichen Feng-Shui-Aspekte im Haus und zeigen praktikable Lösungen für alle denkbaren Situationen auf. Dabei wird immer auch die äußerst wichtige Verbindung zur Radiästhesie hergestellt. Es werden Anleitungen zu eigenen Energiemessungen im Haus gegeben. Hier wird erstmals die Einwirkung von feinstofflichen Wesenheiten beschrieben, die – neben den im ersten Band erläuterten Arten von feinstofflichen Energien – ebenfalls einen großen Einfluß auf die Harmonie und Behaglichkeit der Hausbewohner ausüben. Mit über 300 Zeichnungen.

240 Seiten, ISBN 3-89385-282-4
www.windpferd.com

Barbara Simonsohn

Stevia – sündhaft süß und urgesund

Eine Alternative zu Zucker und Süßstoffen · Das süße Kraut für Genießer und Gesundheits-bewußte · Mit Erfahrungsberichten und vielen Rezepten

Hatten Sie bisher bei der Verwendung von Zucker auch immer ein schlechtes Gewissen? Dann können Sie nun aufatmen: endlich ist es möglich, Süße unbeschwert zu genießen. Mit Stevia, dem Honigblatt aus den Hochebenen Paraguays, können Diabetiker, Menschen mit Unterzucker-Problemen, Übergewichtige und alle, die auf ihre Gesundheit (und die ihrer Kinder!) achten, auf natürliche und sogar gesundheitsförderliche Art süßen. Während Sie mit Stevia in Süßem schwelgen, führen Sie Ihrem Körper ganz nebenbei wichtige Mineralstoffe, Vitamine und Flavonoide zu, die Ihr Immunsystem stärken.

ca.192 Seiten, 3-89385-310-3
www.windpferd.com

René van Osten

I Ging – Das Buch vom Leben

Wegweiser zu einem Leben in Einklang mit den sichtbaren und unsichtbaren Kräften

In diesem Buch werden die die Türen zum Verständnis der 64 Hexagramme geöffnet. Das Kernstück bilden die Texte und Kommentare zu den Hexagrammen. Der von René van Osten gewählte Stil folgt der Tradition tiefer Weisheit und baut zugleich sprachliche Brücken zum 21sten Jahrhundert.
Die dem I Ging innewohnende Welt- und Weitsicht ist von unermeßlicher Tiefe. René van Osten reicht mit diesem Buch all jenen, die den Sprung in höhere Erkenntnisebenen wagen wollen, eine hilfreiche Hand.
Das I Ging kann für sich beanspruchen, in seiner Kraft und Weisheit ebenso bemerkenswert zu sein, wie beispielsweise die Bibel. René van Osten gehört zu den wenigen Menschen, die heute die „Hohe Schule des I Ging" lehren.

ca. 500 Seiten, ISBN 3-89385-336-7
www.windpferd.com

Henning Müller-Burzler

Das Handbuch für Allergiker

Das Allergie-Syndrom erkennen und heilen

Dieser umfassende Ratgeber gibt viele praktische Tips und Empfehlungen, mit denen Allergien und die damit verbundenen Erkrankungen erfolgreich und nachhaltig geheilt werden können. Da die meisten Allergien umweltbedingte Ursachen haben, ist eine dauerhafte Heilung nur dann möglich, wenn der Körper von den Umweltgiften befreit und das Immunsystem gestärkt wird. Neben einem 10-Punkte-Ernährungsprogramm für Allergiker und vielen naturheilkundlichen Therapieratschlägen wird in diesem Buch erstmalig die von Henning Müller-Burzler, Heilpraktiker und Allergiespezialist, entwickelte Vitamin-Entgiftung vorgestellt. Dabei handelt es sich um eine Kombination von fünf natürlichen Vitaminen, die den ganzen Körper von allen chemischen Umweltgiften, Medikamenten, Schwermetallen und Stoffwechselschlacken entgiften kann.

192 Seiten · ISBN 3-89385-335-9
www.windpferd.com

Werner Giessing

Das richtige Pendeln

Das komplette Pendel-Handbuch. Formen, Materialien, Pendeltechniken, Rituale, Insidertips und Profiwissen

Dieses Buch zeigt alles in Farbe! Über 50 verschiedene Pendel und die wichtigsten Pendeltafeln: Angefangen mit der Wahl des richtigen Pendels bis hin zum richtigen Pendeln, Material, Form, Größe, Handhaltung, Fragestellung. Es hilft häufige Anfängerfehler zu vermeiden, und hält wichtige Insider-Tips von Pendelprofis bereit. Hervorragend illustriert, werden Pendelformen, Materialien, Hand- und Körperhaltungen gezeigt und Pendeltafeln bereitgehalten, mit denen man sofort erste Erfahrungen machen kann. Mit diesem Buch erfährt man alles rund um das Pendel: Praxis, Hintergründe, Vorteile, Gefahren – damit das eigene Pendel zu einem treuen Begleiter wird, der immer dann, wenn er gebraucht wird, mit der richtigen Antwort zur Stelle ist.

80 Seiten · 3-89385-328-6
www.windpferd.com

Runjin Wu, Dr. Erika Alice Haase

Die Heilkraft Chinesischer Tees

Zubereitung und Heilanwendungen · Grüner Tee, Weißer Tee, Gelber Tee, Roter Tee, Schwarzer Tee, Oolong Tee, Blumentee

Gesund und fit, ruhig und gelassen, vital und ausdauernd – so sollten wir den Anforderungen des Alltags begegnen. Machen Sie sich die Weisheiten der traditionellen chinesischen Medizin zunutze und vertrauen Sie dem Jahrtausende alten und hundertfach bewährten Geschenk der Natur: Tee. Das Buch hilft Ihnen, die Signale Ihres Körpers im Sinne einer ganzheitlichen Therapie besser deuten und den entsprechenden Tee richtig und wirkungsvoll einsetzen zu können. Darüber hinaus unterhält es Sie mit wunderschönen Legenden einer für uns fremden Welt, weiht Sie in fernöstliche Traditionen ein und unterweist Sie im richtigen Umgang mit Tee. Kraft, Ruhe und Gelassenheit und eine stabile Gesundheit werden Sie künftig in Ihrem Alltag begleiten.

112 Seiten, 3-89385-307-3
www.windpferd.com

Thomas Dunkenberger

Das tibetische Heilbuch

Eine umfassende und grundlegende Einführung · Praktische Anleitungen zu Diagnose, Behandlung und Heilung mit der tibetischen Naturheilkunde

Leicht zugänglich und praxisorientiert wird für Behandler und Studierende der tibetischen Heilkunde das gesamte Spektrum der Anwendungsmöglichkeiten aufgezeigt, während gleichzeitig der Interessierte Hilfsmittel in die Hand bekommt, im ganzheitlichen Sinne selbst etwas für seine Gesundheit zu tun. Behandelt werden die klassischen tibetischen Diagnoseformen, wozu vor allem die Puls- und Harnuntersuchung gehören; Ratschläge zu Verhaltensweisen und Heilungsansätze über Ernährungsgewohnheiten, sowie als zusätzliche therapeutische Möglichkeiten Ölmassage, Moxibustion, Hydrotherapie, humorale Ausleitungsverfahren und vieles mehr. Auch die berühmten tibetischen Arzneimittel werden ausführlich vorgestellt.

256 Seiten, 3-89385-305-7
www.windpferd.com

Dr. Mikao Usui ·
Frank A. Petter (Hrsg.)

Original Reiki-Handbuch des Dr. Mikao Usui

Alle Usui-Behandlungspositionen und Reiki-Techniken für Gesundheit und Wohlbefinden

Dr. Mikao Usui entwickelte das Reiki-System und gründete das Original der "Japanischen Usui Reiki Ryoho Gakkai"-Organisation. Was also liegt näher, als auf Dr. Usuis Material zurückzugreifen? Dieses Buch zeigt Ihnen die Original-Handpositionen aus dem Reiki-Handbuch des Dr. Usui. Zum besseren Verständnis wurde es mit 100 Fotos illustriert. Die zu den verschiedensten Beschwerden gehörenden Handgriffe sind detailliert gezeigt so daß mit diesem Buch jeder Reiki-Praktizierende ein wertvolles Nachschlagewerk zur Hand hat. Erstmals können durch die Übersetzung des Original-Handbuches nun die Handhaltungen und Heiltechniken des Dr. Usui direkt studiert werden.

ca. 96 Seiten, 3-89385-320-0
www.windpferd.com